人民日报评论年编·2023

人民观点

人民日报评论部　编

人民日报出版社

北京

图书在版编目（CIP）数据

人民日报评论年编.2023.3，人民观点 / 人民日报
评论部编. — 北京：人民日报出版社，2024.1
　　ISBN 978-7-5115-8198-3

　　Ⅰ.①人… 　Ⅱ.①人… 　Ⅲ.①《人民日报》－时事评
论－2023－文集　Ⅳ.① D609

中国国家版本馆 CIP 数据核字（2024）第 018399 号

书　　　名：人民日报评论年编·2023·人民观点
　　　　　　RENMINRIBAO PINGLUN NIANBIAN · 2023 · RENMINGUANDIAN
作　　　者：人民日报评论部

出 版 人：刘华新
责任编辑：曹　腾　高　亮
版式设计：九章文化

出版发行：人民日报出版社
社　　址：北京金台西路 2 号
邮政编码：100733
发行热线：(010) 65369509　65369527　65369846　65363528
邮购热线：(010) 65369530　65363527
编辑热线：(010) 65369523
网　　址：www.peopledailypress.com
经　　销：新华书店
印　　刷：大厂回族自治县彩虹印刷有限公司
法律顾问：北京科宇律师事务所　010-83622312

开　　本：710mm×1000mm　1/16
字　　数：1433 千字
印　　张：96.5
版次印次：2024 年 1 月第 1 版　　2024 年 12 月第 3 次印刷

书　　号：ISBN 978-7-5115-8198-3
定　　价：218.00 元（共四册，含光盘）

编 辑 说 明

评论是报纸的旗帜和灵魂。2023 年，人民日报评论坚持以习近平新时代中国特色社会主义思想为指导，紧紧围绕党和国家工作大局，充分发挥在舆论上的导向作用、旗帜作用、引领作用；坚持人民至上，始终把人民立场作为根本立场，关注社会热点，回应舆论关切，牢牢把握正确舆论导向，注重打造精品力作，强信心、聚民心、暖人心、筑同心；坚持守正创新，不断增强穿透力、凝聚力和感染力，"上连党心、下接民心"，在党心和民意的同频共振中弘扬正气、保持朝气、磨砺锐气，让舆论引导更接地气，让党报声音更加响亮，体现了人民日报"中流砥柱"和"定海神针"的作用。

本书汇集了"人民论坛""人民时评""人民观点""评论员观察"四个专栏 2023 年刊发的全部文章，其中"人民论坛"167 篇，"人民时评"194 篇，"人民观点"114 篇（"人民观点"文章的作者均为人民日报评论部，不再一一标明），"评论员观察"126 篇，并附有电子版，敬请读者参阅、指正。

人民日报评论部

2024 年 1 月

目　录

必须把坚持高质量发展作为新时代的硬道理

——深刻领会新时代做好经济工作的规律性认识①

在新发展阶段，没有质的有效提升，量的合理增长将不可持续，因此，高质量发展成为多重约束下求最优解的过程

走进位于上海张江科学城的未来公园，一大批科技创新成果展品熠熠生辉。介孔材料、智能机器人、创新药械，一张张科创名片兼具科技感和未来感；C919大型客机、中国空间站梦天实验舱、长征六号甲运载火箭，一个个大国重器模型赫然亮相。科技创新成果不断涌现，科技支撑作用日益增强，成为新时代高质量发展的生动缩影。

在中央经济工作会议上，习近平总书记发表重要讲话，全面总结2023年经济工作，深刻分析当前经济形势，系统部署2024年经济工作。会议指出"近年来，在党中央坚强领导下，我们有效统筹国内国际两个大局、统筹疫情防控和经济社会发展、统筹发展和安全，深化了新时代做好经济工作的规律性认识"，并概括提出"五个必须"：必须把坚持高质量发展作为新时代的硬道理，必须坚持深化供给侧结构性改革和着力扩大有效需求协同发力，必须坚持依靠改革开放增强发展内生动力，必须坚持高质量发

展和高水平安全良性互动，必须把推进中国式现代化作为最大的政治。"必须把坚持高质量发展作为新时代的硬道理"，这是在深入分析我国发展新的历史条件和阶段、全面认识和把握我国现代化建设实践历程以及各国现代化建设一般规律的基础上，作出的一个具有全局性、长远性和战略性意义的重大判断，与"发展是硬道理"既一脉相承，又与时俱进，明确了全面建设社会主义现代化国家的首要任务、基本路径，标定了中国经济发展新方位。新时代新征程，我们必须以抓铁有痕的决心、久久为功的韧劲，把推动高质量发展贯彻到经济社会发展的全过程各领域。

发展是党执政兴国的第一要务，是解决中国一切问题的基础和关键，新时代的发展必须是高质量发展。当前，我国社会主要矛盾已经转化为人民日益增长的美好生活需要和不平衡不充分的发展之间的矛盾。"不平衡不充分的发展"本身就是发展质量不高的突出表现。破解这个问题，就必须推动经济发展从量的扩张转向质的提升，从主要解决"有没有"转向解决"好不好"。在新发展阶段，没有质的有效提升，量的合理增长将不可持续，因此，高质量发展成为多重约束下求最优解的过程。只有以"硬道理"的清醒认识自觉推动高质量发展，解决好质的问题，在质的大幅提升中实现量的持续增长，才能为全面建成社会主义现代化强国奠定物质技术基础，以发展实绩不断彰显社会主义制度优越性。

高质量发展是体现新发展理念的发展，必须坚持创新、协调、绿色、开放、共享发展相统一。在四川考察时要求"深入推进发展方式、发展动力、发展领域、发展质量变革"，在新时代推动东北全面振兴座谈会上强调"积极培育未来产业，加快形成新质生产力，增强发展新动能"……今年以来，习近平总书记围绕高质量发展提出明确要求，为各地区各部门找准定位、攻坚克难指明了方向。坚持把高质量发展作为新时代的硬任务，不断实现创新成为第一动力、协调成为内生特点、绿色成为普遍形态、开放成为必由之路、共享成为根本目的的发展，就能推动我国经济从外延式扩张上升为内涵式发展，牢牢掌握发展的主动权。

当前，进一步推动经济回升向好需要克服一些困难和挑战，主要是有效需求不足、部分行业产能过剩、社会预期偏弱、风险隐患仍然较多，国内大循环存在堵点，外部环境的复杂性、严峻性、不确定性上升。有效应对和解决这些问题，推动高质量发展增强了我们的信心和底气。前三季度，我国 GDP 同比增长 5.2%，增速在全球主要经济体中保持领先，且现代化产业体系建设取得重要进展，科技创新实现新的突破，改革开放向纵深推进，安全发展基础巩固夯实，民生保障有力有效，全面建设社会主义现代化国家迈出坚实步伐。着力推动高质量发展，我们就能不断巩固和增强经济回升向好态势。

守正道而开新局，致广大而尽精微。新时代新征程，胸怀"国之大者"，主动担当作为，加强协同配合，以科技创新增强经济活力，以全面深化改革开放激发内生动力，形成全国上下竞相推动高质量发展的强大合力，中国经济前景光明！

（2023 年 12 月 18 日）

必须坚持深化供给侧结构性改革和
着力扩大有效需求协同发力

——深刻领会新时代做好经济工作的规律性认识②

供给和需求是市场经济内在关系的两个基本方面，是既对立又统一的辩证关系。做好宏观经济治理，最重要的就是平衡供需关系，这就要求根据供需矛盾的变化相机抉择合理的策略

找准深化供给侧结构性改革和着力扩大有效需求协同发力的有机结合点，才能释放两者协同发力的巨大潜力，形成需求牵引供给、供给创造需求的更高水平动态平衡

星光点点，海风阵阵。12月，海南国际旅游岛欢乐节开幕式上，无人机表演以星空为幕、以光影作画，呈现声光电交融的视听盛宴。"海口杯"帆船赛，三亚国际文博会，海南商业航天发射场开放周……相关活动累计接待人数超 20 万人次，线上触达超 5 亿人次，线上线下直接销售额累计超 5000 万元。消费升级催生新供给，有效供给激发新需求，供需协同发力，为推动高质量发展增添新活力。

供给和需求是市场经济内在关系的两个基本方面，是既对立又统一的

辩证关系。做好宏观经济治理，最重要的就是平衡供需关系，这就要求根据供需矛盾的变化相机抉择合理的策略。近期举行的中央经济工作会议从五个方面精辟概括新时代做好经济工作的规律性认识，其中一个重要方面就是"必须坚持深化供给侧结构性改革和着力扩大有效需求协同发力"。坚持深化供给侧结构性改革和着力扩大有效需求协同发力，发挥超大规模市场和强大生产能力的优势，不仅是实现高质量发展、构建新发展格局、全面建成社会主义现代化强国的必然之举，也是应对外部冲击，破解发展难题，巩固和增强经济回升向好态势，增强我国生存力、竞争力、发展力、持续力的有效手段。

经济发展是一个供给与需求相互影响作用、相互促进的过程。没有需求，供给就无从实现，新的需求可以催生新的供给；没有供给，需求就无法满足，新的供给可以创造新的需求。形成需求牵引供给、供给创造需求的更高水平动态平衡，必须推进供给端创新，以提升供给与需求的适配性。中央经济工作会议部署的明年九项重点任务中，第一项就是"以科技创新引领现代化产业体系建设"。继续深化供给侧结构性改革，着眼提高供给体系质量和效率，持续推动科技创新、制度创新，突破供给约束堵点、卡点、脆弱点，增强产业链供应链的竞争力和安全性，才能以自主可控、高质量的新供给牵引创造新需求。

市场是全球最稀缺的资源。超大规模的国内市场给我国经济发展带来显著的规模经济优势、创新发展优势和抗冲击能力优势。充分用好超大规模市场这个宝贵的战略资源，以规模扩大、结构升级的内需牵引和催生优质供给，能够助推开辟发展新领域新赛道，塑造发展新动能新优势。应该看到，进一步推动经济回升向好需要克服一些困难和挑战，解决有效需求不足的问题。无论是"激发有潜能的消费，扩大有效益的投资，形成消费和投资相互促进的良性循环"，还是"培育壮大新型消费"，抑或是"稳定和扩大传统消费"，落实好中央经济工作会议精神，一个重要方面就是坚持扩大内需这个战略基点，加快释放内需潜力，为经济总体回升向好发挥"助推器""稳定剂"作用。

坚持深化供给侧结构性改革和着力扩大有效需求协同发力，需要坚持系统观念，在政策实施上强化协同联动、放大组合效应。有效需求，是满足人民群众个性化、多样化、不断升级的需求，是有合理回报的投资、有收入依托的消费、有本金和债务约束的需求，是可持续的需求；供给侧结构性改革，需要提升供给结构对有效需求的适配性，不能形成不符合发展方向和市场需求的落后产能和产品。因此，找准深化供给侧结构性改革和着力扩大有效需求协同发力的有机结合点，才能释放两者协同发力的巨大潜力，形成需求牵引供给、供给创造需求的更高水平动态平衡，实现国民经济良性循环。

中国经济长期向好的基本面没有改变，高质量发展蕴藏着提升供给质量和扩大内需的无穷潜力。增强信心和底气，准确把握明年经济工作的政策取向，我们定能巩固和增强经济回升向好态势，持续推动经济实现质的有效提升和量的合理增长。

（2023 年 12 月 20 日）

必须坚持依靠改革开放增强发展内生动力

——深刻领会新时代做好经济工作的规律性认识③

越是面对风险挑战，越是要用好改革开放关键一招，以更大决心和力度推进改革开放，为企业松绑，为创新除障，为活力护航，把我国发展的巨大潜力和强大动能充分释放出来

从制约高质量发展的突出问题和关键环节入手，谋划进一步全面深化改革重大举措，才能行改革之道、革烦苛之弊、开创新之门，不断增强社会主义现代化建设的动力和活力

在上海自贸试验区，"三张桌子"的故事广为流传。自贸试验区管委会曾用三张桌子，来展示政府权力的"瘦身"效果：第一张堆满改革前限制措施共 186 份文件；第二张摆着被调整的 151 份文件；第三张上面是自贸试验区改革一年后还留存的 35 份文件。也就是说，改革第一年，有 81% 的企业投资限制文件被调整，有的限制条款从此消失。"三张桌子"，一个缩影。十年来自贸试验区改革推出一批首创性举措，不仅大幅提升了对外开放水平，更以制度创新激发内生动力，成为新时代全面深化改革开放的生动写照。

改革开放是决定当代中国命运的关键一招，也是决定中国式现代化成败的关键一招。近期举行的中央经济工作会议从五个方面精辟概括新时代做好经济工作的规律性认识，其中一个重要方面就是"必须坚持依靠改革开放增强发展内生动力"。向改革要动力，善于用改革的办法解决发展中的问题；向开放要活力，坚持以开放促改革、促发展、促创新。坚持依靠改革开放增强发展内生动力，统筹推进深层次改革和高水平开放，不断解放和发展社会生产力、激发和增强社会活力，才能为推动高质量发展、加快中国式现代化建设持续注入强大动力。

"不论世界发生什么样的变化，中国改革开放的信心和意志都不会动摇。"这是坚定不移的决心，更是掷地有声的行动。今年以来，从破除要素流通堵点、卡点，推动全国统一大市场建设，到多措并举促进民营经济发展壮大，一批关键核心技术攻关取得新突破，再到外资准入负面清单连续缩减，现代服务业领域开放力度加大，改革开放红利不断释放，发展动能更加充沛。当前，进一步推动经济回升向好需要克服一些困难和挑战，国内大循环存在堵点，外部环境的复杂性、严峻性、不确定性上升。越是面对风险挑战，越是要用好改革开放关键一招，以更大决心和力度推进改革开放，为企业松绑，为创新除障，为活力护航，把我国发展的巨大潜力和强大动能充分释放出来。

发展出题目，改革做文章。实践告诉我们，唯有全面深化改革，才能更好践行新发展理念，破解发展难题、增强发展活力、厚植发展优势。时至今日，改革更多面对的是深层次体制机制问题，全面深化改革必须向最难处攻坚、向最关键处挺进。不断完善落实"两个毫不动摇"的体制机制，充分激发各类经营主体的内生动力和创新活力；深入实施国有企业改革深化提升行动，增强核心功能、提高核心竞争力；谋划新一轮财税体制改革，落实金融体制改革……按照中央经济工作会议的部署，从制约高质量发展的突出问题和关键环节入手，谋划进一步全面深化改革重大举措，才能行改革之道、革烦苛之弊、开创新之门，不断增强社会主义现代化建设的动力和活力。

中国开放的大门不会关闭，只会越开越大。过去中国经济发展是在开放条件下取得的，未来中国经济实现高质量发展也必须在更加开放条件下进行。当前，中国仍然是全球增长最大引擎，今年对全球经济增长的贡献约为1/3。在各国工商界眼中，中国位列最佳投资目的地，下一个"中国"，还是中国。加快培育外贸新动能，放宽电信、医疗等服务业市场准入，抓好支持高质量共建"一带一路"八项行动的落实落地……坚持推进高水平对外开放，稳步扩大规则、规制、管理、标准等制度型开放，建设更高水平开放型经济新体制，将为中国打开更大发展空间，不断以中国新发展为世界提供新机遇。

改革开放，当代中国最显著的特征、最壮丽的气象。45年前开启的改革开放，是我们党的一次伟大觉醒，孕育了我们党从理论到实践的伟大创造；新时代的中国，正以更大勇气、更实举措，将改革开放这场伟大觉醒引向更高境界，让改革开放这个"根本动力""活力之源"在新征程迸发出更大能量。

（2023年12月22日）

必须坚持高质量发展和高水平安全良性互动

——深刻领会新时代做好经济工作的规律性认识④

以高质量发展促进高水平安全，以高水平安全助力高质量发展，发展和安全动态平衡、相得益彰，对纲举目张做好经济工作意义重大

中国经济能够顶住外部压力、克服内部困难，保持回升向好态势，一个重要原因就是更好统筹发展和安全，确保发展在安全的轨道上行稳致远、笃定前行

高质量发展的每一个环节，都以安全为前提。当前，我国冬小麦播种面积保持稳定，长势总体较好。据统计，全国粮食总产量已连续9年稳定在1.3万亿斤以上。再获丰收的粮食生产，进一步夯实了安全发展基础。

近期举行的中央经济工作会议从五个方面精辟概括新时代做好经济工作的规律性认识，其中一个重要方面就是"必须坚持高质量发展和高水平安全良性互动"。只有坚持高质量发展，推动经济实现质的有效提升和量的合理增长，才能为高水平安全提供坚实的物质基础；只有在发展中更多考虑安全因素，才能营造有利于经济社会发展的安全环境，牢牢把握发展

主动权。以高质量发展促进高水平安全，以高水平安全助力高质量发展，发展和安全动态平衡、相得益彰，对纲举目张做好经济工作意义重大。

统筹发展和安全，增强忧患意识，做到居安思危，是我们党治国理政的一个重大原则。一年来，能源资源供应稳定，全国可再生能源发电装机规模再创新高，煤电油气供应足、价格稳；金融业运行总体平稳，整体风险抵御能力较强，截至三季度末，商业银行不良贷款率为 1.61%；守住不发生系统性风险的底线，出台化解地方债务风险、稳定房地产市场等一批政策举措，扎实推进保交楼工作……中国经济能够顶住外部压力、克服内部困难，保持回升向好态势，一个重要原因就是更好统筹发展和安全，确保发展在安全的轨道上行稳致远、笃定前行。

发展是安全的保障。一个国家只有通过发展不断提升自身的综合国力，才能有足够的资源和能力来保障安全。世界上最具成长性的消费市场实现"增量创新"，多年保持货物贸易第一大国地位，民营企业年度进出口规模所占比重首超 50%……新时代以来，党和国家各项事业取得历史性成就、发生历史性变革，筑牢了安全的基石。从更深层面看，进一步提升维护安全能力，必须靠高质量发展实现。比如，只有实现高水平科技自立自强，解决关键领域核心技术"卡脖子"问题，才能实现产业链供应链的安全可控；再比如，只有深入推进能源革命，实现经济社会发展全面绿色转型，才能把能源的饭碗牢牢端在自己手中。实践告诉我们，建立在高质量发展之上的安全才是可靠的、可持续的，不断推进高质量发展才能与时俱进筑牢安全屏障。

安全是发展的前提。当前，我国发展进入战略机遇和风险挑战并存、不确定难预料因素增多的时期，经济恢复仍处在关键阶段，深入推进国家安全思路、体制、手段创新，努力实现发展和安全的动态平衡，才能有效防范化解各类风险挑战，确保社会主义现代化事业顺利推进。一方面，持续有效防范化解重点领域风险，要统筹化解房地产、地方债务、中小金融机构等风险，严厉打击非法金融活动，坚决守住不发生系统性风险的底线；另一方面，要增强宏观政策取向一致性，加强财政、货币、就业、产业、区域、科技、环保等政策协调配合，把非经济性政策纳入宏观政策取向一致性评估，强化政策统筹，确保同向发力、形成合力。总之，加快构建新安全格局，牢牢守住新发展格局的安全底线，才能在各种可以预见和难以预见的惊涛骇浪中增强我们的生存力、竞争力、发展力、持续力。

习近平总书记指出："要贯彻总体国家安全观，坚持底线思维，统筹好发展和安全，盯住关系国家和区域安全的科技、产业、金融等领域和重大基础设施，加强风险防控体系和能力建设，夯实安全发展的基础。"新征程上，坚持统筹发展和安全，强化底线思维，注重补短板、堵漏洞、强弱项，下好先手棋、打好主动仗，以高质量发展提升维护高水平安全的能力，以高水平安全为实现高质量发展保驾护航，"中国号"巨轮必能越激流、过险滩，驶向更加壮阔的前程。

（2023 年 12 月 25 日）

必须把推进中国式现代化作为最大的政治

——深刻领会新时代做好经济工作的规律性认识⑤

中国式现代化走得通、行得稳，是强国建设、民族复兴的唯一正确道路，我们要以"最大的政治"的清醒和坚定沿着中国式现代化道路笃定前行

不久前，首艘国产大型邮轮命名交付，标志着我国已具备建造航空母舰、大型液化天然气运输船、大型邮轮这造船工业"三颗明珠"的能力。造船工业的突飞猛进，凝聚着一大批产业工人、科研工作者、企业家的心血和汗水，成为全国人民携手同心沿着中国式现代化道路奋勇前行的生动注脚。

中国式现代化是强国建设、民族复兴的康庄大道。近期举行的中央经济工作会议从五个方面精辟概括新时代做好经济工作的规律性认识，其中一个重要方面就是"必须把推进中国式现代化作为最大的政治"。全面建设社会主义现代化国家、全面推进中华民族伟大复兴，是新时代新征程中国共产党的使命任务。实现这个奋斗目标、完成这个使命任务的途径，就是中国式现代化。我们要在党的统一领导下，团结最广大人民，集聚起万

众一心、共克时艰的磅礴力量，把中国式现代化宏伟蓝图一步步变成美好现实。

全面建设社会主义现代化国家寄托着中华民族的夙愿和期盼，凝结着中国人民的奋斗和汗水。今年 10 月 26 日，神舟十七号航天员乘组入驻"天宫"。20 年来，从神舟五号到神舟十七号，从首次载人航天飞行到长期驻守空间站，我国载人航天事业实现跨越式发展。飞天梦圆，正是我国现代化建设成就的生动缩影。100 多年来，我们党团结带领人民所进行的一切奋斗，就是为了把我国建设成为现代化强国，实现中华民族伟大复兴。特别是新时代以来，以习近平同志为核心的党中央领导全党全国各族人民砥砺前行，不断实现理论和实践上的创新突破，成功推进和拓展了中国式现代化，我国迈上了全面建设社会主义现代化国家新征程，实现中华民族伟大复兴进入了不可逆转的历史进程。实践充分证明，中国式现代化走得通、行得稳，是强国建设、民族复兴的唯一正确道路，我们要以"最大的政治"的清醒和坚定沿着中国式现代化道路笃定前行。

江山就是人民，人民就是江山。必须深刻认识到，中国式现代化是亿万人民自己的事业，人民是中国式现代化的主体。紧紧依靠人民，尊重人民创造精神，汇集全体人民的智慧和力量，才能推动中国式现代化不断向前发展。新时代以来，在脱贫攻坚战场上，300 多万名第一书记和驻村干部，同广大乡村干部和群众携手奋斗，创造了人类反贫困斗争的伟大奇迹；在科研攻关第一线，科研工作者夜以继日钻研，成就"祝融"探火、"羲和"逐日、"北斗"组网等重大创新成果；在大街小巷，快递员来回奔忙，为物流畅通注入源源动力……新时代的伟大成就是党和人民一道拼出来、干出来、奋斗出来的。新征程上，始终坚持发展为了人民、发展依靠人民、发展成果由人民共享，我们就能为扎实推进中国式现代化凝聚起团结奋进的强大力量。

经济建设是党的中心工作，高质量发展是全面建设社会主义现代化国家的首要任务。习近平总书记强调："中国经济克服挑战、稳步前行，实现高质量发展，这也是推进中国式现代化的必然要求。"应当看到，发展是党执政兴国的第一要务，没有坚实的物质技术基础，就不可能全面建成社会主义现代化强国；发展必须是高质量发展，只有坚持高质量发展，推动经济实现质的有效提升和量的合理增长，才能不断满足人民日益增长的美好生活需要。前进道路上，聚焦经济建设这一中心工作和高质量发展这一首要任务，不断壮大我国经济实力、科技实力、综合国力，我们就一定能为中国式现代化构筑坚实的物质技术基础。

团结就是力量，实干成就未来。面向未来，亿万人民在党的旗帜下团结成"一块坚硬的钢铁"，心往一处想、劲往一处使、拧成一股绳，在各自岗位上顽强拼搏、不懈奋斗，就一定能形成同心共圆中国梦的强大合力，推动中国式现代化道路走得好、走得远。

（2023 年 12 月 27 日）

共同绘就联结世界、美美与共的壮阔画卷

——推动共建"一带一路"进入高质量发展的新阶段①

共建"一带一路"成为深受欢迎的国际公共产品和国际合作平台，开辟了人类共同实现现代化的新路径

金秋的北京，天朗气清，惠风和畅。第三届"一带一路"国际合作高峰论坛成功举办，巩固了国际共识、丰富了合作成果、拓展了光明前景。

2013年秋，习近平主席在访问哈萨克斯坦、印度尼西亚期间，先后提出共建丝绸之路经济带和21世纪海上丝绸之路重大倡议。10年来，习近平主席高瞻远瞩、谋篇布局，推动"一带一路"倡议在共商共建共享中走深走实，在高质量发展中开拓出一条造福世界的发展繁荣之路，推动构建人类命运共同体不断向前迈进。第三届"一带一路"国际合作高峰论坛期间，习近平主席深刻指出："我们开展了数千个务实合作项目，收获了实打实、沉甸甸的成果，共同绘就联结世界、美美与共的壮阔画卷。"

坚守初心，携手同行；春发其华，秋收其实。10年来，"一带一路"国际合作从无到有，蓬勃发展，取得丰硕成果。中国同各方合作伙伴一道，弘扬和平合作、开放包容、互学互鉴、互利共赢的丝路精神，共同为全球

互联互通贡献力量，为世界经济增长注入新动能，为全球发展开辟新空间，为国际经济合作打造新平台。从中国倡议走向国际实践，从理念转化为行动，从愿景转变为现实，在各方的共同努力下，共建"一带一路"成为深受欢迎的国际公共产品和国际合作平台，开辟了人类共同实现现代化的新路径。

以时空维度观察，共建"一带一路"合作步伐不断迈进，朋友圈不断扩大。从太平洋西岸到东欧平原，从红海之滨到南部非洲，从东南亚到拉美……10年来，中国已与五大洲的150多个国家、30多个国际组织签署了230多份共建"一带一路"合作文件。与此同时，成功举办3届"一带一路"国际合作高峰论坛，成立了20多个专业领域多边合作平台，亚洲基础设施投资银行从最初57个创始成员发展到拥有109个成员……壮丽的"丝路画卷"，展现出各国人民携手创造幸福美好生活的生动实践，书写下这个时代最激动人心的合作故事。

从谋篇布局的"大写意"，到精耕细作的"工笔画"，10年勇毅前行，"一带一路"这颗梦想的种子，渐渐长成枝繁叶茂的参天大树。当规划图转化为实景图，一大批标志性项目和惠民生的"小而美"项目落地生根。在克罗地亚，横跨亚得里亚海小斯通湾的佩列沙茨大桥，将原本3小时的车程缩短至数分钟，被当地媒体誉为"民众期盼了300年的宏伟建筑"。10月17日下午，国家主席习近平在人民大会堂同来华出席第三届"一带一路"国际合作高峰论坛的印度尼西亚总统佐科共同为雅万高铁正式开通运营揭幕。在喀麦隆、埃塞俄比亚、吉布提……无论是打出水井、满足村民饮水需求，还是安装路灯、照亮行人夜归之路，一个个民生工程、民心工程，解了燃眉之急，改善了生活条件。

政策沟通、设施联通、贸易畅通、资金融通、民心相通，中国携手共建国家，致力于推动全球互联互通。10年来，"一带一路"合作从基础设施"硬联通"扩展到规则标准"软联通"，极大促进了共建国家人民"心联通"。比如，中欧班列铺展运行线路80多条，通达欧洲25个国家的217个城市。再比如，截至今年8月底，80多个国家和国际组织参与中国发起的《"一带一路"贸易畅通合作倡议》。如今，共建"一带一路"倡议及其核心理念被写入联合国、二十国集团、亚太经合组织以及其他国际和区域组织等有关文件。共商共建共享、开放绿色廉洁、高标准惠民生可持续，成为高质量共建"一带一路"的重要指导原则。

　　涓涓流水，汇为汪洋；点点星光，点亮银河。大道至简，实干为要。今天，共建"一带一路"走过了第一个蓬勃十年，正值风华正茂。继往开来，昂扬奋进，携手奔向下一个金色十年，迎接共建"一带一路"更高质量、更高水平的新发展，我们一定能在共同努力中开创人类更加美好的未来。

（2023 年 10 月 26 日）

推动古丝绸之路在新时代焕发新活力

——推动共建"一带一路"进入高质量发展的新阶段②

　　共建"一带一路"帮助许多国家改善基础设施，更好融入全球供应链、产业链、价值链，提高了接入世界经济的能力和水平

　　坚定不移推动共建"一带一路"进入高质量发展的新阶段，更好地促进协同联动发展

　　最近，一组反映相同地点发展变化的卫星影像对比图，在网上引发关注。中老铁路老挝万象站、斯里兰卡科伦坡港口城、马尔代夫中马友谊大桥、塞内加尔竞技摔跤场、阿根廷"基塞"水电站……通过卫星视角，人们得以直观感受共建"一带一路"取得的累累硕果。时间是最客观的见证者。10年来，共建"一带一路"倡议造福各国、惠及世界，让每个国家都有机会共享发展机遇。

　　古丝绸之路不仅是一条通商易货之路，也是一条文明交流之路。连接着历史、现实与未来，源自中国、面向世界、惠及全人类，共建"一带一路"走过了第一个蓬勃十年。在第三届"一带一路"国际合作高峰论坛开幕式上，习近平主席指出："10年来，我们致力于构建以经济走廊为引领，

以大通道和信息高速公路为骨架，以铁路、公路、机场、港口、管网为依托，涵盖陆、海、天、网的全球互联互通网络，有效促进了各国商品、资金、技术、人员的大流通，推动绵亘千年的古丝绸之路在新时代焕发新活力。"

共建"一带一路"，关键是互联互通。10年来，基础设施"硬联通"作为重要方向，规则标准"软联通"作为重要支撑，同共建国家人民"心联通"作为重要基础，共建"一带一路"立足政策沟通、设施联通、贸易畅通、资金融通、民心相通，畅通信息流、资金流、技术流、产品流、产业流、人员流，推动更大范围、更高水平的国际合作。第一条高速公路、第一条现代化铁路、第一座工业园……共建"一带一路"帮助许多国家改善基础设施，更好融入全球供应链、产业链、价值链，提高了接入世界经济的能力和水平。

激动人心的改变，标注发展的成色。奔行在铁路上的列车，驰骋在公路上的汽车，联通各国的空中航班，劈波斩浪的货轮，快捷方便的数字电商，成为新时代国际贸易的驼铃、帆影；一座座水电站、风电站、光伏电站，一条条输油、输气管道，越来越智能通达的输电网络，成为新时代可持续发展的绿洲、灯塔；现代化的机场和码头，通畅的道路，拔地而起的经贸产业合作园区，成为新时代的商贸大道、驿站。对当地民众而言，"一带一路"并不是抽象的名词，而意味着水和电，路和桥，学校和医院，增加的收入、改善的生活和值得期待的明天。顺潮流、得民心、惠民生、利天下，推动实现经济大融合、发展大联动、成果大共享，这条造福世界的幸福之路越来越宽广。

跨越大洋大陆，人民心心相印。在共建"一带一路"的大道上，精彩纷呈的文化年、艺术节、博览会、展览会，独具特色的鲁班工坊、"丝路一家亲"、"光明行"等人文交流项目，不断深化的民间组织、智库、媒体、青年交流，奏响新时代的丝路乐章。共建"一带一路"追求的是发展，崇尚的是共赢，传递的是希望。10年来，共建"一带一路"推动共建国家形成文明共荣发展态势，一条新时代的文明之路呈现在世人面前。

道阻且长，行则将至；行而不辍，未来可期。10年奋发，共建"一带一路"已经在这个地球上形成了纵横交错的合作共赢之网。实践深刻表明，共建"一带一路"坚持共商共建共享，跨越不同文明、文化、社会制度、发展阶段差异，开辟了各国交往的新路径，搭建起国际合作的新框架，汇集着人类共同发展的最大公约数。习近平主席指出："这些成就不是天上掉下来的，也不是什么人恩赐施舍的，而是各国政府、企业和人民用勤劳、智慧、勇气干出来的！"面对世界百年未有之大变局，坚定不移推动共建"一带一路"进入高质量发展的新阶段，更好地促进协同联动发展，才能为中国和世界打开新的机遇之窗。

"手牵手，肩并肩，只要我们团结，没有什么不可能。"一首以雅万高铁为主题的中印尼双语歌曲《向前行　把梦想实现》，唱出了人们的心声。作为长周期、跨国界、系统性的世界工程、世纪工程，共建"一带一路"的第一个十年只是序章。从新的历史起点再出发，不忘合作初心，坚定不移前进，这个被形容为"激发了150多个国家实现梦想的热情"的倡议，必将绽放出新的时代光芒。

（2023 年 10 月 27 日）

世界好，中国才会好；中国好，世界会更好

——推动共建"一带一路"进入高质量发展的新阶段③

共建"一带一路"源自中国，成果和机遇属于世界

高质量共建"一带一路"，不仅为世界各国发展提供了新机遇，也为中国开放发展开辟了新天地

"一带一路"是什么？在马达加斯加马哈扎扎镇的养殖户们眼中，它是中国援建的、大大降低鸡蛋运输破损率的"鸡蛋路"；在马拉维民众眼中，它是助力15万人摆脱缺水困境的"幸福井"；在老挝人民看来，它是打通连接老挝与周边国家运输大通道、让老挝从"陆锁国"变为"陆联国"的中老铁路……一个个具体而温暖的答案，映照着"一带一路"带给共建国家人民真真切切的获得感。高质量共建"一带一路"，中国始终把自身发展和世界发展统一起来，始终把中国人民利益同各国人民共同利益结合起来，铺就一条携手实现共同发展繁荣的康庄大道。

今日中国是世界之中国，中国发展进步离不开世界，世界和平繁荣也离不开中国。在第三届"一带一路"国际合作高峰论坛开幕式上，习近平主席精辟概括共建"一带一路"重大倡议提出10年来取得的丰硕成果，深

刻总结三个方面的重要经验。其中一个重要方面就是："人类是相互依存的命运共同体。世界好，中国才会好；中国好，世界会更好。"

人类是一个整体，地球是一个家园。当前，人类交往的世界性比过去任何时候都更深入、更广泛，各国相互联系和彼此依存比过去任何时候都更频繁、更紧密，和平、发展、合作、共赢的历史潮流更加强劲。共建"一带一路"以构建人类命运共同体为最高目标，并为实现这一目标搭建了实践平台、提供了实现路径，推动美好愿景不断落实落地。10年耕耘，这条承载文明记忆、寄托未来梦想的希望之路，创造出一个又一个发展奇迹，越来越多的国家和地区通过共建"一带一路"分享中国发展的红利、搭乘中国发展的"快车"。

共建"一带一路"源自中国，成果和机遇属于世界。中白工业园、蒙内铁路、希腊比雷埃夫斯港……一批标志性项目开花结果，托举起发展繁荣的梦想。鲁班工坊、澜湄甘泉行动、健康快车国际光明行活动……一项项民生工程落地生根，搭建起沟通心灵的桥梁。中欧班列、中巴经济走廊、中埃·泰达苏伊士经贸合作区……一座座合作丰碑悄然树立，凝聚起同心同行的力量。实践充分证明，中国的发展是世界的机遇，共建"一带一路"是造福世界各国的幸福之路。

高质量共建"一带一路"，不仅为世界各国发展提供了新机遇，也为中国开放发展开辟了新天地。通过共建"一带一路"，中国对外开放的大门越开越大，内陆地区从"后卫"变成"前锋"，沿海地区开放发展更上一层楼，中国市场同世界市场的联系更加紧密，曾经"藏在深闺人未识"的特色商品不断走向世界、成为新的外贸增长点。数据显示，2013—2022年，中国与共建国家进出口总额累计19.1万亿美元，年均增长6.4%；2022年，中国与共建国家进出口总额近2.9万亿美元，占同期中国外贸总值的45.4%，较2013年提高了6.2个百分点。坚定不移推动高质量共建"一带一路"走深走实，这条阳光大道将为新时代中国的发展注入新活力、开辟新空间。

共建"一带一路"既是为了中国的发展，也是为了世界的发展；既是中国扩大开放的重大举措，也是破解全球发展难题的中国方案。当今世界并不太平，世界经济下行压力增大，全球发展面临诸多挑战，世界之变、时代之变、历史之变正以前所未有的方式展开。前行道路上，有顺境也会有逆流。各方携手同心、行而不辍，推动共建"一带一路"进入高质量发展的新阶段，才能推进更有活力、更加包容、更可持续的经济全球化进程，让发展成果更多更公平地惠及各国人民。

驼铃悠悠，丝路延绵。穿过时间的长河、跨越山海的阻隔，"一带一路"这条人类通向美好未来的希望之路，生命力必将更加旺盛，发展前景必将更为广阔。

（2023 年 10 月 30 日）

只有合作共赢才能办成事、办好事、办大事

——推动共建"一带一路"进入高质量发展的新阶段④

共建"一带一路"积极倡导合作共赢理念与正确义利观，坚持各国都是平等的参与者、贡献者、受益者

世界大势，浩浩荡荡，合作共赢才有未来。开门搞合作，开放谋发展，是"一带一路"建设的要义

"朋友你定要去，去乘那火车翱翔。滚滚向前的车轮，便是我们的翅膀。我的家乡，有了腾飞的力量……"在肯尼亚，传唱着一首关于蒙内铁路的动听歌曲。作为中国与肯尼亚共建"一带一路"标志性工程，蒙内铁路运营6年多来，截至今年9月底，旅客列车平均上座率达95.8%，对肯尼亚国内生产总值贡献率超过2%，已成为加快肯尼亚现代化步伐的"大动脉"。这条世纪铁路让"连接国家，走向繁荣"的目标一步步变成现实，为东非地区互联互通和中非合作共赢写下浓墨重彩的一笔。

当今世界，各国利益高度融合，人类是休戚与共的命运共同体。"合则强，孤则弱"，合作共赢是大势所趋。在第三届"一带一路"国际合作高峰论坛开幕式上，习近平主席深刻指出，"只有合作共赢才能办成事、

办好事、办大事"。作为发展的倡议、合作的倡议、开放的倡议，共建"一带一路"积极倡导合作共赢理念与正确义利观，坚持各国都是平等的参与者、贡献者、受益者，推动实现经济大融合、发展大联动、成果大共享，开创了合作共赢的新模式。

共建"一带一路"注重的是众人拾柴火焰高、互帮互助走得远，崇尚的是自己过得好、也让别人过得好，践行的是互联互通、互利互惠，谋求的是共同发展、合作共赢。中欧班列通达欧洲 25 个国家的 200 多个城市，"丝路海运"航线通达全球 43 个国家的 117 个港口；中巴经济走廊胡布电站项目可满足 400 万巴基斯坦家庭的用电需求，为当地每年节省数亿美元的发电成本；在布隆迪，杂交水稻减贫示范村项目不断推广，惠及 2.25 万人……十年来，共建"一带一路"激发起各国互联互通、合作发展、创新发展的澎湃活力，绘制出一幅共同追求和平、发展、合作、共赢的壮美画卷。"充分感受到共建'一带一路'的益处""为帮助发展中国家实现可持续发展提供了非常重要和有效的途径，树立了南南合作的典范""已经成为世界各国开展互利合作的重要平台和实现共同发展的重要机遇"……国际社会高度评价共建"一带一路"取得的丰硕成果。

大雁之所以能够穿越风雨、行稳致远，关键在于其结伴成行，相互借力。秉持互利共赢的合作观，共建"一带一路"寻求各方利益交汇点和合作最大公约数，实现各方共享发展机遇和成果，不让任何一个国家掉队。据测算，到 2030 年，共建"一带一路"有望使共建国家 760 万人摆脱极端贫困、3200 万人摆脱中度贫困，每年将为全球产生 1.6 万亿美元收益。实践证明，只要各国有合作的愿望、协调的行动，天堑可以变通途，"陆锁国"可以变成"陆联国"，发展的洼地可以变成繁荣的高地；只要大家把彼此视为朋友和伙伴，相互尊重、相互支持、相互成就，赠人玫瑰则手有余香，成就别人也是帮助自己。

世界大势，浩浩荡荡，合作共赢才有未来。开门搞合作，开放谋发展，是"一带一路"建设的要义。回首第一个蓬勃十年，共建"一带一路"坚持以高标准、可持续、惠民生为目标，巩固互联互通合作基础，拓展国际合作新空间，让合作共赢的力量直抵人心。展望下一个金色十年，和平、发展、合作、共赢的历史潮流不可阻挡，人民对美好生活的向往不可阻挡，各国实现共同发展繁荣的愿望不可阻挡，惟有保持乱云飞渡仍从容的定力，坚守初心、携手同行，才能绘就联结世界、美美与共的新图景。

历史深处，驼铃阵阵、舳舻千里，张骞策马西去、郑和扬帆南下，在万里丝路上播撒善意和友谊。古丝绸之路以其连接文明形态之多、跨越历史时期之长而著称，也因海纳百川而行稳致远。时光流转，共建"一带一路"在开放中合作，在合作中共赢，成为完善全球发展模式和全球治理、推进经济全球化健康发展的重要途径。持续做大合作增量，扩大互利共赢，沿着这条阳光大道勇毅前行，就一定能抵达幸福安宁和谐美好的远方。

（2023 年 10 月 31 日）

共建"一带一路"最重要的力量源泉

——推动共建"一带一路"进入高质量发展的新阶段⑤

传承和发扬丝路精神，坚持共商共建共享，跨越不同文明、文化、社会制度、发展阶段差异，共建"一带一路"开辟了各国交往的新路径，搭建起国际合作的新框架，汇集着人类共同发展的最大公约数

保持乱云飞渡仍从容的定力，大力弘扬丝路精神，推动共建"一带一路"高质量发展

前不久，第二十二届中国上海国际艺术节开幕，推出 77 台中外演出项目。开幕仪式后，交响诗篇《丝路颂》在乐声中展开一幅动人的丝路画卷。音乐会精选中国作曲家在不同时期创作的丝路主题作品，呈现了中国音乐人对丝路精神的诚挚感触和多样表达。

千百年来，古丝绸之路犹如川流不息的"大动脉"，跨越不同国度和肤色人民的聚集地，促进了亚欧大陆各国互联互通，推动了东西方文明交流互鉴，创造了地区大发展大繁荣，积淀了以和平合作、开放包容、互学互鉴、互利共赢为核心的丝路精神。千载流泽生生不息，丝路精神薪火相

传。在第三届"一带一路"国际合作高峰论坛开幕式上，习近平主席深刻指出："和平合作、开放包容、互学互鉴、互利共赢的丝路精神，是共建'一带一路'最重要的力量源泉。"

大道不孤，众行致远。古丝绸之路之所以名垂青史，靠的不是战马和长矛，而是驼队和善意；不是坚船和利炮，而是宝船和友谊。新时期的丝路精神，集中体现了中华民族爱好和平、讲究和睦、追求和谐的民族品格，彰显了中国共产党的天下情怀、价值追求和使命担当，成为中国共产党人精神谱系的重要组成部分。传承和发扬丝路精神，坚持共商共建共享，跨越不同文明、文化、社会制度、发展阶段差异，共建"一带一路"开辟了各国交往的新路径，搭建起国际合作的新框架，汇集着人类共同发展的最大公约数。

10年来，中国同各方合作伙伴一道，在新的时代背景下弘扬丝路精神，唤起人们对过往时代的美好记忆，共同为全球互联互通贡献力量，为国际经济合作搭建平台，为世界经济增长增添动力。正是因为坚持和平合作、开放包容、互学互鉴、互利共赢，塞尔维亚斯梅代雷沃钢厂重现活力，希腊比雷埃夫斯港吞吐量居地中海港口前列，内陆国哈萨克斯坦拥有"出海口"的梦想变为现实，乌兹别克斯坦"千顶之城"希瓦不再年久失修、重现往日风姿，吉尔吉斯斯坦白内障患者重获光明……国际人士指出，共建"一带一路"吸引越来越多国家参与其中，共建"一带一路"秉持的丝路精神得到国际社会广泛认可。

众人拾柴火焰高，互帮互助走得远。在共建"一带一路"框架下，中外合作伙伴发起成立了20余个专业领域多边对话合作机制，涵盖铁路、港口、能源、环保等领域；截至2023年6月底，丝路基金累计签约投资项目75个，承诺投资金额约220.4亿美元，亚洲基础设施投资银行已有106个成员，批准227个投资项目，共投资436亿美元；2013年以来，中国面向东盟、南亚、阿拉伯国家、非洲、拉美等区域建设了9个跨国技术转移平台，累计帮助50多个非洲国家建成20多个农业技术示范中心……"大家都好，世界才能更美好"，鲜明映照在共建"一带一路"的进程中。实践有力证明，共建"一带一路"站在了历史正确一边，符合时代进步的逻辑，走的是人间正道。

凡益之道，与时偕行。当前，世界之变、时代之变、历史之变正以前所未有的方式展开，世界进入新的动荡变革期。从历史维度看，人类社会正处在一个大发展大变革大调整时代，变革创新的步伐持续向前，人类战胜困难的手段从来没有像今天这样丰富。从现实维度看，我们正处在一个挑战频发的世界，和平赤字、发展赤字、安全赤字、治理赤字有增无减。共建"一带一路"不是中国一家的独奏，而是各方的大合唱；不是一枝独秀的小利，而是百花齐放的大利。保持乱云飞渡仍从容的定力，大力弘扬丝路精神，推动共建"一带一路"高质量发展，是历史潮流的延续，也是面向未来的必然抉择。

第三届"一带一路"国际合作高峰论坛欢迎宴会和文艺演出上，古朴典雅的中国民族器乐《礼尚乐合》、跨越国界的中外音乐舞蹈表演《美美与共》，令人印象深刻。前进道路上，坚定不移弘扬丝路精神，本着对历史、对人民、对世界负责的态度，携手应对各种全球性风险和挑战，推动历史车轮向着光明的前途前进，就一定能共同书写国家互利共赢、人民相知相亲、文明互学互鉴的丝路时代新篇。

（2023 年 11 月 01 日）

为实现世界各国的现代化作出不懈努力

——推动共建"一带一路"进入高质量发展的新阶段⑥

共建"一带一路"既是中国扩大开放的重大举措，也是破解全球发展难题的中国方案，旨在推动各国共同走向现代化

弘扬伙伴精神，不忘合作初心，坚定不移前进，才能携手实现和平发展、互利合作、共同繁荣的世界现代化

不久前，"一带一路"企业家大会成功举办，各国企业代表排队签约的盛况在社交媒体广泛传播。从企业家大会，到互联互通、数字经济、绿色发展3场高级别论坛，再到贸易畅通、海洋合作、廉洁丝路等专题论坛……第三届"一带一路"国际合作高峰论坛期间，各方共达成89项多边合作成果文件、369项务实合作项目，为各国现代化事业注入强劲动能。

现代化不是少数国家的"专利品"，也不是非此即彼的"单选题"。实现现代化是各国人民的共同期待，也是应有权利。在第三届"一带一路"国际合作高峰论坛开幕式上，习近平主席强调："中方愿同各方深化'一带一路'合作伙伴关系，推动共建'一带一路'进入高质量发展的新阶段，为实现世界各国的现代化作出不懈努力。"

今天的中国，正在以中国式现代化全面推进强国建设、民族复兴伟业。中国式现代化是人口规模巨大、全体人民共同富裕、物质文明和精神文明相协调、人与自然和谐共生、走和平发展道路的现代化。中华民族所追求的复兴，是在世界现代化大背景下展开的，不仅要实现本国的繁荣富强，而且要在这一历史进程中推动人类文明的发展进步。事实充分证明，共建"一带一路"既是中国扩大开放的重大举措，也是破解全球发展难题的中国方案，旨在推动各国共同走向现代化。

10 年来，共建"一带一路"助力许多发展中国家加快了迈向现代化的步伐。在非洲，蒙内铁路、亚吉铁路等先后通车运营，成为拉动东非乃至整个非洲国家纵深发展的重要通道；在阿根廷，高查瑞光伏电站项目正式并网发电，优化了当地能源结构，助力当地经济可持续发展；在泰国，经由鲁班工坊培训的工程师在泰中罗勇工业园的生产线上忙得不亦乐乎；在乌兹别克斯坦，布斯坦灌溉渠道修复工程竣工通水，解决了 10 多万公顷农田灌溉难题……从激活共建国家发展动力的大批基础设施建设项目，到通过"授人以渔"增强共建国家减贫能力的众多产业合作项目，再到增进共建国家民生福祉的民心工程，共建"一带一路"帮助发展中国家打破发展瓶颈，为各国共同走向现代化作出了中国贡献。

大家一起发展才是真发展。习近平主席指出："我们追求的不是中国独善其身的现代化，而是期待同广大发展中国家在内的各国一道，共同实现现代化。"开启高质量共建"一带一路"新阶段，对于引领新形势下国际合作和全球发展具有重要意义。构建"一带一路"立体互联互通网络、支持建设开放型世界经济、开展务实合作、促进绿色发展、推动科技创新、支持民间交往、建设廉洁之路、完善"一带一路"国际合作机制，习近平主席宣布的中国支持高质量共建"一带一路"八项行动，是推动实现世界各国现代化的务实举措。从新的历史起点再出发，共建"一带一路"将会更具创新与活力，更加开放和包容，为中国和世界打开新的机遇之窗。通过高质量共建"一带一路"，中国式现代化的发展经验将不断为共建国家提供有益借鉴。

实现现代化是全人类的共同事业。当前，世界之变、时代之变、历史之变正以前所未有的方式展开，全球可以预见和难以预见的风险显著增加，人类面临前所未有的挑战。以对话弥合分歧、以团结反对分裂、以合作促进发展，共建"一带一路"的意义愈发彰显，前景更加值得期待。放眼未来，我们应当坚持开放包容，以文明交流超越文明隔阂，促进文明包容互鉴；坚持共商共建共享，着力构建全球互联互通伙伴关系；促进共同发展，不断开拓造福各国、惠及世界的"幸福路"。无论是顺境还是逆境，无论前方是坦途还是荆棘，弘扬伙伴精神，不忘合作初心，坚定不移前进，才能携手实现和平发展、互利合作、共同繁荣的世界现代化。

继往开来、攻坚克难、勇毅前行，我们一定能书写国家互利共赢、人民相知相亲、文明互学互鉴的丝路时代新篇，开创各国共同迈向现代化的美好明天。

（2023 年 11 月 02 日）

为世界经济增长开辟了新空间

——共建"一带一路"倡议提出10周年回眸①

> 共建"一带一路"正在成为推动世界经济增长的重要引擎，成为我国参与全球开放合作、改善全球经济治理体系、促进全球共同发展繁荣、推动构建人类命运共同体的中国方案

肯尼亚有了第一条现代化铁路，马尔代夫有了第一座跨海大桥，白俄罗斯有了自己的轿车制造业，希腊比雷埃夫斯港重焕生机，塞尔维亚斯梅代雷沃钢厂再创辉煌，哈萨克斯坦的小麦卖到了东南亚，中老铁路让东南亚水果有了更便捷出口通道……世界经济版图上，没有哪个倡议能像共建"一带一路"这样，带来如此巨大的改变，凝聚如此广泛的民心。

2013年秋天，习近平主席在出访哈萨克斯坦和印度尼西亚时先后提出共建丝绸之路经济带和21世纪海上丝绸之路，共建"一带一路"倡议由此开启国际合作的崭新篇章。这个倡议的根本出发点和落脚点，就是探索远亲近邻共同发展的新办法，开拓造福各国、惠及世界的"幸福路"。数据显示，2013年到2022年，我国与共建国家双向投资累计超过2700亿美元；截至2022年底，我国企业在共建国家建设的境外经贸合作区为当地创

造了 42.1 万个就业岗位。实践充分表明，共建"一带一路"正在成为推动世界经济增长的重要引擎，成为我国参与全球开放合作、改善全球经济治理体系、促进全球共同发展繁荣、推动构建人类命运共同体的中国方案。

共建"一带一路"倡议突出发展视角，是合民心、顺潮流的好事。当今世界面临的各种难题，追根溯源都与发展鸿沟、发展赤字有关。全球范围看，发展领域仍面临巨大融资缺口，落实联合国 2030 年可持续发展议程任重道远。古丝绸之路沿线地区曾经是"流淌着牛奶与蜂蜜的地方"，如今"一带一路"建设紧紧抓住发展这个最大公约数，迄今已形成 3000 多个合作项目，打造了一个个"国家地标""民生工程""合作丰碑"，把各国人民对美好生活的梦想串联起来。共建"一带一路"倡议拉紧互联互通纽带，释放增长动力，实现市场对接，推动经济大融合、发展大联动、成果大共享，丰富了填补发展赤字、增进各国民生福祉的现实路径。

共建"一带一路"倡议旨在携手打造开放合作平台，为各国合作发展提供新动力。交通基础设施项目为共建国家发展注入强劲动力，清洁、高效、质优的绿色能源项目点亮共建国家未来发展之路，减贫、农业技术、职业教育等民生领域一个个接地气的项目有效提高共建国家人民生活水平……十年光阴荏苒，各方积极推进政策沟通、设施联通、贸易畅通、资金融通、民心相通，构建起全方位、复合型的互联互通伙伴关系。从中欧班列到西部陆海新通道，从中巴经济走廊到产业园区合作，一个辐射全球各大陆、连接世界各大洋的互利合作网已初步形成。"一带一路"开创了国际发展合作新模式，让更多国家和地区融入经济全球化，应潮流、得民心、惠民生、利天下。

义谓天下合宜之理，道谓天下通行之路。习近平主席强调："'一带一路'是大家携手前进的阳光大道，不是某一方的私家小路。"共建"一带一路"倡议之所以能为世界经济增长开辟新空间、实现共同发展繁荣，一个重要原因就在于携手做大互利共赢的"蛋糕"，在国际社会共同愿景和普遍共识基础上，持续推进政策沟通对接以及务实合作。坚持共商共建共享原则，由各方平等协商、责任共担、共同受益；支持开放、廉洁、绿色发展，反对保护主义，努力建设风清气正、环境友好的新时代丝绸之路；

践行高标准、惠民生、可持续理念，走经济、社会、环境协调发展之路……共建"一带一路"合作理念不断丰富，让各国互联互通更加有效，经济增长更加强劲，国际合作更加密切，人民生活更加美好。

在上海合作组织成员国元首理事会第二十三次会议上，习近平主席发表重要讲话指出："今年是我提出'一带一路'倡议 10 周年，中方将举办第三届'一带一路'国际合作高峰论坛，欢迎各方参加论坛活动，共同把这条造福世界的幸福之路铺得更宽更远。"弘扬伙伴精神，不忘合作初心，引领高质量共建"一带一路"持续向前发展，必能铺就共同发展的康庄大道，绘就绿色发展的亮丽画卷，书写国家互利共赢、人民相知相亲、文明互学互鉴的丝路时代新篇章。

（2023 年 10 月 10 日）

为国际贸易和投资搭建了新平台

——共建"一带一路"倡议提出 10 周年回眸②

　　共建"一带一路"已成为深受欢迎的国际公共产品和国际合作平台，为构建人类命运共同体提供了重要实践平台

　　随着基础设施互联互通格局平台效应不断扩大，中国与共建国家深化合作、共同发展面临新的机遇

　　物畅其流，人享其行，发展便犹如插上翅膀。以中哈连云港物流合作基地为依托，内陆国家哈萨克斯坦拥有了出海口；乘坐中欧班列，欧洲的苹果可以销往近万公里外的中国市场，中国云南的咖啡也可以进入欧洲市场；中国农业企业同老挝专家合作培育优质香米，帮助建起出口产业链，一举结束老挝稻米零出口的历史；希腊比雷埃夫斯港自中国远洋海运集团入股后，综合指标重回世界十大航运枢纽之列……"一带一路"建设让更多国家走上扩大开放的道路，联通开放的利好深深造福了共建国家和地区的人民。

　　即使相隔万水千山，也能够走出一条互利共赢的康庄大道。2017 年，在"一带一路"国际合作高峰论坛开幕式上，习近平主席指出："'一带一

路'建设要以开放为导向，解决经济增长和平衡问题。""一带一路"是一条开放之路，贸易畅通是共建"一带一路"的重要内容。促进贸易投资自由化便利化，降低交易成本和营商成本，释放发展潜力，提升各国参与经济全球化的广度和深度，共建"一带一路"已成为深受欢迎的国际公共产品和国际合作平台，为构建人类命运共同体提供了重要实践平台。

自古以来，互联互通就是人类社会的追求。互联互通，经济血脉才更加通畅，经济社会发展潜力才能被充分挖掘。共建"一带一路"倡议之所以能促进贸易规模持续扩大，成本竞争力是一个重要因素。基础设施互联互通可以有效降低贸易成本、提高贸易效率。目前，中欧班列已铺就运行线路86条，通达欧洲25个国家的200多个城市，西部陆海新通道铁海联运班列货物流向通达全球100多个国家的300多个港口，这些开放大通道为共建国家促进互联互通、提升经贸合作水平打下坚实基础。随着基础设施互联互通格局平台效应不断扩大，中国与共建国家深化合作、共同发展面临新的机遇。

贸易投资自由化便利化水平不断提升，则是另一个重要原因。创新贸易合作机制、加强政策协调，有助于促进市场开放、消除贸易障碍。共建"一带一路"倡议不仅推进"陆、海、空、网"四位一体的"硬联通"，同时也加强政策、规则、标准三位一体的"软联通"，畅通了贸易和投资合作渠道，提供了更好的营商环境和机制保障，有助于打造深度互补、高度共赢的合作新格局。据了解，仅哈萨克斯坦等中亚国家农产品到达中国市场的通关时间就缩短了90%。与此同时，跨境电子商务等新业态、新模式不断涌现，成为推动贸易畅通的重要新生力量，为共建国家带来更多贸易机会。

过去几十年中，相当一部分发展中国家因为互联互通不足、基础设施薄弱等因素限制，没有被纳入全球价值链，甚至成为经济全球化"被遗忘的角落"。"一带一路"建设促进产业合作和技术传播，符合共建国家推进工业化、现代化和提高基础设施水平的迫切需要，为国际贸易和投资搭建了新平台，为世界经济找到了新增长点。泰中罗勇工业园、中印尼综合产业园区、埃塞俄比亚东方工业园、中白工业园……一个个园区在精诚合作中展现勃勃生机，让共建国家有机会搭上经济全球化列车、提高工业化水平，同时也深化了国际产能合作，有利于共同建设开放包容的世界经济，为各国工商界提供更多机遇。

翻山越岭、跨洋越海，丝绸之路是古人创造的互联互通奇迹。如今，远洋巨轮劈波斩浪，"钢铁驼队"跨越大洲，续写着新时代的丝路故事。人类生活在同一个地球村，越来越成为你中有我、我中有你的命运共同体。以共建"一带一路"合作10周年为新起点，加快发展战略对接，推动贸易自由化便利化，扩大产业与投资合作，开放将为全球发展带来新的光明前程。

（2023 年 10 月 11 日）

为完善全球经济治理拓展了新实践

——共建"一带一路"倡议提出 10 周年回眸③

共建"一带一路"倡议开创发展新机遇，谋求发展新动力，为完善全球经济治理拓展了新实践，为全球经济复苏作出持续的、进阶的、实质性的贡献

共建"一带一路"将继续致力于维护全球自由贸易体系和开放型世界经济，推动各国经济联动融通，为经济全球化建桥修路，为不确定的世界经济带来更多确定性

国际货物联运从日均 2 列增至日均 14 列，运输货品从 10 多种增至 2000 余种，货物进出口整体通关时间较开通初期压缩一半以上……中老铁路开通一年多来，运输网已辐射至 13 个国家和地区，打开了共建共赢经济发展的新通道。蓬勃发展的中老铁路，折射共建"一带一路"实打实、沉甸甸的成就，也成为"坚定支持和帮助广大发展中国家加快发展，实现工业化、现代化，为缩小南北差距、实现共同发展提供中国方案和中国力量"的有力见证。

同舟共济扬帆起，乘风破浪万里航。习近平主席强调："共建'一带一

路'顺应了全球治理体系变革的内在要求，彰显了同舟共济、权责共担的命运共同体意识，为完善全球治理体系变革提供了新思路新方案。"内陆边陲变成开放前沿，促进了共建国家经济融合、发展联动、成果共享；经济合作跑出加速度，维护了全球产业链供应链稳定畅通；共商共建共享，不断丰富新形势下多边主义实践……共建"一带一路"倡议开创发展新机遇，谋求发展新动力，为完善全球经济治理拓展了新实践，为全球经济复苏作出持续的、进阶的、实质性的贡献。

共建"一带一路"倡议源于对世界形势的敏锐观察和深刻思考。全球增长动能不足，难以支撑世界经济持续稳定增长，怎样发掘和培育持久增长的动力？全球经济治理滞后，难以适应世界经济新变化，怎样维护和发展带动增长的开放型经济？全球发展失衡，怎样实现各国在经济合作中权利平等、机会平等、规则平等，从而确保共同繁荣？共建"一带一路"之所以行稳致远，一个重要原因就在于顺应经济全球化的历史潮流，顺应全球治理体系变革的时代要求，顺应各国人民过上更好日子的强烈愿望，为解决发展不平衡问题汇聚新思路，为实现联动式发展、促进全球经济增长注入新能量。

"一带一路"是一条繁荣之路。发展是解决一切问题的总钥匙。着力解决发展失衡、治理困境、数字鸿沟、分配差距等问题，共建"一带一路"为全球发展描绘了新愿景，为国际发展合作提供了新机遇。这条世界上跨度最长、最具潜力的合作带，凝聚了共建国家渴望发展的最大共识、契合了共建国家经济发展升级的最迫切意愿、提供了世界经济走出阴霾的最有效方案、展现了中国推动各国共同发展的最大诚意。"一带一路"建设把共建国家人民紧密联系在一起，致力于合作共赢、共同发展，让世界各国的发展机会更加均等，让发展成果由各国人民共享。

"一带一路"是一条开放之路。一段时间以来，逆全球化思潮、保护主义的负面效应日渐显现。共建"一带一路"以开放为导向，促进经济要素有序自由流动、资源高效配置和市场深度融合，着力推动形成开放型世界经济，是完善全球发展模式和全球治理、推进经济全球化健康发展的重要途径。"相通则共进，相闭则各退"。历史已经证明，只有坚持开放合作才能获得更多发展机遇和更大发展空间。共建"一带一路"将继续致力于维护全球自由贸易体系和开放型世界经济，推动各国经济联动融通，为经济全球化建桥修路，为不确定的世界经济带来更多确定性。

"一带一路"源自中国，属于世界。不以意识形态、发展模式划线，而是强调共商共建共享的平等互利合作；没有重复地缘博弈的老套路，而是开创合作共赢的新模式；不是形成破坏稳定的小集团，而是建设和谐共存的大家庭……共建"一带一路"倡议坚持事务由大家共同商量，项目由大家共同建设，推动构建更加公正、合理和均衡的全球治理体系。在"一带一路"建设国际合作框架内，各方秉持共商共建共享原则，实现优势互补、互利共赢，不断朝着人类命运共同体方向迈进。

截至 2023 年 6 月底，我国已与 150 多个国家、30 多个国际组织签署了 200 多份共建"一带一路"合作文件，共商共建共享等共建"一带一路"的核心理念被写入联合国、中非合作论坛等国际组织及机制的重要文件，共建"一带一路"倡议释放了强大的国际影响力、道义感召力、合作吸引力。推动共建"一带一路"走深走实，中国将为完善全球治理体系变革贡献更多智慧，为推动经济全球化朝着更加开放、包容、普惠、平衡、共赢的方向发展注入更强动力。

（2023 年 10 月 12 日）

为增进各国民生福祉作出了新贡献

——共建"一带一路"倡议提出 10 周年回眸④

　　共建"一带一路",坚持共商共建共享原则,把基础设施"硬联通"作为重要方向,把同共建国家人民"心联通"作为重要基础

　　继续聚焦发展这个根本性问题,坚持以人民为中心的发展思想,乘势而上、顺势而为,释放各国发展潜力,实现经济大融合、发展大联动、成果大共享

　　俯瞰马尔代夫胡鲁马累岛,五座桥如玉带横卧碧波之上。曾经,胡鲁马累一期岛和二期岛之间只有一座临时搭建的木桩小桥,居民时常抱怨出行不便。中国企业在两岛之间建设五桥项目后,两个人口密集的岛屿实现互相连通,还带动了商业、文化旅游业发展,当地人感慨:"中国企业在胡鲁马累承建了住房、桥梁等项目,丰富了这座城市的面貌,改善了我们的生活。"两个岛、五座桥,犹如一扇洞察马尔代夫发展变迁之窗。共建"一带一路"不断增进民生福祉,顺应了各国人民过上更好日子的强烈愿望。

　　共建"一带一路"追求的是发展,崇尚的是共赢,传递的是希望。

2019 年在第二届"一带一路"国际合作高峰论坛开幕式上，习近平主席提出，要努力实现高标准、惠民生、可持续目标，"坚持以人民为中心的发展思想，聚焦消除贫困、增加就业、改善民生，让共建'一带一路'成果更好惠及全体人民，为当地经济社会发展作出实实在在的贡献"。共建"一带一路"，坚持共商共建共享原则，把基础设施"硬联通"作为重要方向，把同共建国家人民"心联通"作为重要基础。一大批标志性项目和惠民生的"小而美"项目，促进了增长，传播了技术，增加了就业，改善了民生。

发展经济和改善民生是"一带一路"共建国家的迫切任务。民生工程是快速提升共建国家民众获得感的重要途径。方便病患求医问诊的医院、保障当地粮食供应的面粉厂、能把清洁饮用水送到千家万户的水厂……在减贫、农业技术、职业教育等民生领域，一个个接地气的项目有效提高共建国家人民生活水平。正如习近平主席指出的，"真正惠及民生、获得老百姓欢迎的是最好的项目"。抓住关键的标志性工程，推出一批有利于共建国家民生改善的项目，合民愿、惠民生、聚民心，推动共建"一带一路"进一步走深走实，为各国经济发展、民生改善带来实惠。

和平安宁、繁荣发展的幸福生活，是各国人民的共同梦想。共建"一带一路"倡议的根本出发点和落脚点，就是探索远亲近邻共同发展的新办法，开拓造福各国、惠及世界的"幸福路"。世界银行预测，到 2030 年，共建"一带一路"相关投资有望使共建国家 760 万人摆脱极端贫困、3200万人摆脱中度贫困。"一带一路"合作倡议契合中国和共建国家发展需要，符合有关各方共同利益，顺应了地区和全球合作潮流。聚焦重点地区、重点国家、重点项目，把"一带一路"建成"减贫之路""增长之路"，广阔前景令人期待。

以天下之利为利，以人民之心为心。习近平主席强调："我提出'一带一路'倡议，就是要实现共赢共享发展。"发展起来的中国没有独善其身，而是同世界各国加强合作，共同探寻人类社会所面临挑战的解决之道，推动构建人类命运共同体。"一带一路"建设已经迈出坚实步伐，继续聚焦发展这个根本性问题，坚持以人民为中心的发展思想，乘势而上、顺势而为，释放各国发展潜力，实现经济大融合、发展大联动、成果大共享，必能推动"一带一路"建设行稳致远，迈向更加美好的未来。

心合意同，谋无不成。中国举办的菌草技术国际培训班，给许多国家民众带来新机遇，成为互利共赢、造福人民的生动写照。在斐济，菌草技术被誉为"岛国农业的新希望"；在莱索托，农民称菌草为"致富草"；在卢旺达，3500多户家庭参与菌草生产，每户每年收入增加了1至3倍。一条条"幸福路"、一座座"连心桥"、一片片"发展带"落地成为现实，共建国家民众的获得感不断增强。从历史延伸向未来，"一带一路"这条阳光大道必将越走越宽广。

（2023年10月13日）

为中国开放发展开辟了新天地

——共建"一带一路"倡议提出 10 周年回眸⑤

以开放促改革、促发展是我国现代化建设不断取得新成就的重要法宝

共建"一带一路"搭建起世界与中国互联互通、互利共赢的桥梁，推动我国对外开放持续深化，使国内各区域开放潜力有效释放，为中国式现代化注入强劲动力

新疆维吾尔自治区克拉玛依市云计算产业园内，约 2 万个渲染节点为国内外电影特效画面提供渲染技术，海量数据在直达北上广国际互联网数据专用通道上昼夜"奔行"，不断建成的标准机柜能为"一带一路"共建国家和地区提供强大算力。戈壁"油城"的"智能"蝶变，成为共建"一带一路"推动中国开放发展的缩影。

习近平总书记强调，"共建'一带一路'不仅为世界各国发展提供了新机遇，也为中国开放发展开辟了新天地"。以开放促改革、促发展是我国现代化建设不断取得新成就的重要法宝。今年是改革开放 45 周年，中国经济已深度融入世界经济。对今天的中国来说，问题已不是要不要对外

开放，而是如何提高对外开放的质量和经济发展的内外联动性。作为世界第二大经济体，中国要实现现代化，就必须更好统筹国内国际两个大局，以高水平对外开放促进深层次改革、推动高质量发展。

"一带一路"建设对我国发展具有积极意义。"一带一路"建设符合我国经济发展内生性要求，有助于推动我国开放空间从沿海、沿江向内陆、沿边延伸，同京津冀协同发展、长江经济带发展、粤港澳大湾区建设等国家战略对接，带动形成陆海内外联动、东西双向互济的开放新格局。截至目前，中欧班列联通中国境内112个城市，西部陆海新通道铁海联运班列覆盖中国中西部18个省（区、市），六大经济走廊建设为中西部地区开启开放发展的快车道。共建"一带一路"搭建起世界与中国互联互通、互利共赢的桥梁，推动我国对外开放持续深化，使国内各区域开放潜力有效释放，为中国式现代化注入强劲动力。

世界好，中国才能好；中国好，世界才更好。共建"一带一路"有力促进各国共同发展共同繁荣，中国也受益良多。西部陆海新通道铁海联运班列开通，有效节约运输时间、降低运营成本，让宁夏枸杞原浆和葡萄酒、广西螺蛳粉、贵州茶叶等曾"藏在深闺人未识"的特色商品，不断走向世界、成为新的外贸增长点。截至2023年6月底，中国已与65个国家标准化机构以及国际和区域组织签署了107份标准化合作文件，促进了民用航空、气候变化、农业食品、建材、电动汽车、油气管道、物流、小水电、海洋和测绘等多领域标准国际合作。在人类命运共同体理念引领下，共商共建共享已成为处理国家间关系和开展国际合作的一个重要原则，中国理念收获各方认同。更加开放的中国为世界注入活力，一个更加繁荣的世界也将为中国提供更优环境。

当今世界百年变局加速演进，人类社会面临许多挑战，但和平、发展、合作、共赢的历史潮流不可阻挡。保持战略定力，树立全球视野，扎实推进共建"一带一路"，继续实施互利共赢的开放战略，才能在大变局中把握航向、在大潮流中破浪前行。中国把构建更高水平开放型经济新体制同高质量共建"一带一路"等紧密衔接起来，积极参与全球治理体系改革和建设，对推动贸易和投资自由化便利化具有重要意义。坚持经济全球化正确方向，中国将与共建国家共同营造有利于发展的国际环境，共同培育全球发展新动能。

古道悠悠、茶香缕缕，人文、旅游、经贸等往来密切，"晋商万里茶路"在中俄两国绽放全新的生命力；磨机运转、隆隆轰鸣，印尼海螺孔雀港项目水泥磨机顺利投产，为当地带来巨大经济效益；望闻问切、配药调制，多名中医师来到匈牙利首都布达佩斯为患者诊脉开方，中医药漂洋过海展现东方魅力……10 年回眸、硕果累累，"一带一路"的朋友圈越来越大，共同发展的大道越走越宽。开放的中国，张开双臂欢迎各国人民搭乘中国发展的"快车""便车"；秉持共商共建共享原则的"一带一路"倡议，欢迎更多国家投身参与，为世界共同创造和平、发展、合作的未来。

（2023 年 10 月 16 日）

把"一带一路"建成和平之路

——推动共建"一带一路"高质量发展①

> 十年砥砺前行，共建"一带一路"追求的是发展，崇尚的是共赢，传递的是希望

新疆乌鲁木齐国际陆港区，集装箱吊装，机车穿梭，一列列中欧班列在这里整装、启程，西行2天可抵达哈萨克斯坦，8天抵达俄罗斯，16天抵达荷兰。在古老的亚欧大陆上，"钢铁驼队"续写新时代的丝路故事，成为高质量共建"一带一路"的生动缩影。

时间回溯到2013年秋，习近平总书记西行哈萨克斯坦、南下印度尼西亚，先后提出建设丝绸之路经济带和21世纪海上丝绸之路重大倡议。十年来，在习近平总书记的亲自谋划、亲自部署、亲自推动下，共建"一带一路"落地生根、持久发展，从理念转化为行动、从愿景转变为现实、从"大写意"到"工笔画"，走出了一条高质量发展的光明大道。十年来，梦想的种子成长为促进全球合作的繁茂大树，共建"一带一路"成为我国参与全球开放合作、改善全球经济治理体系、促进全球共同发展繁荣、推动构建人类命运共同体的中国方案，让世界向着实现共同繁荣的美好愿景

不断前进。

推动各国共同走和平发展道路、顺应各国人民过上更好日子的强烈愿望，助力共建"一带一路"始终保持旺盛活力。得益于共建"一带一路"，塞尔维亚斯梅代雷沃钢厂重现活力，希腊比雷埃夫斯港吞吐量居地中海港口前列，乌兹别克斯坦白内障患者重获光明，塞内加尔干旱地区村民饮水更安心……一个个美好的故事，见证着基础设施的"硬联通"、规则标准的"软联通"、温暖人心的"心联通"。截至今年6月，中国已经同152个国家和32个国际组织签署200余份共建"一带一路"合作文件；上半年，我国与"一带一路"沿线国家进出口同比增长9.8%，高出外贸整体增速7.7个百分点。国际观察家坦言："历史上从来没有谁尝试通过一系列政策的实施，在经济领域将那么多国家和大洲连接起来。"可以说，共建"一带一路"为世界经济增长开辟了新空间，为国际贸易和投资搭建了新平台，为完善全球经济治理拓展了新实践，为增进各国民生福祉作出了新贡献。

和合共生、天下大同，是中华民族千百年来的美好追求；携手打造和平发展的大格局，是共建"一带一路"的使命担当。十年砥砺前行，共建"一带一路"追求的是发展，崇尚的是共赢，传递的是希望，日益成为承载着希望与梦想的和平之路。当前，世界进入新的动荡变革期，人类社会面临的治理赤字、信任赤字、发展赤字、和平赤字有增无减。是合作还是孤立，团结还是分裂，拉手还是松手，人类社会面临重大抉择。中国倡议共建"一带一路"，就是在世界百年未有之大变局中把握航向的积极应变之举，顺应和平、发展、合作、共赢的时代潮流，致力于维护多边主义、共同构建人类命运共同体。十年来，共建"一带一路"成为大家携手前进的光明大道，为推进经济全球化健康发展注入强劲动力，推动各国人民一起维护世界和平、促进共同发展。

中国式现代化是走和平发展道路的现代化，倡导践行开放、融通、互利、共赢的合作观，推进"一带一路"建设是具体体现。习近平总书记强调："我提出构建人类命运共同体，倡议共建'一带一路'，就是在反复思考世界各国应如何在千差万别的利益和诉求中实现共商共享、和而不同、合作共赢。"中国推进"一带一路"建设，不会干涉他国内政，不会输出社会制度和发展模式，更不会强加于人；不会重复地缘博弈的老套路，而是开创合作共赢的新模式；不会形成破坏稳定的小集团，而将建设和谐共存的大家庭。坚持和平发展、促进合作共赢，这个当今世界范围最广、规模最大的国际合作平台会更加坚实，这条和平之路将越走越宽广，更好造福世界各国人民。

2100多年前，张骞出使西域，开始打通东方通往西方的道路，完成"凿空之旅"；15世纪初，中国著名航海家郑和七次远洋航海，留下千古佳话。这些开拓事业之所以名垂青史，是因为使用的不是战马和长矛，而是驼队和善意；依靠的不是坚船和利炮，而是宝船和友谊。今天，中国将继续走和平发展道路，努力把"一带一路"建成和平之路，与世界各国一起走出一条普遍安全、共同发展的康庄大道。

（2023年09月04日）

把"一带一路"建成繁荣之路

——推动共建"一带一路"高质量发展②

共建"一带一路"倡议就是要紧紧抓住发展这个最大公约数，提供一个包容性巨大的发展平台

释放各国发展潜力，有助于形成"1+1>2"的效应，破解发展不平衡不充分问题，更好实现经济大融合、发展大联动、成果大共享

2013 年秋，习近平总书记在哈萨克斯坦首都发表重要演讲，提出共同建设"丝绸之路经济带"倡议。10 年来，从建设中哈霍尔果斯国际边境合作中心、中哈连云港物流合作基地，到建成札纳塔斯 100 兆瓦风电、奇姆肯特炼厂现代化改造项目，中哈成功实施几十个重要合作项目，有力促进互联互通、拉动国际贸易、推动能源转型，铺就一条互利共赢、繁荣发展之路，为推动共建"一带一路"高质量发展写下生动注脚。

如今，在"一带一路"倡议框架下，经贸合作质量效益双双提升，多元化投融资体系不断健全，民心民意根基持续夯实，为世界经济增长开辟新空间。2013 年至 2022 年，我国与"一带一路"沿线国家货物贸易进出

口额年均增长 8.6%，与沿线国家双向投资累计超过 2700 亿美元，在沿线国家承包工程新签合同额超过 1.2 万亿美元，我国企业在共建国家建设的境外经贸合作区已为当地创造 42.1 万个就业岗位。正如习近平总书记强调的："共建'一带一路'不仅为世界各国发展提供了新机遇，也为中国开放发展开辟了新天地。"

发展是解决一切问题的总钥匙，也是人类社会永恒主题。共建"一带一路"倡议就是要紧紧抓住发展这个最大公约数，提供一个包容性巨大的发展平台，致力于缩小发展鸿沟，从根本上化解造成各种冲突和矛盾的根源，推动世界各国共同发展和繁荣。习近平总书记强调"我提出'一带一路'倡议，就是要实现共赢共享发展"，指出"把我国发展同沿线国家发展结合起来，把中国梦同沿线各国人民的梦想结合起来"，要求"推动共建'一带一路'向高质量发展转变"……习近平总书记始终强调促进共同发展繁荣对于"一带一路"建设的重大意义，推动更多国家和人民获得发展机遇和实惠，让"一带一路"成为共同的机遇之路、繁荣之路。

"单丝不成线，独木不成林"，大家一起发展才是真发展。"一带一路"不是"独奏曲"，而是"交响乐"。看国内，共建"一带一路"使得很多内陆地区一跃成为新的开放前沿，提高了国内各区域开放水平，拓展了对外开放领域；看海外，中白工业园、泰中罗勇工业园、埃塞俄比亚东方工业园等境外合作工业园区项目迅速发展，在承接中外企业合作、带动东道国经济发展方面发挥积极作用。共建"一带一路"倡议源于中国，但机会和成果属于世界。以我国发展为契机，让更多国家搭上我国发展快车，释放各国发展潜力，有助于形成"1+1>2"的效应，破解发展不平衡不充分问题，更好实现经济大融合、发展大联动、成果大共享。

经过 10 年发展，共建"一带一路"这条繁荣之路，扎下深厚根基，织就紧密纽带，焕发出更加强大的内生动力。这体现为产业的互补，从让赞比亚"一度停产的矿山重焕生机"，到填补白俄罗斯"本国不能生产民用汽车"的空白，沿线各国发挥资源、文化、区位等优势，中国企业施展技术、管理、资金等所长，共同筑牢了产业链供应链分工协作、协同发展的基础。这体现为资金的融通，亚洲基础设施投资银行从最初 57 个创始成员国，发展到今天的来自六大洲的 106 个成员，成为成员数量仅少于世界银行的全球第二大多边开发机构。金融血脉畅通，为共建"一带一路"注入源头活水。这体现为设施的互通，完善陆、海、天、网"四位一体"互联互通布局，深化传统基础设施项目合作，推进新型基础设施项目合作。开放包容、互联互通，才能互助互利、实现共赢。

中老铁路跨越山河，成为国际物流的"黄金通道"；蒙内铁路联通东西，"连接国家，走向繁荣"的列车标语成为现实；阿尔及利亚东西高速公路全线通车，成为当地发展"先行官"……这些由中国企业参建的铁路、公路，既是通勤之路、运输之路与旅游之路，也是减贫之路、发展之路与希望之路。各国走稳走好"一带一路"这条繁荣之路，将发展的蛋糕越做越大，为人民幸福提供坚实支撑，为经济增长创造更多机遇，就能为人类共同发展开辟更加广阔的前景。

（2023 年 09 月 06 日）

把"一带一路"建成开放之路

——推动共建"一带一路"高质量发展③

> 共建"一带一路"开创了合作共赢的新模式，已经成为当今世界深受欢迎的国际公共产品和国际合作平台
>
> "一带一路"建设不是中国一家的独奏，而是沿线国家的合唱，是中国同世界共享机遇、共谋发展的阳光大道

鸣笛声声，中欧班列搭载"欧洲制造"缓缓驶入站台。不远处，矿石、汽配件等商品完成装车后，将由西部陆海新通道直达东南亚。进出有序、热闹非凡，重庆两江新区果园港一派繁忙景象。从昔日西南腹地的内河港，到如今联通全球的枢纽站，果园港的贸易伙伴遍布全球，成为共建"一带一路"、维护和发展开放型世界经济的生动缩影。

经济全球化使世界经济连为一体，你中有我、我中有你。任何一个国家追求现代化，都不可能仅仅依靠自己、在封闭条件下实现，加强互联互通才能共同发展。植根于丝绸之路的历史土壤，"一带一路"传承以和平合作、开放包容、互学互鉴、互利共赢为核心的丝路精神，自倡议提出之日起就具有开放包容的属性。正如习近平总书记强调的："'一带一路'建

设要以开放为导向，解决经济增长和平衡问题。"不论来自亚洲、欧洲，还是位于非洲、美洲，都是"一带一路"建设国际合作的伙伴，所有感兴趣的国家都可以加入进来。十年来，"一带一路"倡议之所以能取得积极成果，关键在于顺应了世界和平与发展的潮流，符合沿线国家发展合作的现实需求。

开放带来进步，封闭导致落后。在中南半岛，中老铁路让老挝从"陆锁国"变成"陆联国"，极大便利了沿线民众出行，有力激活了沿线经济；在哈萨克斯坦，中哈实施奇姆肯特炼厂改造，污染物排放减少了90%，还培养了大批技术人员；在肯尼亚，蒙内铁路拉动当地经济增长超过2个百分点。十年来，共建"一带一路"有力促进互联互通，促使沿线国家和地区更好融入全球供应链、产业链、价值链，打开了更广阔的发展空间。"一带一路"倡议迄已形成3000多个合作项目，拉动近万亿美元投资规模，打造了一个个"国家地标""民生工程""合作丰碑"。从夯基垒台、立柱架梁到落地生根、持久发展，共建"一带一路"开创了合作共赢的新模式，已经成为当今世界深受欢迎的国际公共产品和国际合作平台，成为造福世界的"发展带"、惠及各国人民的"幸福路"。

开放是人类文明进步的重要动力，是世界繁荣发展的必由之路。当前，世界百年未有之大变局加速演进，世界经济复苏动力不足。世界经济发展面临的难题，没有哪一个国家能独自解决。"相通则共进，相闭则各退"。只有坚定不移发展开放型世界经济，在开放中分享机会和利益、实现互利共赢，才能引领世界经济走出困境，实现包容性增长和共同繁荣。通过打造开放型合作平台，共建"一带一路"推动构建公正、合理、透明的国际经贸投资规则体系，促进生产要素有序流动、资源高效配置、市场深度融合，创造了有利于开放发展的环境，维护和发展了开放型世界经济，推动经济全球化不断向前，实现了不同国家相互受益、共同繁荣、持久发展。

开放是当代中国的鲜明标识。中国式现代化在扩大对外开放、与其他国家进行良性互动的过程中不断推进。共建"一带一路"秉持共商共建共享的基本原则，倡导真正的多边主义，让大家的事大家商量着办，推动各方各施所长，把各方的优势和潜能充分发挥出来。十年建设，成果有目共睹，照见我们向世界分享中国市场机遇、积极推动构建开放型世界经济的坚定决心和务实行动，有力印证了"一带一路"建设不是中国一家的独奏，而是沿线国家的合唱，是中国同世界共享机遇、共谋发展的阳光大道。坚持对话协商、共建共享、合作共赢、交流互鉴，谋求合作的最大公约数，这条开放之路将会越走越宽广，延伸向更多更远的地方。

婆罗门教的塔、印度教图案的柱、狮身人面的台基、飞天乐伎的翅膀……在海上丝绸之路的重要起点福建省泉州市，开元寺里的多元装饰生动诉说着古代海上丝绸之路的繁盛景象。文明的繁盛、人类的进步，离不开求同存异、开放包容，离不开文明交流、互学互鉴。当下，共建"一带一路"已经站在新的起点上。坚持共商共建共享，坚持互联互通合作，以开放纾发展之困、以开放汇合作之力、以开放聚创新之势、以开放谋共享之福，高质量共建"一带一路"一定能不断取得新进展新成效，为世界经济增长开辟新空间，为增进各国民生福祉作出新贡献。

（2023 年 09 月 08 日）

把"一带一路"建成绿色之路

——推动共建"一带一路"高质量发展④

共建"一带一路"绿色发展取得积极进展，理念引领不断增强，交流机制不断完善，务实合作不断深化

进一步统筹推进绿色发展重点领域合作，统筹推进境外项目绿色发展，统筹完善绿色发展支撑保障体系

"如何向女儿解释自己的工作？"就职于中广核巴西能源控股有限公司的利迪阿尼·迪奥蒂，一度面临这样的问题。一天，迪奥蒂一家路过一台风力发电机，她指着矗立在绿色丛林中的白色高塔，对女儿说："这就是妈妈的工作，可以制造出清洁的能量，帮助大家洗上热水澡、点亮家里的灯。"在巴西新能源领域工作多年，迪奥蒂见证了中国企业给巴西可持续发展作出的贡献。共建"一带一路"，中国正为相关国家注入绿色能量、提供绿色机遇，让绿色发展成为世界各国的共识。

绿色是共建"一带一路"的底色。习近平总书记强调，"携手打造绿色丝绸之路""把绿色作为底色，推动绿色基础设施建设、绿色投资、绿色金融"。推动共建"一带一路"绿色发展，是践行绿色发展理念、推进

生态文明建设的内在要求，是积极应对气候变化、维护全球生态安全的重大举措，是推动共建"一带一路"高质量发展、构建人与自然生命共同体的重要载体。十年来，以绿色发展理念为引领，共建国家互学互鉴、携手合作，促进了经济社会发展与生态环境保护相协调，绿色丝绸之路建设取得丰硕成果。

作为目前规模最大的国际合作平台，"一带一路"建设把绿色发展理念融入顶层设计、贯穿于各方面全过程。从"倡议建立'一带一路'绿色发展国际联盟"，到提出"坚持开放、绿色、廉洁、合作理念，致力于高标准、惠民生、可持续的合作目标"，再到"支持发展中国家能源绿色低碳发展，推进绿色低碳发展信息共享和能力建设，深化生态环境和气候治理合作"，习近平总书记作出的一系列重要论述，凝聚起把"一带一路"建成绿色之路的时代共识。倡导绿色、低碳、循环、可持续的生产生活方式，有助于增进共建国家政府、企业和公众的绿色共识及相互理解与支持，实现更高合作水平、更高投入效益、更高供给质量、更高发展韧性，推动共建"一带一路"高质量发展不断取得新成效。

推动"一带一路"绿色发展，中国不仅有意愿、有决心，而且重行动、建机制。目前，中方同有关方签署了50多份生态环境保护合作文件，同31个共建国家共同发起"一带一路"绿色发展伙伴关系倡议，与32个共建国家共同建立"一带一路"能源合作伙伴关系。推动绿色基础设施建设，实现绿色产能及装备制造合作，建立绿色金融和绿色贸易体系，这些实际举措掷地有声、稳扎稳打，让中国与共建国家建立起"更紧密的绿色发展伙伴关系"。实践表明，共建"一带一路"绿色发展取得积极进展，理念引领不断增强，交流机制不断完善，务实合作不断深化，中国成为全球生态文明建设的重要参与者、贡献者、引领者。

也要看到，共建"一带一路"绿色发展面临的风险挑战依然突出，生态环保国际合作水平有待提升，应对气候变化约束条件更为严格。实现绿色引领、互利共赢，既需要不断完善绿色发展政策支撑，搭建绿色交流合作平台，建立环境风险防控体系，又需要更好发挥企业主体作用，健全市场机制，调动企业参与共建绿色"一带一路"的积极性。面向未来，我们要进一步统筹推进绿色发展重点领域合作，统筹推进境外项目绿色发展，统筹完善绿色发展支撑保障体系，实现到 2030 年共建"一带一路"绿色发展格局基本形成的目标，为全球生态文明建设作出更大贡献。

　　肯尼亚蒙内铁路沿线，中国公司修建了大型动物通道，长颈鹿也能轻松穿过铁路桥；巴基斯坦旁遮普太阳能电站，光伏板下能长草种瓜。生动的场景，展现着共建绿色"一带一路"的成果。以绿色发展理念为引领，以绿色发展合作平台为支撑，必将推动共建"一带一路"绿色发展从愿景变为现实，更好造福各国人民，保护好我们共同拥有的家园。

（2023 年 09 月 12 日 ）

把"一带一路"建成创新之路

——推动共建"一带一路"高质量发展⑤

科技创新在"一带一路"建设中具有引领和支撑作用，不仅为共建国家的发展注入强劲动能，也惠及民生福祉

沿着这条创新之路，一个发展理念相通、要素流动畅通、科技设施联通、创新链条融通、人员交流顺通的创新共同体正从美好愿景变为现实

试验田里，芒果个大饱满，长势良好，地面上却看不到一根灌溉管道。原来，水源直接通过地下渗透管被输送到植物根部，在手机上轻轻一点，就能完成灌溉。这套先进的节水灌溉系统来自中国，应用在中国和埃及共建的国际联合节水灌溉实验室项目中，为解决困扰埃及农业发展的高温干旱、水资源短缺问题提供了有效方案。共建实验室，是近年来中埃科技合作的一个缩影，也是努力把"一带一路"建成创新之路的一个生动注脚。

创新是推动发展的重要力量。习近平总书记指出"我们要将'一带一路'建成创新之路"，强调"'一带一路'建设本身就是一个创举，搞好'一带一路'建设也要向创新要动力"。共建"一带一路"倡议提出 10 年来，

创新始终是一个关键词，我国与共建国家不断加强创新合作，共同拥抱新一轮科技革命和产业变革带来的机遇。实践充分证明，科技创新在"一带一路"建设中具有引领和支撑作用，不仅为共建国家的发展注入强劲动能，也惠及民生福祉，给民众带来实实在在的好处。

不拒众流，方为江海。当今时代，一个国家科技创新能力如何，很大程度上取决于其整合各方面创新资源的能力。2017年中葡海洋生物科学国际联合实验室揭牌成立，2021年中国—葡萄牙星海"一带一路"联合实验室揭牌启动。中葡两国分别位于太平洋与大西洋沿岸，拥有不同气候和地理环境条件，加强创新合作，不仅能实现信息共享，还能推动科研能力互补，起到"1+1>2"的效果。中葡携手打造的"蓝色伙伴关系"，仅是共建"一带一路"中加强创新合作的一个案例。10年来，特别是2017年共建"一带一路"科技创新行动计划启动以来，从扩大科技人文交流到共建联合实验室，从加强科技园区合作到推进技术转移中心建设，一系列务实举措，推动创新合作取得丰硕成果。沿着这条创新之路，一个发展理念相通、要素流动畅通、科技设施联通、创新链条融通、人员交流顺通的创新共同体正从美好愿景变为现实。

通过"一带一路"，中国不仅主动融入全球科技创新网络，还致力于推动科技创新成果惠及更多国家和人民。面对全球数字发展不平衡问题，中国与共建国家在智慧城市、移动支付和跨境电商等数字经济领域开展广泛合作，为缩小全球数字鸿沟不懈努力；面对发展中国家可能遇到的技术壁垒，中国支持共建国家建立完善技术交易市场，与联合国开发计划署组建技术转移南南合作中心，有力推动先进适用技术成果在共建国家转移转化；面对一些国家创新人才匮乏的困境，中国举办一系列科研交流和培训活动，助力共建国家创新人才培育和成长……"一带一路"这条创新之路，不仅重视效率，也强调开放性、包容性，为构建人类命运共同体贡献中国智慧和科技力量。正如比尔及梅琳达·盖茨基金会联席主席比尔·盖茨所说，中国拥有令人瞩目的经验与专长，一直致力于对科技创新的投入，能够通过分享科技成果和成功经验为世界作出独特的贡献。

纵观全球科技发展大势，协同创新、合作创新、开放创新已成为不可阻挡的潮流。人类生活在同一个地球村，各国利益休戚与共、命运紧密相连，推动全球科技创新协作对于应对人类面临的全球性挑战具有重要意义。面向未来，中国将持续推进与共建"一带一路"国家的创新合作，推动共建"一带一路"高质量发展不断取得新成效。中国还将以更加开放的思维和举措推进国际科技交流合作，同各国携手打造开放、公平、公正、非歧视的科技发展环境，共同促进人类和平与发展的崇高事业。

浩渺行无极，扬帆但信风。科技创新，打开了合作共赢的广阔空间和无限可能。各国携手并肩、勇于探索、坚定前行，最大限度激发创新潜能，让新技术、新业态、新模式不断开花结果，必将为本国经济发展提供强大支撑，为人类文明进步注入源源不断的澎湃动力。

（2023 年 09 月 14 日）

把"一带一路"建成文明之路

——推动共建"一带一路"高质量发展⑥

　　共建"一带一路"倡议，遵循文明发展规律，尊重文明多样性，促进文明价值共通、文明成果共享，为建设更加美好的世界铺就了康庄大道

　　在各国前途命运紧密相连的今天，不同文明包容共存、交流互鉴，在推动人类社会现代化进程、繁荣世界文明百花园中具有不可替代的作用

　　"我愿出一袋黄金，只求看一眼希瓦。"在乌兹别克斯坦花剌子模州，中亚谚语中传颂的这座"千顶之城"希瓦，曾因年久失修，面临建筑物墙体开裂、倾斜下沉等险情。2014 年，乌兹别克斯坦和中国决定合作开展希瓦古城保护修复工作。中国专家在不改变建筑及各类文物原貌的前提下，尽量使用当地传统工艺和材料，同时充分结合当地文化特色，让这座古城重现往日风姿。这成为共建"一带一路"促进文明交流互鉴的生动缩影。

　　驼铃悠悠，丝路延绵。2000 多年前，中国开辟出横贯东西、连接欧亚的古丝绸之路，穿越不同时空、跨越不同文明，创造了文明互鉴与文明交

融之路。习近平总书记强调："'一带一路'建设要以文明交流超越文明隔阂、文明互鉴超越文明冲突、文明共存超越文明优越，推动各国相互理解、相互尊重、相互信任。"把"一带一路"建成文明之路，是为共建"一带一路"夯实社会基础，也是其追求的目标。这不仅可以让共建"一带一路"倡议更加深入人心，搭建起民心相通之桥，促进"一带一路"国际合作，还有助于形成和而不同、兼收并蓄的文明共荣发展态势，为构建人类命运共同体注入精神力量。

"国之交在于民相亲，民相亲在于心相通。"惟以心相交，方成其久远。推动共建"一带一路"，离不开国家与国家之间、人民与人民之间的相互理解、相互尊重、相互欣赏。成立丝绸之路国际剧院、艺术节、图书馆、美术馆等联盟，建立"一带一路"经济信息网络、共建国家出版合作体、国际智库合作委员会等平台，十年来，教科文卫体旅等领域的合作广泛开展，共建国家议会、政党、民间组织往来不断加强，在经济合作的同时实现了文明交流互鉴。实践证明，共建"一带一路"倡议，遵循文明发展规律，尊重文明多样性，促进文明价值共通、文明成果共享，为建设更加美好的世界铺就了康庄大道。

当今世界，百年变局加速演进，多重挑战和危机叠加，"文明优越论""文明冲突论"沉渣泛起，严重危及世界和平稳定与发展进步。回顾人类文明的演进史，不难发现，文明之间如果一味采取对抗姿态，只会两败俱伤。在各国前途命运紧密相连的今天，不同文明包容共存、交流互鉴，在推动人类社会现代化进程、繁荣世界文明百花园中具有不可替代的作用。携手共进，把"一带一路"建设成文明之路，方能以深厚的文明之力促进民心相通、众力相合，共同应对各种风险挑战。

一朵鲜花打扮不出美丽的春天，百花齐放才能让世界春色满园。习近平总书记指出"文明没有高下、优劣之分，只有特色、地域之别"，强调"各种文明本没有冲突，只是要有欣赏所有文明之美的眼睛"，指明"文明差异不应该成为世界冲突的根源，而应该成为人类文明进步的动力"……习近平总书记多次深入浅出地阐释，文明交流互鉴是增进各国人民友谊的桥梁、推动人类社会进步的动力、维护世界和平的纽带。合则强，孤则弱。唯有选择文明对话，才能迈上坦途正道；唯有深化交流互鉴，才能推动文明发展。展望未来，努力把"一带一路"建成文明之路，就能为共建"一带一路"不断筑牢民心基石，让人类文明更加绚丽多彩。

"文化能够连接心灵，艺术可以沟通世界。"用画笔记录下中国的风景，将内心的强烈情感展现在画作中；和中国同行们探讨绘画的创作手法和艺术构思等话题；在个人专辑中推出与中国歌手合作的主打歌曲……十余年间，来自阿拉伯国家的百余名艺术家参加"艺汇丝路"访华采风活动，将眼中所见、心中所感化作了487件作品。中阿艺术家的真诚对话，成为人类文明交往史上的绚丽一笔。架起情感桥梁、拉紧人文纽带，"一带一路"这条文明之路正通向全人类共同的美好未来。

（2023 年 09 月 19 日）

研究问题、解决问题的"总钥匙"

——推进党和国家各项事业的科学思想方法①

> 学习的目的全在于运用。提高七种重要思维能力，就是为了使自己的思维方式更加适应事业发展需要，使各项工作朝着正确方向、按照客观规律推进

一个民族要走在时代前列，就一刻不能没有理论思维，一刻不能没有正确思想指引。载人航天、探月探火、大飞机制造等取得重大成果，战略思维助力我国进入创新型国家行列；过去的北京，胡同里恨不得挤块"巴掌地"办工业，如今一大批非首都功能疏解到河北，系统思维助力京津冀地区绘出协同发展时代画卷……科学思想方法是研究问题、解决问题的"总钥匙"，善于掌握和运用科学思想方法，认识问题才站得高，分析问题才看得深，开展工作才能把得准。

任何真正的哲学都是自己时代精神的精华。党的十八大以来，习近平总书记坚持和运用辩证唯物主义和历史唯物主义的世界观和方法论，为前瞻性思考、全局性谋划、整体性推进党和国家各项事业提供科学思想方法。习近平新时代中国特色社会主义思想既部署"过河"的任务，又指导解决

"桥和船"的问题，是一个逻辑严密、内涵丰富、系统全面、博大精深的科学体系。学深悟透习近平新时代中国特色社会主义思想，最关键的就是要把这一重要思想的世界观、方法论和贯穿其中的立场观点方法，转化为自己的科学思想方法，用以改造客观世界、推动事业发展，用以观察时代、把握时代、引领时代。

习近平总书记提出的"战略思维、辩证思维、系统思维、创新思维、历史思维、法治思维、底线思维能力"这七种重要思维能力，体现了习近平新时代中国特色社会主义思想蕴含的领导方法、思想方法、工作方法，是唯物辩证法基本规律在思维活动中的体现，是想问题、作决策的具体方式方法。学好用好这些科学思维方法，我们就能用普遍联系的、全面系统的、发展变化的观点观察事物，从纷繁复杂的矛盾中把握规律，增强工作科学性、预见性、主动性、创造性。

知之愈明，则行之愈笃。当前，学习贯彻习近平新时代中国特色社会主义思想主题教育正在全党深入开展。党员、干部要从党的科学理论中悟规律、明方向、学方法、增智慧，把看家本领、兴党本领、强国本领学到手，真正做到以学增智。观大势、定大局、谋大事，抓重点、抓关键、抓牛鼻子，把握好全局和局部、当前和长远、宏观和微观、主要矛盾和次要矛盾、特殊和一般的关系，在学思践悟中提升思维能力，我们才能不断把党和国家各项事业推向前进。

思维能力是人类认识世界、改造世界能力的最直接体现。思维能力强，就能通过历史看现实、透过现象看本质，知其言更知其义、知其然更知其所以然。深刻认识社会主要矛盾变化，有助于增强解决发展不平衡不充分问题的系统性；国际国内环境越是复杂，改革开放和社会主义现代化建设任务越是繁重，越要重视法治、厉行法治，更好发挥法治固根本、稳预期、利长远的重要作用；顺应时代发展要求，积极识变应变求变，必须着眼于解决重大理论和实践问题，大力推进改革创新……切实提高这些重要思维能力，必须坚持辩证唯物主义和历史唯物主义的方法论，从历史和现实、理论和实践、国内和国际等的结合上进行思考，确保得出的结论、作出的部署经得起历史和实践检验。

马克思主义认为，人的思维是否具有客观的真理性，这不是一个理论的问题，而是一个实践的问题。学习的目的全在于运用。提高七种重要思维能力，就是为了使自己的思维方式更加适应事业发展需要，使各项工作朝着正确方向、按照客观规律推进。从国际看，百年变局加速演进，国际环境日趋复杂，要牢牢把握战略主动，就要准确认识决定世界百年未有之大变局走向的关键因素。从国内看，我国继续发展具有多方面优势和条件，也面临不少困难和挑战，要办好我们自己的事情，就要用全面、辩证、长远的眼光看问题。学思想、强党性、重实践、建新功，将科学思维能力运用到贯彻落实党的二十大提出的重大战略部署中去，必能让人民群众真切感悟到科学理论的真理力量和实践伟力。

思想的光芒，照亮前行的方向。习近平总书记强调："党中央看问题，都是从大处着眼，一个地方最重要的使命是什么。"循着习近平总书记的思考，更能深切感知治国理政的大擘画，更能清晰洞见大格局下的今日中国。掌握和运用好科学思维能力，我们定能使各项工作更好体现时代性、把握规律性、富于创造性，在强国建设、民族复兴的新征程上书写新的华章。

（2023 年 09 月 01 日）

善于从战略上看问题、想问题

——推进党和国家各项事业的科学思想方法②

科学准确的战略判断、审时度势的战略抉择、统揽全局的战略思维始终发挥着至关重要的作用

以战略思维谋全局、以战略定力迎挑战，用好战略性有利条件，心无旁骛做好自己的事

战略问题是一个政党、一个国家的根本性问题。战略上判断得准确，战略上谋划得科学，战略上赢得主动，党和人民事业就大有希望。

在"七种思维能力"中，战略思维排在第一位。习近平总书记强调："领导干部要善于进行战略思维，善于从战略上看问题、想问题。"我们是一个大党，领导的是一个大国，进行的是伟大的事业，要善于进行战略思维，善于从战略上看问题、想问题。战略思维能力，就是高瞻远瞩、统揽全局，善于把握事物发展总体趋势和方向的能力。学懂弄通做实习近平新时代中国特色社会主义思想，必须提高战略思维能力，不断增强工作科学性、预见性、主动性、创造性。

治国有大体，谋事有大略。一百多年来，我们党之所以能够取得革命、

建设、改革的伟大胜利和辉煌成就，书写中华民族几千年历史上最恢宏的史诗，就在于我们党坚持以马克思主义为指导，高瞻远瞩、见微知著，既解决现实问题，又解决战略问题，准确判断和把握形势，制定切合实际的目标任务、政策策略。新时代以来，从统筹推进"五位一体"总体布局，到协调推进"四个全面"战略布局；从作出中国特色社会主义进入新时代的重大论断，到坚持和加强党对一切工作的领导；从以精准扶贫方略为指引打赢脱贫攻坚战，到推动我国区域协调发展呈现新气象新格局；从推动人民军队实现整体性革命性重塑，到提出构建人类命运共同体的重大倡议……把"难题"变为"奇迹"，让"不可能"变成"一定能"，科学准确的战略判断、审时度势的战略抉择、统揽全局的战略思维始终发挥着至关重要的作用。

打胜仗首先要有正确战略策略。凡是涉及我国经济、政治、文化、社会、生态、外交、国防和党的建设等全局性的重大问题，都需要从战略上进行思考、研究和筹谋；凡是涉及改革发展稳定工作中的各种重大问题，也都需要从战略上拿出治本之策。比如对于端牢粮食和能源两个"饭碗"，习近平总书记多次从战略高度阐述其重要性，强调"粮食多一点少一点是战术问题；粮食安全则是战略问题。我国之所以能够实现社会稳定、人心安定，一个很重要的原因就是我们手中有粮、心中不慌"，指出"用我们自己制造的装备，开发我们的油气，提高我们的能源自给率，保障我们的能源安全。这是一件具有战略意义的事情"。切实提高战略思维能力，意味着要多从战略上看问题、想问题，增强战略的前瞻性，准确把握事物发展的必然趋势，敏锐洞悉前进道路上可能出现的机遇和挑战。

战略是从全局、长远、大势上作出判断和决策。战略思维是政治上的高瞻远瞩、理论上的深邃思考，也蕴藏于目标上的科学设定和工作上的战略部署。当前，世界百年未有之大变局加速演进，世界之变、时代之变、历史之变正以前所未有的方式展开。我国发展面临新的战略机遇、新的战略任务、新的战略阶段、新的战略要求、新的战略环境。习近平总书记强调，"我们党要领导一个十几亿人口的东方大国实现社会主义现代化，必须坚持实事求是、稳中求进、协同推进，加强前瞻性思考、全局性谋划、战略性布局、整体性推进"。从历史长河、时代大潮、全球风云中分析演变机理、探究历史规律，把谋事和谋势、谋当下和谋未来统一起来，把战略的原则性和策略的灵活性有机结合起来，及时调整战略策略，才能在因地制宜、因势而动、顺势而为中把握战略主动。

提高战略思维能力要增强战略谋划，更要保持战略定力。要增强战略的稳定性，战略一经形成，就要长期坚持、一抓到底、善作善成。党的二十大从我国发展现实需要出发，从人民群众对美好生活的向往出发，作出"深入实施区域协调发展战略、区域重大战略、主体功能区战略、新型城镇化战略""深入实施科教兴国战略、人才强国战略、创新驱动发展战略"等一系列战略部署。广大党员、干部要在解决突出问题中实现战略突破，在把握战略全局中推进各项工作，以正确的战略策略应变局、育先机、开新局，确保党中央作出的战略决策得到无条件执行，不偏向、不变通、不走样。

习近平总书记曾这样总结长征胜利："长征走的是高山峻岭，渡的是大河险滩，过的是草地荒原，但每一个行程、每一次突围、每一场战斗都从战略全局出发，既赢得了战争胜利，也赢得了战略主动。"走在新时代的长征路上，以战略思维谋全局、以战略定力迎挑战，用好战略性有利条件，心无旁骛做好自己的事，我们就一定能把发展进步的命运牢牢掌握在自己手中。

（2023 年 09 月 05 日）

善于运用辩证思维谋划经济社会发展

——推进党和国家各项事业的科学思想方法③

　　学懂弄通做实习近平新时代中国特色社会主义思想，一项重要任务就在于掌握贯穿其中的辩证唯物主义的世界观和方法论，不断增强辩证思维能力

　　坚持唯物辩证的思想方法，努力把马克思主义哲学作为自己的看家本领，对于做好领导工作至关重要

　　浙江安吉余村，村口一块镌刻着"绿水青山就是金山银山"的石碑，映着蓝天白云，十分醒目。从"卖石头"到"卖风景"再到"挣碳汇"，这个小村庄的美丽蝶变，是践行"两山"理念的具体体现，也是辩证思维的深刻彰显。

　　辩证唯物主义是中国共产党人的世界观和方法论。习近平总书记强调，"善于运用辩证思维谋划经济社会发展"。辩证思维能力，就是承认矛盾、分析矛盾、解决矛盾，善于抓住关键、找准重点、洞察事物发展规律的能力。提高辩证思维能力，要运用辩证唯物主义观察事物、分析问题、解决问题，在矛盾双方对立统一过程中把握事物发展规律，克服极端化、片面化。

矛盾是事物联系的实质内容和事物发展的根本动力，对立统一是事物发展的客观规律。人的认识活动和实践活动，从根本上说就是不断认识矛盾、不断解决矛盾的过程。今天，我们党要团结带领人民实现中华民族伟大复兴的中国梦，必须不断接受马克思主义哲学智慧的滋养，更加自觉地坚持和运用辩证唯物主义世界观和方法论，更好在实际工作中把握现象和本质、形式和内容、原因和结果、偶然和必然、可能和现实、内因和外因、共性和个性的关系，增强辩证思维能力，把各项工作做得更好。

作为当代中国马克思主义、21 世纪马克思主义，习近平新时代中国特色社会主义思想是坚持运用辩证唯物主义和历史唯物主义的光辉典范。深入学习"安全是发展的前提，发展是安全的保障""危机并存、危中有机、危可转机"等重要论述，学会科学把握事物之间及内部的辩证统一关系；深入学习"经济全球化是一把双刃剑，既为全球发展提供强劲动能，也带来一些新情况新挑战，需要认真面对""充分发挥市场在资源配置中的决定性作用，更好发挥政府作用"等重要论述，学会坚持运用"两点论"，一分为二看问题；深入学习"坚持创新在我国现代化建设全局中的核心地位""党风问题关系执政党的生死存亡"等重要论述，学会抓住主要矛盾和矛盾的主要方面，明确工作重点、把握关键环节；深入学习"脱贫攻坚必须在精准上出实招下实功见实效"、双碳工作"不搞齐步走、'一刀切'"等重要论述，学会坚持运用矛盾的普遍性与特殊性原理，具体问题具体分析……学懂弄通做实习近平新时代中国特色社会主义思想，一项重要任务就在于掌握贯穿其中的辩证唯物主义的世界观和方法论，不断增强辩证思维能力。

事必有法，然后可成。我们的事业越是向纵深发展，就越要不断增强辩证思维能力。我们党在一个有着 14 亿多人口的大国长期执政，面对着十分复杂的国内外环境，肩负着繁重的执政使命，一刻不能没有理论思维，一刻不能没有正确思想指引。学会辩证地分析和比较从局部到全局、从眼前到长远的发展形势，学会辩证地认识和比较国内外经济、政治、文化的发展趋势，学会辩证地思考和比较历史的和现实的发展经验，善于把本地区本部门本单位的工作放到局部与全局、眼前与长远、国内与国外、历史与现实的大形势、大趋势和历史经验之中去考虑、去研究，才能作出正确谋断和决策。

学习的目的全在于运用。坚持唯物辩证的思想方法，努力把马克思主义哲学作为自己的看家本领，对于做好领导工作至关重要。不论是滚石上山推进创新还是顺势而为促进改革，不论是正确看待新发展阶段的新机遇新挑战还是正确理解和大力推进中国式现代化，都需要从唯物辩证法中汲取智慧，善于从纷繁复杂的矛盾中把握规律，提高驾驭复杂局面、处理复杂问题的本领，不断积累经验、增长才干。学习和运用唯物辩证法，也有助于反对主观主义、形式主义、机械主义、教条主义、经验主义等形而上学的思维方法。把思想方法搞对头，看清形势、适应趋势，发挥优势、破解瓶颈，统筹兼顾、协调联动，才能确保认识问题站得高、分析问题看得深、开展工作把得准。

学哲学、用哲学，是我们党的一个好传统。几十年前，延安窑洞里诞生的《实践论》《矛盾论》等著作，引导中国革命航船不断乘风破浪前进。在瞻仰延安革命圣地时，习近平总书记强调，"延安革命旧址见证了我们党在延安时期领导中国革命、探索马克思主义中国化时代化的光辉历程，是一本永远读不完的书"。胸中有丘壑，凿石堆山河。学习掌握唯物辩证法的根本方法，不断增强辩证思维能力，我们一定能统筹把握中华民族伟大复兴战略全局和世界百年未有之大变局，集中精力办好自己的事，朝着全面建成社会主义现代化强国的宏伟目标奋勇前进。

（2023 年 09 月 11 日）

提高系统思维能力，做到统筹兼顾

——推进党和国家各项事业的科学思想方法④

提高系统思维能力，就是在把情况搞清楚的基础上，统筹兼顾、综合平衡，突出重点、带动全局，"十个指头弹钢琴"

切实提高系统思维能力，就要高度重视系统的整体性、关联性、耦合性和协同性，处理好各方面关系、统筹好各方面利益、调动好各方面积极性

黄河"几字弯"顶部的乌梁素海，天蓝水碧，水鸟翔集。曾经，这里芦苇泛滥、黄藻密布，"病"得不轻，当时"就水治水"，迟迟不见效。近年来从单纯"治湖泊"到系统"治流域"，统筹推进全流域全要素一体化保护和系统治理，让乌梁素海恢复良性生态系统，每年可减少 100 万立方米的黄沙流入黄河。遵循系统治理思路，我国大力推进山水林田湖草沙一体化保护和修复，美丽中国建设迈出重大步伐。

系统治理、系统工程、系统谋划、系统思维、系统观念……党的十八大以来，以习近平同志为核心的党中央坚持系统谋划、统筹推进党和国家各项事业，根据新的实践需要，形成一系列新布局和新方略，带领全党全

国各族人民取得了历史性成就。在这个过程中，系统观念是具有基础性的思想和工作方法。党的二十大报告在总结历史经验基础上，提出并阐述了"六个必须坚持"等推进理论创新的科学方法，其中就包括"必须坚持系统观念"。系统观念是马克思主义的重要认识论和方法论，提高系统思维能力，就是在把情况搞清楚的基础上，统筹兼顾、综合平衡，突出重点、带动全局，"十个指头弹钢琴"。

事物是普遍联系的，事物及事物各要素相互影响、相互制约，整个世界是相互联系的整体，也是相互作用的系统。习近平总书记指出："坚持唯物辩证法，就要从客观事物的内在联系去把握事物，去认识问题、处理问题。"习近平总书记强调"把系统观念贯穿'双碳'工作全过程"，处理好发展和减排、整体和局部、长远目标和短期目标、政府和市场等重要关系；要求南水北调工作"不要顾此失彼，南水北调的各个环节像多米诺骨牌似的，都是连着的"；围绕保障粮食安全，提出树立"大食物观"，"向森林要食物，向江河湖海要食物，向设施农业要食物"……习近平总书记高度重视系统思维，始终坚持运用系统思维分析问题、研究工作、提出思路、促进改革、推动发展。全面协调推动各领域工作和社会主义现代化建设，就要提高系统思维能力，用普遍联系的、全面系统的、发展变化的观点观察事物。

在全面建设社会主义现代化国家新征程上，我们将面对更加深刻复杂变化的发展环境，面对更多两难、多难问题，必须进一步提高系统思维能力，把一切事物及工作作为系统来认识和把握。推进中国式现代化是一个系统工程，需要统筹兼顾、系统谋划、整体推进，正确处理好顶层设计与实践探索、战略与策略、守正与创新、效率与公平、活力与秩序、自立自强与对外开放等一系列重大关系。经济社会发展是一个系统工程，必须综合考虑政治和经济、现实和历史、物质和文化、发展和民生、资源和生态、国内和国际等多方面因素。只有运用好系统观念，才能对各种矛盾做到了然于胸，同时又紧紧围绕主要矛盾和中心任务，优先解决主要矛盾和矛盾的主要方面，以此带动其他矛盾的解决，在整体推进中实现重点突破，以重点突破带动经济社会发展水平整体跃升，朝着全面建成社会主义现代化强国的奋斗目标不断前进。

观棋，心有全局；落子，精细布局。改革不能"孤军突进"，发展不能"单打独斗"，调控不能"零敲碎打"，安全不能"一失万无"……经济运行中的普遍关联、群众利益间的相互联系，决定了治理者在看问题、做决策、抓落实中必须提高系统思维能力，坚持统筹谋划协同推进各项工作。"九龙治水、各管一头"的顽疾必须治，"头痛医头、脚痛医脚"的老路不能走，强化系统思维和科学谋划，才能做到"多打大算盘、算大账"。对领导干部而言，切实提高系统思维能力，就要高度重视系统的整体性、关联性、耦合性和协同性，处理好各方面关系、统筹好各方面利益、调动好各方面积极性，将系统观念的科学方法转化为干事创业的成功实践，推动党和国家各项事业不断向前发展。

"致广大而尽精微"是成事之道。2021年中央经济工作会议上，习近平总书记以一些地方的农村改厕大搞形式主义、官僚主义为例，提出"领导经济工作必须尊重客观实际和群众需求，必须有系统思维、科学谋划"，并告诫领导干部防止因为"细节中的魔鬼"损害大局。切实提高系统思维能力，谋划时统揽大局，操作中细致精当，我们就有了应对复杂局面、推动事业发展的科学遵循，就能把我国发展进步的命运牢牢掌握在自己手中。

（2023 年 09 月 13 日）

增强创新意识　培养创新思维

——推进党和国家各项事业的科学思想方法⑤

提高创新思维能力，就是要有敢为人先的锐气，打破迷信经验、迷信本本的惯性思维，以满腔热忱对待一切新生事物，敢于说前人没有说过的新话，敢于干前人没有干过的事情，以思想认识的新飞跃打开工作的新局面

坚持创新思维，跟着问题走、奔着问题去，准确识变、科学应变、主动求变，才能在把握规律的基础上实现变革创新，不断推动事业向前发展

实施自贸试验区提升战略，注册资本登记制度改革、"先照后证"改革等推广开来，制度创新激发发展活力；仰望寰宇有"嫦娥"奔月、"天问"落火，逐梦海疆有"深海勇士"号、"奋斗者"号深潜，科技创新拓宽认知边界；敦煌研究院通过数字孪生技术还原洞窟壁画、让文物"重现"，三星堆博物馆运用增强现实、混合现实技术为游客提供沉浸式体验，文化创新增强文化自信……创新才能把握时代、引领时代，党的十八大以来，我国各方面创新层出不穷，为经济社会发展提供了澎湃动能。

纵观人类发展历史，创新始终是一个国家、一个民族发展的重要力量，也始终是推动人类社会进步的重要力量。不创新不行，创新慢了也不行。习近平总书记强调："要增强创新意识、培养创新思维，展示锐意创新的勇气、敢为人先的锐气、蓬勃向上的朝气。"创新思维能力，就是破除迷信、超越陈规，善于因时制宜、知难而进、开拓创新的能力。提高创新思维能力，就是要有敢为人先的锐气，打破迷信经验、迷信本本的惯性思维，以满腔热忱对待一切新生事物，敢于说前人没有说过的新话，敢于干前人没有干过的事情，以思想认识的新飞跃打开工作的新局面。

创新是一个复杂的社会系统工程，涉及经济社会各个领域。当今世界，经济社会发展越来越依赖于理论、制度、科技、文化等领域的创新，国际竞争新优势也越来越体现在创新能力上。习近平总书记指出，"勇于推进理论创新、实践创新、制度创新、文化创新以及各方面创新，通过革故鼎新不断开辟未来"。推进中国式现代化是一个探索性事业，还有许多未知领域，需要我们在实践中去大胆探索，通过改革创新来推动事业发展，决不能刻舟求剑、守株待兔。在强国建设、民族复兴的新征程上，我们必须提高创新思维能力，顺应时代发展要求，着眼于解决重大理论和实践问题，积极识变应变求变，大力推进改革创新，不断塑造发展新动能新优势，充分激发全社会创造活力。

问题是创新的起点，也是创新的动力源。社会总是在发展的，新情况新问题总是层出不穷的，其中有一些可以凭老经验、用老办法来应对和解决，同时也有不少是老经验、老办法不能应对和解决的。从某种意义上说，创新的过程就是发现问题、研究问题、解决问题的过程。习近平总书记指出："我们要增强问题意识，聚焦实践遇到的新问题、改革发展稳定存在的深层次问题、人民群众急难愁盼问题、国际变局中的重大问题、党的建设面临的突出问题，不断提出真正解决问题的新理念新思路新办法。"改革攻坚要有正确方法，坚持创新思维，跟着问题走、奔着问题去，准确识变、科学应变、主动求变，才能在把握规律的基础上实现变革创新，不断推动事业向前发展。

没有创新思维，就难以有创新的行动和实践。只有不断提高创新思维能力，让创新成为一种习惯和本能，我们才可能以求新求变的活力冲破守成的暮气，闯出一片新的天地。要求黑龙江"构筑我国向北开放新高地"，叮嘱四川"积极探索生态产品价值实现机制"，要求江苏"不断创新吸引外资、扩大开放的新方式新举措"，推动内蒙古"积极探索资源型地区转型发展新路径"……习近平总书记在各地考察时，对各地提出的要求、期望，正需要以深化改革创新来落实。对党员干部而言，要把创新思维转化为创新能力，敞开思想谋划新思路、放开手脚追求新突破，努力想新办法、找新出路，创造新经验、开创新局面，不断实现新时代新征程的目标任务。

中华文明是革故鼎新、辉光日新的文明，静水深流与波澜壮阔交织；中华民族始终以"苟日新，日日新，又日新"的精神不断创造自己的物质文明、精神文明和政治文明。不断提高创新思维能力，保持守正不守旧、尊古不复古的进取精神，涵养不惧新挑战、勇于接受新事物的无畏品格，大胆闯、大胆试，我们定能不断谱写"惟创新者进，惟创新者强，惟创新者胜"的更辉煌篇章。

（2023 年 09 月 18 日）

学会历史思维，掌握历史主动

——推进党和国家各项事业的科学思想方法⑥

提高历史思维能力，要加强对历史的学习，坚持历史唯物主义立场、观点、方法，在对历史的深入思考中做好现实工作，增强开拓前进的勇气和力量

从延续民族文化血脉中开拓前进，从党的百年奋斗史中汲取智慧和力量，从人类文明史中学习借鉴一切优秀文明成果，坚定历史自信、掌握历史主动，我们方能赢得光明的未来

欲知大道，必先为史。"我国历史上的反腐倡廉""我国历史上的国家治理""我国历史上的法治和德治""中国历史上的吏治""我国考古最新发现及其意义""深化中华文明探源工程"……党的十八大以来中共中央政治局集体学习，中华优秀传统文化多次成为重要内容。这份"课程表"，背后是对中国历史的深切思考，启迪着我们总结历史经验、揭示历史规律、把握历史趋势、汲取历史智慧，不断提高历史思维能力。

"史者，所以明夫治天下之道也。"党的十八大以来，习近平总书记高度重视学习和总结历史、借鉴和运用历史经验，指出"我们对时间的理解，

是以百年、千年为计"，强调"对历史进程的认识越全面，对历史规律的把握越深刻，党的历史智慧越丰富，对前途的掌握就越主动"，要求党员、干部"善于通过历史看现实、透过现象看本质"。作为"七种思维能力"之一，历史思维能力是知古鉴今，善于运用历史眼光认识发展规律、把握前进方向、指导现实工作的能力。提高历史思维能力，要加强对历史的学习，坚持历史唯物主义立场、观点、方法，在对历史的深入思考中做好现实工作，增强开拓前进的勇气和力量。

了解历史才能看得远，理解历史才能走得远。只有立足波澜壮阔的中华五千多年文明史，才能真正理解中国道路的历史必然、文化内涵与独特优势，建设中华民族现代文明。只有从党的辉煌成就、艰辛历程、历史经验、优良传统中深刻领悟中国共产党为什么能、马克思主义为什么行、中国特色社会主义为什么好等道理，才能在看清楚过去我们为什么能够成功的基础上，弄明白未来我们怎样才能继续成功。面对复杂变化的世界，需要端起历史的望远镜，在百年未有之大变局中准确判断时与势，在历史发展关键当口找准前进方向。从延续民族文化血脉中开拓前进，从党的百年奋斗史中汲取智慧和力量，从人类文明史中学习借鉴一切优秀文明成果，坚定历史自信、掌握历史主动，我们方能赢得光明的未来。

历史思维能力须以科学方法和正确史观为依托。怎样对待本国历史？怎样对待本国传统文化？这是任何国家在实现现代化过程中都必须解决好的问题。在推进和拓展中国式现代化的过程中，我们党坚持辩证唯物主义和历史唯物主义的方法论，把马克思主义基本原理同中国具体实际相结合、同中华优秀传统文化相结合，让中华文明在现代化进程中焕发出新的蓬勃生机。党员、干部要善于自觉运用历史唯物主义的思想武器改造客观世界和主观世界，学习和掌握社会基本矛盾分析法、物质生产是社会生活的基础的观点、人民群众是历史创造者的观点，坚持正确党史观、树立大历史观，尊重历史事实，准确评价历史，正确学史用史。

习近平总书记指出："领导干部要多读一点历史，从历史中汲取更多精神营养。"重视、研究、借鉴历史，对我们丰富头脑、开阔眼界、提高修养、增强本领具有重要意义。各级领导干部要加强对历史的学习，切实提高历史思维能力。历史是最好的教科书，治理好今天的中国，需要对我国历史和传统文化有深入了解，也需要对我国古代治国理政的探索和智慧进行积极总结。历史是最好的营养剂，重温党的光荣历史，不断接受思想洗礼和精神滋养，才能知史爱党、知史爱国，在历史学习中修好"心学"。历史知识丰富了，眼界和胸襟就会大为开阔，思维层次和领导水平就可以提升到一个新境界。提高历史思维能力，弄清楚我们从哪儿来、往哪儿去，很多问题才能看得深、把得准，才能不断增强工作的原则性、系统性、预见性、创造性。

党的十八大以来，以创造性转化和创新性发展为方法、以实现中华民族伟大复兴中国梦为目标，以习近平同志为核心的党中央开创了在深厚传统中取精用宏、固本开新的大格局大气象。历史照亮未来，奋斗成就伟业。在对历史的深入思考中汲取智慧、走向未来，中华民族正向着"长风破浪会有时"的明天迈进。

（2023 年 09 月 20 日）

提高运用法治思维和法治方式的能力

——推进党和国家各项事业的科学思想方法⑦

　　提高法治思维能力，要求增强法治观念，尊崇和遵守宪法法律，做到在法治之下、而不是法治之外、更不是法治之上想问题、作决策、办事情

　　领导干部具体行使党的执政权和国家立法权、行政权、监察权、司法权，是全面依法治国的关键

　　山东省东营市黄河三角洲国家级自然保护区，芦苇摇曳，水波荡漾，飞鸟翔集。今年4月1日，黄河保护法正式施行，对向黄河三角洲进行生态补水等作出明确规定。法治力量护佑黄河安澜、美丽生态，充分彰显了法治固根本、稳预期、利长远的保障作用。

　　"法者，治之端也。"法规制度带有根本性、全局性、稳定性、长期性。人类社会发展的事实证明，依法治理是最可靠、最稳定的治理。习近平总书记指出，"各级领导机关和领导干部要提高运用法治思维和法治方式的能力"。法治思维能力，就是增强尊法学法守法用法意识，善于运用法治方式治国理政的能力。提高法治思维能力，要求增强法治观念，尊崇和遵

守宪法法律，做到在法治之下、而不是法治之外、更不是法治之上想问题、作决策、办事情，自觉在法治轨道上运用法治思维和法治方式深化改革、推动发展、化解矛盾、维护稳定。

新中国成立70多年来，我国之所以创造出经济快速发展、社会长期稳定"两大奇迹"，同我们不断推进社会主义法治建设有着十分紧密的关系。法治是国家治理体系和治理能力的重要依托。只有全面依法治国才能有效保障国家治理体系的系统性、规范性、协调性，才能最大限度凝聚社会共识。在统筹推进伟大斗争、伟大工程、伟大事业、伟大梦想的实践中，在全面建设社会主义现代化国家新征程上，我们要更加重视法治、厉行法治，坚持依法应对重大挑战、抵御重大风险、克服重大阻力、解决重大矛盾。

推进全面依法治国，根本目的是依法保障人民权益。从立法反映人民意愿，到司法改革聚焦群众急难愁盼问题，再到严格执法维护公平正义，法治中国建设彰显出一切为了人民这一目标指引。随着我国经济社会持续发展和人民生活水平不断提高，人民群众对民主、法治、公平、正义、安全、环境等方面的要求日益增长。人民权益要靠法律保障，法律权威要靠人民维护。领导干部要善于运用法治思维和法治方式正确处理人民内部矛盾，把以人民为中心的发展思想贯穿立法、执法、司法、守法各个环节，密切党同人民群众的联系，倾听人民呼声，回应人民期待，不断解决好人民最关心最直接最现实的利益问题，凝聚起最广大人民智慧和力量。

奉法者强则国强。领导干部具体行使党的执政权和国家立法权、行政权、监察权、司法权，是全面依法治国的关键。习近平总书记要求领导干部做"四个模范"：做尊法的模范，带头尊崇法治、敬畏法律；做学法的模范，带头了解法律、掌握法律；做守法的模范，带头遵纪守法、捍卫法治；做用法的模范，带头厉行法治、依法办事。领导干部强化依法治国、依法执政观念，不断提高运用法治思维和法治方式的能力和本领，引导广大群众自觉守法、遇事找法、解决问题靠法，才能确保全面依法治国各项任务真正落到实处。

全面依法治国是一项长期而重大的历史任务，也是一场深刻的社会变革。我们必须认认真真讲法治、老老实实抓法治。各级领导干部的信念、决心、行动,对全面推进依法治国具有十分重要的意义。作为"关键少数",领导干部必须首先解决好思想观念问题,深刻认识到,维护宪法法律权威就是维护党和人民共同意志的权威,捍卫宪法法律尊严就是捍卫党和人民共同意志的尊严,保证宪法法律实施就是保证党和人民共同意志的实现。要牢固树立宪法法律至上、法律面前人人平等、权由法定、权依法使等基本法治观念,同时也要弄明白法律规定我们怎么用权,什么事能干、什么事不能干,心中高悬法律的明镜,手中紧握法律的戒尺,知晓为官做事的尺度。

领导干部不断提高法治思维能力,带头遵守法律,带头依法办事,发挥示范作用,努力使尊法学法守法用法在全社会蔚然成风,就能不断筑牢法治国家的基础。以习近平法治思想为指引,沿着中国特色社会主义法治道路阔步前行,中国的未来必将是良法善治的社会主义现代化强国。

(2023 年 09 月 22 日)

增强忧患意识，做到居安思危

——推进党和国家各项事业的科学思想方法⑧

提高底线思维能力，必须增强忧患意识，凡事从最坏处着眼、向最好目标努力，打有准备、有把握之仗，牢牢把握工作主动权

底线思维是唯物辩证法的体现，是"有守"和"有为"的有机统一。守住底线并不是要消极守成、不敢作为，而是要迎难而上、攻坚克难

眼下，各地秋粮陆续开始收获，田间地头一派繁忙景象。习近平总书记主持召开新时代推动东北全面振兴座谈会时指出："要始终把保障国家粮食安全摆在首位，加快实现农业农村现代化，提高粮食综合生产能力，确保平时产得出、供得足，极端情况下顶得上、靠得住。"端牢14亿多中国人的饭碗，让群众"菜篮子""米袋子""果盘子"越来越充实，正是树立底线思维的生动案例。

党的十八大以来，党和国家事业取得历史性成就、发生历史性变革，经受住了来自政治、经济、意识形态、自然界等方面的风险挑战考验。前进道路上的伟大斗争具有长期性、复杂性、艰巨性，习近平总书记强调：

"我们必须增强忧患意识，坚持底线思维，做到居安思危、未雨绸缪，准备经受风高浪急甚至惊涛骇浪的重大考验。"底线思维能力，是客观地设定最低目标，立足最低点争取最大期望值的能力。提高底线思维能力，必须增强忧患意识，凡事从最坏处着眼、向最好目标努力，打有准备、有把握之仗，牢牢把握工作主动权。

统筹发展和安全，增强忧患意识，做到居安思危，是我们党治国理政的一个重大原则。维护政治安全，强调"把维护国家政治安全特别是政权安全、制度安全放在第一位"；建设生态文明，要求"坚决守住生态保护红线"；做好金融工作，要求"守住不发生系统性金融风险的底线"……习近平总书记围绕坚持底线思维、防范化解重大风险发表一系列重要论述，立意高远，内涵丰富，思想深刻。学习贯彻习近平新时代中国特色社会主义思想，既坚定战略自信、保持必胜信念，又增强忧患意识、坚持底线思维，对各种风险挑战做到胸中有数，见微知著，抓早抓小，我们才能战胜前进道路上各种困难和挑战，依靠顽强斗争打开事业发展新天地。

"明者防祸于未萌，智者图患于将来。"坚持和发展中国特色社会主义是一项长期而艰巨的历史任务，必须准备进行具有许多新的历史特点的伟大斗争。习近平总书记深刻指出："各种风险我们都要防控，但重点要防控那些可能迟滞或中断中华民族伟大复兴进程的全局性风险，这是我一直强调底线思维的根本含义。"当前，我国发展进入战略机遇和风险挑战并存、不确定难预料因素增多的时期，各种"黑天鹅""灰犀牛"事件随时可能发生。面对来自各方面的风险挑战，如果防范不及、应对不力，就会传导、叠加、演变、升级，使小的矛盾风险挑战发展成大的矛盾风险挑战。只有坚持底线思维，把形势想得更复杂一点，把挑战看得更严峻一些，做好应对最坏局面的思想准备，我们面对纷繁复杂局面时，才能有"不畏浮云遮望眼"的清醒头脑，有"乱云飞渡仍从容"的战略定力，有"不到长城非好汉"的进取精神。

底线思维是唯物辩证法的体现，是"有守"和"有为"的有机统一。守住底线并不是要消极守成、不敢作为，而是要迎难而上、攻坚克难。这意味着必须强化风险意识，常观大势、常思大局，科学预见形势发展走势和隐藏其中的风险挑战，同时做好应对预案。防范化解重大风险，是各级党委、政府和领导干部的政治职责，要坚持守土有责、守土尽责，把防范化解重大风险工作做实做细做好。同时也要看到，彩虹和风雨共生，机遇和挑战并存，这是亘古不变的辩证法则。危和机总是同生并存的，克服了危即是机。各级领导干部要提高风险化解能力，对各种风险挑战做到分类施策、果断出手，及时阻断不同领域风险的转化通道，有效掌控局势、化解危机，打好化险为夷、转危为机的战略主动战。

木桶有短板就装不满水，但木桶底板有洞就根本装不了水。习近平总书记强调："防控和化解各种重大风险，就是加固底板。"新征程上，我们不仅要善于补齐短板更要注重加固底板，鼓起迈进新征程、奋进新时代的精气神，战胜前进道路上各种艰难险阻，为强国建设、民族复兴注入不竭力量。

（2023 年 09 月 25 日）

中国式现代化是赓续古老文明的现代化

——坚持走自己的路，推动中华文明重焕荣光①

中国式现代化的推进和拓展不是偶然的，而是由我国历史传承和文化传统决定的，它深深植根于中华优秀传统文化

出土于金沙遗址的"太阳神鸟"、以蜀锦蜀绣为意象的"锦绣之路"、宋代名画《蜀川胜概图》、东方蜀派古琴……第三十一届世界大学生夏季运动会的开闭幕式上，传统与现代握手，历史与今天交融，让世界看到中华文明源远流长的独特魅力，也让人们感受到中国式现代化深厚的文化底蕴。

中华文明积淀着中华民族最深沉的精神追求，是中华民族生生不息、发展壮大的丰厚滋养。习近平总书记在文化传承发展座谈会上强调："中国式现代化是赓续古老文明的现代化，而不是消灭古老文明的现代化"。新征程上，我们坚持走好自己的路，就要以高度的文化自信实现精神上的独立自主，就要深刻认识到我们正在建设的中华民族现代文明必然延续着这个国家和民族的精神血脉，需要薪火相传、代代守护，需要与时俱进、勇于创新。

凡树有根，方能生发；凡水有源，方能奔涌。每个国家和民族的历史传统、文化积淀、基本国情不同，其发展道路必然有着自己的特色。在漫长的历史进程中，中华民族以自强不息的决心和意志，筚路蓝缕，跋山涉水，走过了不同于世界其他文明体的发展历程，创造了独树一帜的灿烂文化。浙江余杭良渚、山西襄汾陶寺、陕西神木石峁、河南偃师二里头等遗址，青铜器、玉器、甲骨文等出土文物，四书五经、《史记》《汉书》等古代典籍……广袤土地上、城市文脉中、历史典籍里、日常生活中，中华文化源远流长、绵延至今，也让人认识到，中华民族是有独特品格的民族，中华文明是自成体系的文明。独特的文化传统，独特的历史命运，独特的基本国情，注定了我们必然要走适合自己特点的发展道路。中国式现代化的推进和拓展不是偶然的，而是由我国历史传承和文化传统决定的，它深深植根于中华优秀传统文化，具有深厚历史渊源、文明底蕴，彰显中华文明突出的连续性。

不忘本来才能开辟未来，善于继承才能更好创新。习近平总书记强调"中华优秀传统文化是中华民族的突出优势，是我们最深厚的文化软实力"，提出"只有坚持从历史走向未来，从延续民族文化血脉中开拓前进，我们才能做好今天的事业"，指出"要善于从中华优秀传统文化中汲取治国理政的理念和思维"……党的十八大以来，习近平总书记坚持"两个结合"，把中华文化传承发展与中华民族伟大复兴联系起来，推动中华优秀传统文化精华融入中国式现代化的伟大实践中，铸就了中国式现代化的文化形态。

今天，中华优秀传统文化的精华已深深融入中国式现代化的中国特色之中。人口规模巨大的现代化，从"天地之大，黎元为先""民为贵"中汲取文化启示；全体人民共同富裕的现代化，体现"治国之道，富民为始""不患寡而患不均，不患贫而患不安"的政治理想；物质文明和精神文明相协调的现代化，彰显"仓廪实而知礼节，衣食足而知荣辱"的精神追求；人与自然和谐共生的现代化，蕴含"道法自然""天人合一"的古老智慧；走和平发展道路的现代化，与"天下大同""协和万邦"的天下观一脉相承。在古今交融中，中国式现代化成功赓续了古老文明，让我们在解决人类共同面临的现代化难题时，既能运用人类今天的智慧和力量，也能运用中华民族历史上积累和储存的智慧和力量。博大精深、辉煌灿烂的中华优秀传统文化，为马克思主义中国化时代化提供了肥沃土壤，为中国式现代化提供了深厚的思想资源和精神动力。实践告诉我们，在五千多年中华文明深厚基础上开辟和发展中国特色社会主义，"两个结合"是必由之路。

党的二十大擘画了全面建设社会主义现代化国家、以中国式现代化全面推进中华民族伟大复兴的宏伟蓝图。经过长期奋斗，我们党对中国式现代化的规律性认识日益深化，不仅初步构建起中国式现代化的理论体系，也使中国式现代化变得"更加清晰、更加科学、更加可感可行"。同时应该看到，推进中国式现代化是一项前无古人的开创性事业，艰巨性和复杂性前所未有，对以文弘业、以文培元，以文立心、以文铸魂提出了更高要求。站在新的历史起点，我们必须坚持"两个结合"，坚定历史自信、文化自信，坚持古为今用、推陈出新，用马克思主义激活中华优秀传统文化中富有生命力的优秀因子并赋予新的时代内涵，将中华民族的伟大精神和丰富智慧更深层次地注入马克思主义，有效把马克思主义思想精髓同中华优秀传统文化精华贯通起来。

历史长河奔流不息，中华文脉绵延不绝。2022 年 10 月，习近平总书记来到河南安阳，考察殷墟遗址。刀笔留痕，甲骨呈奇，徜徉其间，总书记感慨万千："中华文明源远流长，从未中断，塑造了我们伟大的民族，这个民族还会伟大下去的。"吸吮着中华民族漫长奋斗积累的文化养分，沿着"强国建设、民族复兴的唯一正确道路"坚定向前，新时代中国共产党和中国人民一定能够担负起新的文化使命，在推进中国式现代化进程中建设中华民族现代文明。

（2023 年 08 月 22 日）

中国式现代化是从中华大地长出来的现代化

——坚持走自己的路，推动中华文明重焕荣光②

世界上既不存在定于一尊的现代化模式，也不存在放之四海而皆准的现代化标准

中国式现代化，是一种全新的人类文明形态，既有各国现代化的共同特征，更有基于自己国情的中国特色

中国式现代化的成功实践，有力表明通往现代化的道路不止一条，人类文明是多样的、多彩的，各国能够基于自身文明传承和实际国情走出各具特色的现代化之路

"只有汇成大河，奋力地把山劈开，把土划破，才有希望奔向大海。"今年初，讲述中国扶贫故事的电视剧《山海情》在多个阿拉伯国家播出，中国人民战贫脱贫的顽强意志和生存智慧在阿拉伯世界引发广泛共鸣。浸润着中华文化、饱蘸着中国精神的影视剧，既让可信、可爱、可敬的中国形象愈加深入人心，也让更多人认识到，中国式现代化扎根中国大地，是具有中国特色、符合中国实际的现代化。

一个国家走向现代化，既要遵循现代化一般规律，更要符合本国实际，

具有本国特色。习近平总书记在文化传承发展座谈会上强调，中国式现代化"是从中华大地长出来的现代化，不是照搬照抄其他国家的现代化"。中国特色社会主义道路，是在马克思主义指导下走出来的，也是从五千多年中华文明史中走出来的，具有深厚的底蕴、强大的生命力。

世界上既不存在定于一尊的现代化模式，也不存在放之四海而皆准的现代化标准。历史条件的多样性，决定了各国选择发展道路的多样性。纵观古今中外，一切成功发展振兴的民族，都是找到了适合自己实际的道路的民族。习近平总书记深刻指出："我们党一开始就保持着清醒的头脑，并没有像一些发展中国家那样亦步亦趋地跟在西方国家后面简单模仿，而是强调从中国实际出发，走自己的现代化道路。"中国式现代化，是一种全新的人类文明形态，既有各国现代化的共同特征，更有基于自己国情的中国特色，打破了"现代化＝西方化"的迷思，展现了现代化的另一幅图景，证明了"现代化不是少数国家的'专利品'，也不是非此即彼的'单选题'，不能搞简单的千篇一律、'复制粘贴'"。

源浚者流长，根深者叶茂。中华民族的形成和发展，宛如大河浩荡。中华民族在长期奋斗中开展的精神活动、进行的理性思维、创造的文化成果，反映了中华民族的精神追求，结晶为中华民族的文化基因。从尊时守位、知常达变、天人合一的人文气质，到深蕴创造、奋斗、团结、梦想的民族精神，再到天下为公、民为邦本、为政以德、革故鼎新的治理智慧，这样的文化基因始终滋养着中华民族永续发展，赋予当代中国独特的发展优势，也为中国式现代化提供深厚的文化底蕴、强大的精神支撑。中华民族有着自己独特的文化传统，也有着自己独特的历史命运，我们深信：中国式现代化是中华民族的旧邦新命，必将推动中华文明重焕荣光。

当今世界，虽然许多国家都在努力建设现代化，但真正全面建成现代化的国家并不多。中国式现代化的成功实践，有力表明通往现代化的道路不止一条，人类文明是多样的、多彩的，各国能够基于自身文明传承和实际国情走出各具特色的现代化之路。正如塞尔维亚前总统鲍里斯·塔迪奇认为，中国给"现代化"一词赋予了新的内涵和意义，为其他国家树立了榜样。每一种文明都扎根于自己的生存土壤，凝聚着一个国家、一个民族的非凡智慧和精神追求。中国式现代化前无古人的创举，破解了人类社会发展的诸多难题，摒弃了西方以资本为中心的现代化、两极分化的现代化、物质主义膨胀的现代化、对外扩张掠夺的现代化老路，拓展了发展中国家走向现代化的路径选择，为人类对更好社会制度的探索提供了中国方案。

习近平总书记强调："中国式现代化，是我们为如何唤醒'睡狮'、实现民族复兴这个重大历史课题所给出的答案，是选择自己的道路、做自己的事情。"我们深深懂得"文明因交流而多彩，文明因互鉴而丰富"的道理，无意也没有输出中国式现代化、"中国模式"。历史上，中华文明在兼收并蓄、博采众长中不断发展。而今，中国式现代化也在与世界其他文明的交流中推进和拓展，并以平等交流互鉴的方式丰富人类文明，促进人类文明的整体进步。我们坚信："中国式现代化作为人类文明新形态，与全球其他文明相互借鉴，必将极大丰富世界文明百花园。"

（2023 年 08 月 24 日）

中国式现代化是文明更新的结果

—— 坚持走自己的路，推动中华文明重焕荣光③

中华文明的深厚历史底蕴，是我们推进和拓展中国式现代化的根基。中国式现代化扎根中国大地，切合中国实际，具有中国特色

传承中华文化，绝不是简单复古。中华优秀传统文化只有不断创造性转化、创新性发展，与现代文明深度融合，才能永葆生机活力

位于江苏苏州古城东北隅的平江历史文化街区，距今已有2500多年历史。漫步于此，评弹声声婉转雅致、余韵悠长，苏绣、宋锦、缂丝、苏扇等非遗匠心独具；世界文化遗产耦园以及众多名人故居，共同构成"没有围墙的江南文化博物馆"。在这里，文化遗产保护与居民现代生活相得益彰，游客能沉浸式体验"食四时之鲜、居园林之秀、听昆曲之雅、用苏工之美"的"苏式生活"。平江历史文化街区在保护中发展、在发展中保护的生动实践表明，中国式现代化既传承历史文化又融合现代文明。

习近平总书记在文化传承发展座谈会上强调，中国式现代化"是文明

更新的结果，不是文明断裂的产物"。一个民族的历史是一个民族安身立命的基础。中华文明的深厚历史底蕴，是我们推进和拓展中国式现代化的根基。中国式现代化扎根中国大地，切合中国实际，具有中国特色，是一种全新的人类文明形态。

文明的发展具有继承性，离开传统文明，现代文明既无法生成，也难以发展。中华民族是世界上古老而伟大的民族，有着 5000 多年源远流长的文明历史，是世界上唯一自古延续至今、从未中断的文明，形成了独具特色、博大精深的价值观念和文明体系。可以说，中华文明如同一条波澜壮阔的长河，一路奔涌，从未断流。比如，今天我们使用的汉字同甲骨文没有根本区别。又如，2000 多年前诸子百家提出的孝悌忠信、礼义廉耻、仁者爱人、与人为善、天人合一、道法自然、自强不息等思想理念，至今仍然深深影响着中国人的生活。再如，浩若烟海的典籍文献，一直滋养着中华儿女的精神世界。也正是因为中华文明具有突出的连续性，让我们这个古老又伟大的民族必然走自己的路，让我们建设的社会主义必然是中国特色社会主义而不是别的什么主义，让中国式现代化扎根中华文化沃土。

每一种文明都延续着一个国家和民族的精神血脉，既需要薪火相传、代代守护，更需要与时俱进、勇于创新。传承中华文化，绝不是简单复古。中华优秀传统文化只有不断创造性转化、创新性发展，与现代文明深度融合，才能永葆生机活力。习近平总书记指出"我们要善于把弘扬优秀传统文化和发展现实文化有机统一起来，紧密结合起来，在继承中发展，在发展中继承"，强调"要坚持守正创新，推动中华优秀传统文化同社会主义社会相适应"，要求"以守正创新的正气和锐气，赓续历史文脉、谱写当代华章"……党的十八大以来，习近平总书记从坚持和发展中国特色社会主义、实现中华民族伟大复兴的战略高度，对中华文明的继承弘扬和创新发展进行了全方位、深层次思考，提出了一系列新的重大论断、重要思想、重要观点。在习近平总书记引领推动下，中华文化的"一池春水"被充分激活，中华优秀传统文化、革命文化和社会主义先进文化融汇澎湃，历史悠久的文明古国充满时代生机。正因为守正不守旧、尊古不复古，中华优秀传统文化才能代代相传、历久弥新。

　　马克思主义基本原理同中华优秀传统文化的结合，不是拼盘，不是简单的物理反应，而是深刻的化学反应。这个化学反应造就了一个有机统一的新的文化生命体，让马克思主义成为中国的，中华优秀传统文化成为现代的，让经由"结合"而形成的新文化成为中国式现代化的文化形态。中国式现代化，深深植根于中华优秀传统文化，体现科学社会主义的先进本质，借鉴吸收一切人类优秀文明成果，代表人类文明进步的发展方向，其蕴含的独特世界观、价值观、历史观、文明观、民主观、生态观等及其伟大实践，是对世界现代化理论和实践的重大创新。同时，新时代中国特色社会主义的伟大实践正在为中华文明创新发展提供强大动力和广阔空间。相信，随着中国式现代化的深入推进，中华文明必将顺应时代发展焕发出更加蓬勃的生命力。

　　北京，天安门广场东侧，国家博物馆游人如织。基本陈列《古代中国》、《复兴之路》和《复兴之路·新时代部分》，成为人们参观的必到之处。展厅内，中华民族灿烂悠久的历史文化，与现代中国奋斗发展的辉煌成就交相辉映，绘就一幅波澜壮阔的文明长卷。历史是过去的现实，现实是未来的历史。坚定文化自信、秉持开放包容、坚持守正创新，在实践创造中进行新的文化创造，在推进中国式现代化进程中建设中华民族现代文明，这是对历史最好的继承，是对人类文明最大的礼敬。

（2023 年 08 月 25 日）

正确处理高质量发展和高水平保护的关系

——新征程上推进生态文明建设需要处理好的重大关系①

> 高水平保护是高质量发展的重要支撑，生态优先、绿色低碳的高质量发展只有依靠高水平保护才能实现
>
> 自觉把经济活动、人的行为限制在自然资源和生态环境能够承受的限度内，才能在绿色转型中推动发展实现质的有效提升和量的合理增长

"衔空三百里，一色郁青苍。"位于四川省剑阁县的古蜀道翠云廊段，300余里竟植有柏树1.2万余株。7月25日，习近平总书记来到这里，沿古道步行察看千年古柏长势，详细询问历史上植柏护柏情况，思考如何"巩固发展新时代生态文明建设成果"。

新时代以来，我们在做好生态文明建设这篇大文章的实践中，对生态文明建设的规律性认识不断深化。在全国生态环境保护大会上，习近平总书记深刻阐述了新征程上推进生态文明建设需要处理好的五个重大关系，其中排在首位的就是"高质量发展和高水平保护的关系"。如今，"绿水青山就是金山银山"理念已经成为全党全社会的共识和行动，成为新发展理

念的重要组成部分。

党的二十大报告提出："推动经济社会发展绿色化、低碳化是实现高质量发展的关键环节。"这表明，高质量发展和高水平保护是相辅相成、相得益彰的。秦岭就是一个很好的例子。前些年，这座"和合南北、泽被天下"的雄伟山脉一度遭到侵扰，特别是违规违法修建的别墅，仿佛一块块伤疤，刺痛人心。经过 5 年来的生态环境全面治理，秦岭陕西段生态状况评价为"优""优良"等级面积已首次超过 99%，产业生态化、生态产业化的绿色发展之路不断延伸。可以说，生态环境保护和经济发展是辩证统一的关系，生态环境保护的成败归根到底取决于经济结构和经济发展方式。新时代十年，我国能耗强度累计下降 26.4%，单位 GDP 二氧化碳排放下降了 34.4%，在生态环境质量明显好转、能耗强度不断下降的同时，经济总量跃上 120 万亿元台阶。实践证明，高水平保护是高质量发展的重要支撑，生态优先、绿色低碳的高质量发展只有依靠高水平保护才能实现。

纵观人类文明发展史，生态兴则文明兴，生态衰则文明衰。中国式现代化是人与自然和谐共生的现代化，我们要站在人与自然和谐共生高度谋划发展。福建省长汀县，一度水土流失严重。习近平同志曾 5 次到长汀调研，多次作出重要指示批示。兴修梯田、打坝淤地、固沟保土，一座座濯濯童山变成"花果山"，长汀经验如今推向全国。2021 年 3 月在福建考察，得知长汀已成绿洲般的美丽家园，总书记动情回忆："我给大家讲，给生态投了钱，看似不像开发建设一样养鸡生蛋，但这件事必须抓。抓到最后却是养了金鸡、生了金蛋。"这说明，把资源环境承载力作为前提和基础，自觉把经济活动、人的行为限制在自然资源和生态环境能够承受的限度内，才能在绿色转型中推动发展实现质的有效提升和量的合理增长。

往深层看，实现高水平保护，意味着经济社会发展的全面绿色转型，将不断塑造发展的新动能、新优势，加快形成科技含量高、资源消耗低、环境污染少的产业结构。四川宜宾，岷江和金沙江在此交汇。站在三江口向北眺望，5 公里内曾是宜宾沿江工业区，始建于 1943 年的宜宾天原化工厂距离长江岸线一度不足百米。今天，新成立的三江新区日新月异，天原化工已将产业延伸到化工新材料和新能源电池材料。在发展中保护、在保护中发展，一度"病得不轻"的母亲河长江，如今也面貌一新，"化工围江"变为潮平岸绿，"非法采砂"的码头如今芦苇摇曳，"微笑精灵"长江江豚回来了，新业态、新动能发展起来了！可见，抓保护并不是不要发展，而是要以绿色为引领，实现产业结构转型升级。新征程上，我们要加快推动发展方式绿色低碳转型，坚持把绿色低碳发展作为解决生态环境问题的治本之策，加快形成绿色生产方式和生活方式，厚植高质量发展的绿色底色，大幅提高经济绿色化程度，持续增强发展的潜力和后劲。

我国在续写世所罕见的经济快速发展奇迹和社会长期稳定奇迹的同时，交上了一份令人民满意、世界瞩目的"绿色答卷"。"只有把绿色发展的底色铺好，才会有今后发展的高歌猛进。"展望未来，中国的绿色发展之路将越走越宽广，为世界呈现发展和保护相得益彰的中国答卷。

（2023 年 08 月 09 日）

正确处理重点攻坚和协同治理的关系

——新征程上推进生态文明建设需要处理好的重大关系②

统筹考虑环境要素的复杂性、生态系统的完整性、自然地理单元的连续性、经济社会发展的可持续性，推动局部和全局相协调、治标和治本相贯通、当前和长远相结合

既统筹兼顾、综合平衡，又突出重点、带动全局；既持续深入打好污染防治攻坚战，又协同推进降碳、减污、扩绿、增长

在青海省生态环境监测中心，工作人员轻点鼠标，"青海生态之窗"大屏幕上的视频镜头缓缓拉近，便可以对藏羚羊栖息地的生态状况进行实时监测。于2016年起建设的"青海生态之窗"远程网络视频观测系统，不仅实现了对三江源等五大生态板块的监测全覆盖，还不断完善与其他部门之间、系统内外的共建共享机制，给生态保护装上了"千里眼""顺风耳"。共建共享、协同联动，助力三江源生态保护建设和藏羚羊种群数量恢复，凸显协同治理对于重点区域领域生态环境保护的重要意义。

党的十八大以来，以习近平同志为核心的党中央从解决突出生态环境问题入手，注重点面结合、标本兼治，实现由重点整治到系统治理的重大

转变，引领美丽中国建设迈出重大步伐。在全国生态环境保护大会上，习近平总书记深刻阐述新征程上推进生态文明建设需要处理好的五个重大关系，其中之一就是"重点攻坚和协同治理的关系"。这就要求我们坚持系统观念，抓住主要矛盾和矛盾的主要方面，对突出生态环境问题采取有力措施，以重点突破带动全局工作提升，同时强化目标协同、多污染物控制协同、部门协同、区域协同、政策协同，不断增强各项工作的系统性、整体性、协同性。

生态环境治理是一项系统工程，保护生态环境必须秉持系统思维、坚持协同治理，不能头痛医头、脚痛医脚。曾经一段时间，嘉陵江上游布局了大量采矿冶炼企业，形成了 200 余座尾矿库。位于嘉陵江上中游分界点的一些城市尽管坚持生态优先、加紧防治，仍饱受防不胜防的输入型污染之痛。2022 年重庆和四川两地协同立法、共抓大保护，化解了跨界河流治理不同步、解决不及时、侧重不统一等症结，让嘉陵江重现鸢飞鱼跃、一江清水向东流的生态美景。可见，全方位、全地域、全过程开展生态文明建设，要坚持山水林田湖草沙一体化保护和系统治理，统筹考虑环境要素的复杂性、生态系统的完整性、自然地理单元的连续性、经济社会发展的可持续性，推动局部和全局相协调、治标和治本相贯通、当前和长远相结合，统筹产业结构调整、污染治理、生态保护、应对气候变化。

统筹兼顾不是"眉毛胡子一把抓"的平均用力，而要坚持"两点论"和"重点论"的统一，在兼顾一般的同时紧紧抓住主要矛盾和矛盾的主要方面，以重点突破带动整体推进，在整体推进中实现重点突破。加强生态环境保护，重点从群众反映最强烈最突出最紧迫的问题着手，集中力量攻克老百姓身边的突出生态环境问题。在安徽省马鞍山市，过去集聚着码头、固废堆场、"散乱污"企业、养殖场等的薛家洼，经过综合整治，如今变成了群众亲江亲水亲绿的美丽岸线和城市"生态客厅"；在宁夏回族自治区石嘴山市，大规模的矿产资源开发曾严重破坏贺兰山山体地貌，致使灰尘漫天、污水横流，经过多年治理和生态修复，历史"疮疤"逐渐愈合，矿山披上了新绿。实践证明，坚持重点攻坚，对突出生态环境问题采取有力措施，才能以重点突破带动全局工作提升。

当前我国生态环境保护结构性、根源性、趋势性压力尚未根本缓解，生态文明建设仍处于压力叠加、负重前行的关键期。推动生态环境保护工作迈上新台阶，尤须学会"十个指头弹钢琴"，既统筹兼顾、综合平衡，又突出重点、带动全局；既持续深入打好污染防治攻坚战，又协同推进降碳、减污、扩绿、增长。迎难而上、接续攻坚，继续打好一批标志性战役，力争在重点区域、重要领域、关键指标上实现新突破，以更高站位、更宽视野、更大力度来谋划和推进新征程生态环境保护工作，才能谱写新时代生态文明建设新篇章。

美丽中国建设非一日之功，需要加强统筹协调，突出重点治理，调动各方面积极性。保持历史耐心和战略定力，以重点攻坚打好污染防治攻坚战，以协同治理凝聚各方合力，一张蓝图绘到底，一茬接着一茬干，锲而不舍、久久为功，定能让青山常在、绿水长流、空气常新的愿景早日成为现实。

（2023 年 08 月 10 日）

正确处理自然恢复和人工修复的关系

——新征程上推进生态文明建设需要处理好的重大关系③

综合运用自然恢复和人工修复两种手段，因地因时制宜、分区分类施策，努力找到生态保护修复的最佳解决方案

生态保护修复不可能一蹴而就，要以提升生态效益为主要目标，兼顾社会效益和经济效益，实现人与自然和谐共生

红树林，素有"海上森林""海洋卫士"之称。在广西山口红树林生态国家级自然保护区，万亩红树林在海波中摇曳生姿。过去，周边社区的养殖塘造成污染，互花米草等外来物种的入侵也挤压了红树林的生存空间。近年来，开展生态补偿，实施退塘还湿；清除海域非法养殖设施，减少人为活动干扰；通过人工刈割等方式，清除入侵物种……保护区综合施策，促进滨海湿地生态系统的生态质量恢复和提升。红树林的修复，映射着我国综合运用自然恢复和人工修复两种手段，持之以恒推进生态文明建设的显著成效。

在全国生态环境保护大会上，习近平总书记深刻阐述了新征程上推进生态文明建设需要处理好的五个重大关系，其中之一就是"自然恢复和人

工修复的关系"。这就要求我们坚持山水林田湖草沙一体化保护和系统治理，构建从山顶到海洋的保护治理大格局，综合运用自然恢复和人工修复两种手段，因地因时制宜、分区分类施策，努力找到生态保护修复的最佳解决方案。

自然生态系统是一个有机生命躯体，有其自身发展演化的客观规律，具有自我调节、自我净化、自我恢复的能力。治愈人类对大自然的伤害，首先要充分尊重和顺应自然，给大自然休养生息足够的时间和空间，依靠自然的力量维护生态系统平衡。今年是长江十年禁渔全面实施的第三年。两年多来，证注销、船封存、网销毁、人上岸，换来的是逐步恢复的长江水生生物多样性。长江江豚数量实现历史性回升，胭脂鱼、长吻鲍、子陵吻虾虎鱼等珍稀濒危鱼种屡次现身，首次监测到长江鲟等鱼种……面对自然心有所畏、行有所止，万里长江焕发生机活力。这启示我们：生态保护修复必须按照生态系统的内在规律，统筹考虑自然生态各要素，以最小化的人工干预进行整体保护、系统修复、综合治理。

自然恢复的局限和极限，对人工修复提出了更高的要求，也留下了积极作为的广阔天地。塞罕坝机械林场曾是"黄沙遮天日，飞鸟无栖树"的荒漠沙地，林场的建设者们用几代人的接续努力和执着坚守，成功营造起百万亩人工林海。开创中国高寒地区栽植落叶松的成功先例，开辟中国使用机械成功栽植针叶树的先河，利用"深坑""大穴""客土""覆膜"等技术实现石质阳坡造林成活率达到90%以上……一系列种植技术创新，成就了今天这片世界上面积最大的人工林，创造了人工生态修复的奇迹。实践充分证明，对生态受损严重、依靠自身难以恢复的区域，要主动采取科学的人工修复措施，加快生态系统恢复进程。与此同时，生态保护修复不可能一蹴而就，要以提升生态效益为主要目标，兼顾社会效益和经济效益，实现人与自然和谐共生。

要看到，我国一些地区生态系统受损退化问题突出、历史欠账较多，生态保护修复任务量大面广，必须正确处理自然恢复和人工修复的关系，着力提升生态系统多样性、稳定性、持续性，加大生态系统保护力度，切实加强生态保护修复监管。在严重透支的草原森林河流湖泊湿地农田等生态系统，要严格推行禁牧休牧、禁伐限伐、禁渔休渔、休耕轮作。对水土流失、荒漠化、石漠化等生态退化突出问题，要坚持以自然恢复为主、辅以必要的人工修复，宜林则林、宜草则草、宜沙则沙、宜荒则荒。城市特别是超大、特大城市和城市群，要积极探索自然恢复和人工修复深度融合的新路子，让城市更加美丽宜居。

山东东营黄河三角洲尝试陆海统筹、系统修复、综合治理的湿地修复模式，防治外来物种入侵，改善区域水土环境；福建长汀采用封山育林、改良植被、发展绿色产业等措施，开展大规模水土流失治理，绿水青山富了一方百姓……各地因地制宜，不断探索创新，找到适合的生态保护修复路径。以自然之道，养万物之生，坚持人与自然和谐共生的基本方略，正确处理自然恢复和人工修复的关系，生态环境质量将不断提升，美丽中国将渐行渐近。

（2023 年 08 月 11 日）

正确处理外部约束和内生动力的关系

——新征程上推进生态文明建设需要处理好的重大关系④

一系列硬杠杠、硬约束，让生态环保法律规定长出"铁齿铜牙"，为生态文明建设筑牢制度基础，为美丽中国建设保驾护航

生态文明是人民群众共同参与、共同建设、共同享有的事业，把每个人的积极性主动性创造性调动起来，就一定能携手打造人与自然和谐共生的美好未来

一大清早，浙江杭州上城区望江街道的民间河长胡福庆，就拿上捞竿、夹子、垃圾袋等，开始了一天的巡河。从 2014 年起，胡福庆一直坚持巡查河道，清理河道两侧垃圾，监督水体环境质量。河水清了，环境好了，老百姓生活更加惬意。得益于我国全面建立的河湖长制体系，全国省市县乡村五级 120 余万名河湖长忠实履职尽责、守护碧水清波。制度安排提供外部约束，理念提升激发内生动力，为我国生态文明建设汇聚起强大合力。

在全国生态环境保护大会上，习近平总书记深刻阐述了新征程上推进生态文明建设需要处理好的五个重大关系，其中之一就是"外部约束和内生动力的关系"。这就要求我们始终坚持用最严格制度最严密法治保护生

态环境，保持常态化外部压力，同时弘扬生态文明理念，培育生态文化，激发起全社会共同呵护生态环境的内生动力。

保护好生态环境，防止过度索取、肆意破坏，就要有明确的边界、严格的制度，做到取用有节、行止有度，这就离不开强有力的外部约束。作为我国乃至亚洲重要的生态安全屏障，青藏高原一方面生物多样性极其丰富，另一方面生态环境又比较脆弱。如何更好应对青藏高原生态环境变化和生态风险？今年4月26日，青藏高原生态保护法表决通过，将于今年9月1日起施行，为守护好青藏高原的生灵草木、万水千山提供法治保障。新时代以来，从制定修订环境保护法、大气污染防治法等法律法规，到出台《关于加快推进生态文明建设的意见》《生态文明体制改革总体方案》等重要文件，再到推行中央生态环境保护督察、建立环境保护"党政同责"和"一岗双责"制度……一系列硬杠杠、硬约束，让生态环保法律规定长出"铁齿铜牙"，为生态文明建设筑牢制度基础，为美丽中国建设保驾护航。

生态环境没有替代品，用之不觉、失之难存，不仅关系经济发展质量，而且攸关每个人的生活品质。只有人人动手、人人尽责，激发起全社会共同呵护生态环境的内生动力，才能把建设美丽中国转化为全体人民自觉行动。山西省右玉县70多年前荒漠化形势极度严峻，风沙肆虐，地瘠人贫。新中国成立后，右玉人民争做"种树者"，在山梁沟壑间栽下上亿棵树木，将林木绿化率从不足0.3%提高到现在的57%。一座城、一片绿、一群人，筑起了右玉防风固沙的屏障，更生动阐释了全民行动的力量。随手关灯关水、少用一张纸巾、夏季空调设置不低于26摄氏度、点外卖不要一次性餐具、优先绿色购买、开通个人碳账户……今天的中国，"每个人都是生态环境的保护者、建设者、受益者"日益成为共识。实践充分证明，生态文明是人民群众共同参与、共同建设、共同享有的事业，把每个人的积极性主动性创造性调动起来，就一定能携手打造人与自然和谐共生的美好未来。

事物发展变化是内因和外因共同作用的结果。推进生态文明建设，处理好外部约束和内生动力的关系，体现了外因与内因辩证统一、相互联系、互相转化的关系。新征程上，我们要继续实行最严格的制度、最严密的法治，强力督察、严格执法、严肃问责，让制度成为不可触碰的高压线，为生态文明建设提供可靠保障。同时，不断创新体制机制，真正让保护者、贡献者得到实惠，把利益融入责任中，实现责任和利益双向转化，让践行绿色发展理念成为各责任主体的自觉行动。

四川省广元市剑阁县翠云廊，迄今保存最完好的古代人工栽植驿道古柏群令人心旷神怡。不久前来到这里考察的习近平总书记指出，这片全世界最大的人工古柏林，之所以能够延续得这么久、保护得这么好，得益于明代开始颁布实行"官民相禁剪伐"、"交树交印"等制度，一直沿袭至今、相习成风，更得益于当地百姓世代共同守护。面向未来，既狠抓外部约束，又注重内生动力，既有"要我做"的刚性约束，又有"我要做"的积极主动，持之以恒、久久为功，就一定能把生态文明建设这篇大文章做好，让中华大地天更蓝、山更绿、水更清、环境更优美。

（2023 年 08 月 14 日）

正确处理"双碳"承诺和自主行动的关系

——新征程上推进生态文明建设需要处理好的重大关系⑤

> 我们承诺的"双碳"目标是确定不移的,但达到这一目标的路径和方式、节奏和力度则应该而且必须由我们自己作主,决不受他人左右

> 实现"双碳"目标,等不得也急不得,不可能毕其功于一役,决不能搞碳冲锋、运动式减碳

今年8月15日是首个全国生态日,各地区各部门以多种形式开展生态文明宣传教育活动:云南省宁洱哈尼族彝族自治县,工作人员到该县生态环境保存较好的干坝子大山拍摄生态环境专题片,并进行植被监测、碳汇林检查、碳中和讲解;四川省成都市,成都职业技术学院财经学院成立了一支低碳新青年队伍,从理论学习到实地调研再到亲身实践,探索有效的碳减排方案……越来越多人行动起来,绿色低碳的生活方式蔚然成风,共同为生态文明建设添砖加瓦。

在全国生态环境保护大会上,习近平总书记深刻阐述了新征程上推进生态文明建设需要处理好的五个重大关系,其中之一就是"'双碳'承诺

和自主行动的关系"。我们承诺的"双碳"目标是确定不移的，但达到这一目标的路径和方式、节奏和力度则应该而且必须由我们自己作主，决不受他人左右。新征程上，我们要坚持全国统筹、节约优先、双轮驱动、内外畅通、防范风险的原则，处理好发展和减排、整体和局部、长远目标和短期目标、政府和市场等关系，积极稳妥推进碳达峰碳中和。

推进碳达峰碳中和是以习近平同志为核心的党中央经过深思熟虑作出的重大战略决策，是我们对国际社会的庄严承诺，也是推动经济结构转型升级、形成绿色低碳产业竞争优势，实现高质量发展的内在要求。这不是别人要我们做，而是我们自己要做。一诺千钧，言出必行。实施积极应对气候变化国家战略，把碳达峰碳中和纳入生态文明建设整体布局，构建和实施"双碳"政策体系，启动全国碳市场交易，有效保护生物多样性……我国积极稳妥推进"双碳"工作，把"双碳"目标要求全面融入经济社会发展。目前非化石能源发电装机容量占全部装机比重超过 50%，历史性超过化石能源；新时代以来，以年均 3% 的能源消费增速支撑了年均 6.2% 的经济增长，我国成为全球能耗强度降低最快的国家之一。我国"双碳"工作取得积极成效，绿色发展交出亮丽成绩单。

习近平总书记强调："实现'双碳'目标是一场广泛而深刻的变革，不是轻轻松松就能实现的。"作为世界上最大的发展中国家，中国将完成全球最高碳排放强度降幅，用世界历史上最短的时间实现从碳达峰到碳中和，难度可想而知。我们在目标和任务上确定无疑，态度和决心上毫不动摇，行动和策略上稳中求进。实现"双碳"目标，等不得也急不得，不可能毕其功于一役，决不能搞碳冲锋、运动式减碳。从实践角度出发，要充分考虑国内能源结构、产业结构等基本国情，通盘谋划，先立后破，不能影响经济社会发展全局，确保传统能源逐步退出要建立在新能源安全可靠的替代基础上。可以说，实现碳达峰碳中和是一次大考，既要有"言必信，行必果"的大国担当，也要按照我国发展的节奏自主行动，必须坚持稳中求进，逐步实现。

面对生态环境挑战，人类是一荣俱荣、一损俱损的命运共同体。从宣布大力支持发展中国家能源绿色低碳发展，不再新建境外煤电项目，到推动达成"格拉斯哥气候协议"等一揽子协议，中国是全球生态文明建设的重要参与者、贡献者、引领者，对世界可持续发展作出巨大贡献。2016 年至 2022 年，全球绿色低碳技术发明专利授权量累计达 55.8 万件，其中，中国专利权人获得授权 17.8 万件，占比达 31.9%，年均增速达 12.5%，明显高于全球 2.5% 的整体水平，这表明中国将不断引领世界绿色低碳转型。

在山西省长治市，建筑节能减排咨询师杨振强对一栋近 7000 平方米办公楼的节能减排改造项目提出建议，改造后预计每年可减排二氧化碳近 600 吨。在 2022 年新修订的国家职业分类大典中，建筑节能减排咨询师这样的绿色职业，共确定 134 个。协同推进降碳、减污、扩绿、增长，推进生态优先、节约集约、绿色低碳发展，我们定能不断绘出人与自然和谐共生的美好画卷，更好应对全球气候变化的挑战，在绿色发展中不断兑现"双碳"承诺，让良好生态环境成为可持续发展的不竭源头。

（2023 年 08 月 15 日）

万里河山更加多姿多彩

——生态文明建设从理论到实践的历史性转折性全局性变化①

> 新时代生态文明建设的成就举世瞩目，成为新时代党和国家事业取得历史性成就、发生历史性变革的显著标志

夏日的雄安新区，白洋淀碧波荡漾，铺展城淀相依、共生共融的优美画卷。辽阔水面上，世界极度濒危物种青头潜鸭幼鸟跟随"父母"在芦苇丛中穿梭。近年来，经过大规模系统性生态治理，"华北明珠"白洋淀水质已从劣Ⅴ类提升并保持在Ⅲ类标准，生物多样性显著增加。这里的生态之变，是新时代我国生态文明建设成效的生动缩影。

"经过顽强努力，我国天更蓝、地更绿、水更清，万里河山更加多姿多彩。"在全国生态环境保护大会上，习近平总书记全面总结我国生态文明建设取得的举世瞩目的巨大成就，精辟概括了"四个重大转变"：实现由重点整治到系统治理的重大转变，实现由被动应对到主动作为的重大转变，实现由全球环境治理参与者到引领者的重大转变，实现由实践探索到科学理论指导的重大转变。这为我们扎实推进生态文明建设、加快建设美丽中国增强了信心和底气，必将进一步激发做好生态环境保护工作的强大动力。

党的十八大以来，习近平总书记高度重视生态环境保护工作，在到各地考察中一次次作出重要指示。在洱海岸边，总书记殷殷嘱咐"一定要把洱海保护好，让'苍山不墨千秋画，洱海无弦万古琴'的自然美景永驻人间"；在秦岭深处，总书记迎着清冽山风，语重心长指出"生态文明建设并不是说把多少真金白银捧在手里，而是为历史、为子孙后代去做"；在黄河入海口，总书记察看河道水情，凭栏远眺感慨"今天来到这里，黄河上中下游就都走到了，我心里也踏实了"……从"良好生态环境是最普惠的民生福祉"到"山水林田湖草沙是生命共同体"，从"用最严格制度最严密法治保护生态环境"到"共同构建地球生命共同体，共同建设清洁美丽的世界"，习近平生态文明思想为推进生态文明建设提供了方向指引和根本遵循。

思想领航，笃志前行，中国坚定迈向生态文明新时代。2022年，全国地级及以上城市空气质量优良天数比例达86.5%，重污染天数比例首次降到1%以内；全国地表水水质优良断面比例升至87.9%，已接近发达国家水平；我国可再生能源开发利用规模、新能源汽车产销量都稳居世界第一……一个个具体数字，折射更蓝的天空、更清的河湖、更强的绿色发展动力。以最坚定的决心推动生态文明体制改革，以最严格制度、最严密法治保护生态环境，以更有力的举措保护和修复生态，以前所未有的力度打好污染防治攻坚战……党的十八大以来，以习近平同志为核心的党中央把生态文明建设作为关系中华民族永续发展的根本大计，开展了一系列开创性工作，决心之大、力度之大、成效之大前所未有，生态文明建设从理论到实践都发生了历史性、转折性、全局性变化，美丽中国建设迈出重大步伐。习近平总书记深刻指出："新时代生态文明建设的成就举世瞩目，成为新时代党和国家事业取得历史性成就、发生历史性变革的显著标志。"

这是清醒的认知，也是坚定的选择：良好生态环境是实现中华民族永续发展的内在要求，是增进民生福祉的优先领域，是建设美丽中国的重要基础。党的二十大报告对推动绿色发展，促进人与自然和谐共生作出重要部署。必须清醒看到，我国生态环境保护结构性、根源性、趋势性压力尚未根本缓解，重点区域、重点行业污染问题仍然突出，实现碳达峰、碳中和任务艰巨，生态环境保护任重道远。我国经济社会发展已进入加快绿色化、低碳化的高质量发展阶段，生态文明建设仍处于压力叠加、负重前行的关键期。着眼未来，必须以更高站位、更宽视野、更大力度来谋划和推进新征程生态环境保护工作，谱写新时代生态文明建设新篇章。

五百里滇池，湖水一度因蓝藻暴发成为"绿油漆"，早在300多万年前滇池形成时就游弋其中的金线鲃也从湖体消失。如今，在入滇河流盘龙江上游，金线鲃种群身影重现。广袤神州大地上，绿色发展不断加快，绿色版图接续扩展，呈现出一幅新时代的《千里江山图》。人不负青山，青山定不负人。汇聚起更加磅礴的伟力，建设人与自然和谐共生的现代化，一定能让万里山河焕新彩、让美丽中国展新颜。

（2023 年 07 月 26 日）

实现由重点整治到系统治理的重大转变

——生态文明建设从理论到实践的历史性转折性全局性变化②

　　生态是统一的自然系统，是相互依存、紧密联系的有机链条，必须坚持山水林田湖草沙一体化保护和系统治理

　　生态文明建设实现由重点整治到系统治理的重大转变，体现的是思维方式和工作方法的深刻转变

　　治理水土流失是一道世界性难题。山水相连，林草相伴，田土相依，千头万绪，何处发力？面对这块"硬骨头"，山东省五莲县破板岩、填新土、建水源，打响治山治水攻坚战，总结出"源头在治山，重点是增绿，关键要蓄水"的治理经验。今天，在长期实践探索基础上，我国形成了一条以小流域为单元，工程、植物、耕作措施相结合，山水林田路村综合治理的技术路线，有效应对了水土流失带来的挑战，成为坚持系统治理、科学治理的生动注脚。

　　生态是统一的自然系统，是相互依存、紧密联系的有机链条，必须坚持山水林田湖草沙一体化保护和系统治理。在全国生态环境保护大会上，习近平总书记全面总结我国生态文明建设取得的举世瞩目的巨大成就，强

调"我们从解决突出生态环境问题入手，注重点面结合、标本兼治，实现由重点整治到系统治理的重大转变"。

突出重点、带动全局，把握好主要矛盾和次要矛盾的关系，是坚持系统观念的题中应有之义。位于黄河"几字弯"顶部的乌梁素海，是我国北方多个生态功能交汇区，是控制京津风沙源的天然生态屏障。今年6月，习近平总书记来到这里考察时强调，"乌梁素海治理和保护的方向是明确的，要用心治理、精心呵护、一以贯之、久久为功"。党的十八大以来，从开展秦岭北麓违规建别墅问题专项整治工作，到集中整治滇池沿岸违规违建问题；从内蒙古"一湖两海"重现生机，到祁连山生态保护由乱到治；从查处一批破坏生态环境的重大典型案件，到持续打好蓝天、碧水、净土保卫战……我们聚焦突出生态环境问题，坚持重点攻坚、以点带面，推动我国生态文明建设不断取得新成效，让老百姓实实在在感受到生态环境质量改善。

生态环境治理是一项系统工程，需要统筹考虑环境要素的复杂性、生态系统的完整性、自然地理单元的连续性、经济社会发展的可持续性。长江之上，一艘艘执法船如利剑般穿入茫茫江流，水政、公安、海事执法人员仔细搜寻着每一处浅滩、水汊……这是不久前水利部长江水利委员会牵头组织的打击长江非法采砂行动的一幕。近年来，跨部门、跨区域治砂管砂合作范围和力度不断加大，鄂赣湘三省共同签署"一江两湖"系统治理合作协议，长江委会同流域19个省级河长办建立长江流域河湖长制协作机制……长江流域已初步形成流域统筹、区域协同、部门联动的长江大保护新格局。新时代以来，正是坚持和运用系统观念，更加注重综合治理、系统治理、源头治理，生态环境保护发生了历史性、转折性、全局性变化，中华大地天更蓝、山更绿、水更清。

生态文明建设实现由重点整治到系统治理的重大转变，体现的是思维方式和工作方法的深刻转变。习近平总书记指出，"系统观念是具有基础性的思想和工作方法"。面向未来，我们要处理好重点攻坚和协同治理的关系，坚持系统观念，抓住主要矛盾和矛盾的主要方面，对突出生态环境问题采取有力措施，以重点突破带动全局工作提升，同时强化目标协同、多污染物控制协同、部门协同、区域协同、政策协同，不断增强各项工作的系统性、整体性、协同性。要统筹兼顾，推动局部和全局相协调、治标和治本相贯通、当前和长远相结合，既持续深入打好污染防治攻坚战，又协同推进降碳、减污、扩绿、增长，全方位、全地域、全过程开展生态文明建设。

盛夏时节，位于西藏自治区境内的雅尼国家湿地公园里，迂曲回环的尼洋河波光粼粼，河中的沙洲绿树蓬勃盎然。从荒草滩到鸟掠芳洲的公园，雅尼湿地的变化，离不开系统治理、科学治理。新征程上，深入贯彻习近平生态文明思想，始终坚持系统观念，前瞻性思考、全局性谋划、整体性推进我国生态文明建设，就一定能建成青山常在、绿水长流、空气常新的美丽中国，实现人与自然和谐共生的现代化。

（2023 年 07 月 31 日）

实现由被动应对到主动作为的重大转变

——生态文明建设从理论到实践的历史性转折性全局性变化③

　　生态文明建设，是一场涉及生产方式、生活方式和价值观念的深刻变革。观念的转变是前提，也是最根本、最深刻的

　　保护生态环境就是保护生产力，改善生态环境就是发展生产力。由被动应对到主动作为，也是发展方式、发展模式的"绿色升级"

　　不久前，安徽、浙江两省签署《共同建设新安江—千岛湖生态保护补偿样板区协议》，推动单一的资金激励补偿升级为涵盖水质保护、上下游产业及人才合作等的综合补偿。近年来，从出台建立长江、黄河全流域横向补偿机制的实施方案，到制定洞庭湖、鄱阳湖、太湖流域生态保护补偿的指导意见，生态保护补偿制度日益完善，有效调动各方积极性，成为我国生态文明建设更加积极主动、有力有效的生动缩影。

　　生态兴则文明兴，生态文明建设是关系中华民族永续发展的根本大计。在全国生态环境保护大会上，习近平总书记以"四个重大转变"深刻总结新时代以来我国生态文明建设从理论到实践发生的历史性、转折性、全局

性变化，强调"坚持转变观念、压实责任，不断增强全党全国推进生态文明建设的自觉性主动性，实现由被动应对到主动作为的重大转变"。

生态文明建设，是一场涉及生产方式、生活方式和价值观念的深刻变革。观念的转变是前提，也是最根本、最深刻的。曾经，各类环境污染高发，成为民生之患、发展之痛。痛定思痛，那种先污染后治理、先破坏后修复的陈旧观念，那些认为"环境代价还是得付"的错误认识，都必须被纠正。长江，中华民族的母亲河，一度化工围江、生态退化，生物完整性指数到了最差的"无鱼"等级，"长江病了，而且病得还不轻"。如今，沿江省份治污、治岸、禁渔，共抓大保护、不搞大开发，护航"一江碧水向东流"。新时代以来，我们坚决摒弃西方国家"先污染、后治理"的现代化老路，坚定不移走生态优先、绿色发展之路，实现由被动应对到主动作为的重大转变。

保护生态环境就是保护生产力，改善生态环境就是发展生产力。由被动应对到主动作为，也是发展方式、发展模式的"绿色升级"。习近平总书记强调："各级领导干部对保护生态环境务必坚定信念，坚决摒弃损害甚至破坏生态环境的发展模式和做法，决不能再以牺牲生态环境为代价换取一时一地的经济增长。"当年太湖暴发"蓝藻危机"，经过铁腕治污、科学治理，在流域经济增长接近翻两番、人口增加近 2000 万的背景下，太湖湖体富营养化趋势得到有效遏制、河网水环境质量显著提高，"水边芦苇青""湖是碧玉杯"的美景正在逐渐恢复。高质量发展和高水平保护相辅相成、相得益彰，"绿水青山就是金山银山"是生态共识更是行动指南，让绿色成为新时代中国的鲜明底色，绿色发展成为中国式现代化的显著特征。

众力并则万钧举，人心齐则泰山移。生态文明是人民群众共同参与共同建设共同享有的事业。在内蒙古大兴安岭，1.6 万林业工人由"砍树人"转变为"看树人"。从曾经的"油锯一响，黄金万两"，到现在"不砍一棵树，照样能致富"，正是因为尝到了甜头，越来越多人加入护林、育林、造林行列。如今，随着新时代生态文明实践的深入推进，垃圾分类、绿色出行、低碳生活等日渐成为新风尚，"每个人都是生态环境的保护者、建设者、受益者"的理念深入人心，不仅夯实了生态文明建设的坚实基础，也为推动经济社会发展绿色化、低碳化注入澎湃动能。事实证明，把建设美丽中国转化为全体人民自觉行动，就能激发生态文明建设的内生动力。

生态文明建设功在当代、利在千秋。党的二十大报告提出："中国式现代化是人与自然和谐共生的现代化""必须牢固树立和践行绿水青山就是金山银山的理念，站在人与自然和谐共生的高度谋划发展"。眺望前方的奋进路，深入贯彻习近平生态文明思想，以更高站位、更宽视野、更大力度来谋划和推进新征程生态环境保护工作，坚决扛起美丽中国建设的政治责任，我们一定能牢牢掌握生态文明建设的历史主动，让中华大地蓝天永驻、青山常在、绿水长流。

（2023 年 08 月 01 日）

实现由全球环境治理参与者到引领者的重大转变

——生态文明建设从理论到实践的历史性转折性全局性变化④

> 地球是人类唯一赖以生存的家园，保护生态环境、推动可持续发展是各国的共同责任
>
> 在习近平生态文明思想指引下，中国不仅加强自身生态文明建设，也从全人类共同利益出发，积极参与全球环境治理，为全球提供更多公共产品

瓦里关山，地处"世界屋脊"青藏高原，平均海拔超 3800 米。山顶，矗立着世界上海拔最高的大气本底基准观象台，也是欧亚大陆内陆腹地唯一的大气本底基准观象台——青海瓦里关国家大气本底站。从 1994 年建站以来，在近 30 年的时间里，一代代瓦里关气象人日夜坚守、接续奋斗，绘就反映欧亚大陆腹地温室气体浓度变化的"瓦里关曲线"。这一曲线成为证明全球气候变化、支撑联合国气候变化框架公约的重要依据，是中国作为负责任大国，积极参与和引领全球生态环境治理的又一个生动范例。

地球是人类唯一赖以生存的家园，保护生态环境、推动可持续发展是各国的共同责任。在全国生态环境保护大会上，习近平总书记全面总结我

国生态文明建设取得的举世瞩目的巨大成就特别是历史性、转折性、全局性变化，精辟概括"四个重大转变"，强调"紧跟时代、放眼世界，承担大国责任、展现大国担当，实现由全球环境治理参与者到引领者的重大转变"。

近年来，气候变化、生物多样性丧失、荒漠化加剧、极端气候事件频发，给人类生存和发展带来严峻挑战。党的十八大以来，习近平总书记站在对人类文明负责、为子孙后代负责的高度，多次在不同国际场合就加强生态环境保护阐明中国理念、中国方案、中国行动。提出"生态文明是人类文明发展的历史趋势"，强调"面对生态环境挑战，人类是一荣俱荣、一损俱损的命运共同体，没有哪个国家能独善其身"，主张"让良好生态环境成为全球经济社会可持续发展的支撑"，倡导"同筑生态文明之基，同走绿色发展之路"……习近平总书记的一系列重要论述，为构建人与自然和谐共生、经济与环境协同共进、世界各国共同发展的地球家园描绘了美好蓝图、指明了方向路径，充分体现了负责任大国的责任与担当。

生态文明建设关乎人类未来。习近平总书记强调："只要是对全人类有益的事情，中国就应该义不容辞地做，并且做好。"新时代以来，在习近平生态文明思想指引下，中国不仅加强自身生态文明建设，也从全人类共同利益出发，积极参与全球环境治理，为全球提供更多公共产品。提出共建地球生命共同体等主张，作出碳达峰碳中和重大战略决策，推动共建绿色"一带一路"，成功举办《生物多样性公约》第十五次缔约方大会第一阶段会议、《湿地公约》第十四届缔约方大会……中国坚定践行多边主义，致力于推动构建公平合理、合作共赢的全球环境治理体系，促进人类可持续发展，建设清洁美丽世界。我国生态环境保护成就得到国际社会广泛认可，成为全球生态文明建设的重要参与者、贡献者、引领者。

生态环境关系各国人民的福祉。只有充分考虑各国人民对美好生活的向往、对优良环境的期待、对子孙后代的责任，在绿色转型过程中努力实现社会公平正义，才能不断增加各国人民获得感、幸福感、安全感。近年来，中国在参与和引领全球生态环境治理的实践中，秉持"授人以渔"理念，尽己所能帮助发展中国家提高应对气候变化能力。在哈萨克斯坦，中国的节能改造项目让奇姆肯特炼油厂焕发新生；在尼泊尔南部的特莱平原，中国绿色化肥试验区促成小麦等农作物最高增产400%；在中非共和国、斐济、老挝等100多个国家和地区，中国的菌草种植技术为当地创造了许多绿色就业机会……从技术交流到项目开发，从人员培训到基础设施改善，中国以一系列看得见、摸得着、有实效的合作成果，让发展成果、良好生态更多更公平地惠及各国人民。

2022年，神舟十三号飞行乘组拍摄的中国空间站8K超高清短片《窗外是蓝星》赢得众多网友点赞。宇宙馈赠的绝美风景，让人感叹，也引人深思。人类赖以生存的地球家园，需要共同呵护。新征程上，中国将努力建设人与自然和谐共生的现代化，继续以自身生态文明建设新成就助力全球生态文明建设，积极参与和引领全球生态环境治理，携手各国为共建清洁美丽世界作出更大贡献。

（2023 年 08 月 04 日）

实现由实践探索到科学理论指导的重大转变

——生态文明建设从理论到实践的历史性转折性全局性变化⑤

习近平生态文明思想赋予生态文明建设理论新的时代内涵，开创了生态文明建设新境界

把习近平生态文明思想贯彻落实到生态文明建设各方面全过程，坚持生态惠民、生态利民、生态为民

白鹭回来了！江西省会昌县周田镇连丰村的村民，再次迎来"老朋友"。这个位于赣江上游的小山村，曾因丰富的页岩资源先后建起了两个砖厂，开山采石、砍树建房、毁地烧砖，林木葱郁的山坡只剩下裸露的岩石和光秃秃的矿坑。2018年，因为不符合新修订的环保标准，砖厂关停；2021年，以建设江西省国土空间生态修复试点县为契机，当地开始推进废弃矿山生态修复治理工作。如今，这里草木丰茂，生机蓬勃。

美丽蝶变，源于思想领航。在全国生态环境保护大会上，习近平总书记精辟概括了"四个重大转变"，强调"不断深化对生态文明建设规律的认识，形成新时代中国特色社会主义生态文明思想，实现由实践探索到科学理论指导的重大转变"。党的十八大以来，习近平总书记深刻把握生态

文明建设在新时代中国特色社会主义事业中的重要地位和战略意义，坚持把马克思主义基本原理同中国具体实际相结合、同中华优秀传统文化相结合，大力推进生态文明理论创新、实践创新、制度创新，提出一系列新理念新思想新战略，形成了习近平生态文明思想。这一重要思想，系统回答了建设什么样的生态文明、怎样建设生态文明等重大理论和实践问题，把我们党对生态文明建设规律的认识提升到新高度。

时代是思想之母，实践是理论之源。大河奔涌，见证思想光芒。对黄河，习近平总书记一直牵挂在心。在三江源头，总书记叮嘱要保护好"中华水塔"；在甘肃，总书记提出"让黄河成为造福人民的幸福河"；在山西运城，总书记强调"不利于黄河流域生态保护的事，坚决不能做"……共同抓好大保护，协同推进大治理，黄河流域各地迈出生态保护和高质量发展新步伐。最新遥感调查评估发现，黄河流域植被覆盖度显著增加，上游植被覆盖"绿线"比 20 年前西移约 300 公里。现实案例有力证明，习近平生态文明思想植根于生态文明建设的伟大实践，并在实践中不断丰富和发展。

思想就是力量。科学理论的价值就在于回答时代课题，推动实践发展。创造性提出"绿水青山就是金山银山"，强调"良好的生态环境是最公平的公共产品，是最普惠的民生福祉"，指出"山水林田湖草沙是生命共同体"，要求"用最严格制度最严密法治保护生态环境"，提出"共同构建地球生命共同体，共同建设清洁美丽的世界"……在习近平生态文明思想的指引下，生态文明建设从理论到实践都发生了历史性、转折性、全局性变化，人民群众在绿水青山中共享自然之美、生命之美、生活之美。事实充分证明，习近平生态文明思想赋予生态文明建设理论新的时代内涵，开创了生态文明建设新境界，为新时代我国生态文明建设提供了根本遵循和行动指南，具有强大的真理力量和实践伟力。

建设美丽中国是全面建设社会主义现代化国家的重要目标。近日，习近平总书记在四川考察时强调，"要把生态文明建设这篇大文章做好"。新征程上，推进生态文明建设的使命更加光荣、责任更加重大、任务更加艰巨，必须坚定不移用习近平生态文明思想武装头脑、指导实践、推动工作。我们要深刻认识和把握生态文明建设的重要性、紧迫性以及我国生态文明建设的战略方向和目标要求，把习近平生态文明思想贯彻落实到生态文明建设各方面全过程，坚持生态惠民、生态利民、生态为民，持续深入打好污染防治攻坚战，加快推动生产方式、生活方式、思维方式和价值观念的全方位、革命性变革，推进生态环境治理体系和治理能力现代化，不断开创生态文明建设新局面。

2013 年 9 月，在参加河北省委常委班子专题民主生活会时，习近平总书记严肃指出："全国 10 个污染最严重城市河北占了 7 个。再不下决心调整结构，就无法向历史和人民交代。"压减燃煤、调整产业、依法治理……河北省大气环境质量"气质日历"中，页面颜色由代表污染的深色逐渐过渡到代表优良的浅色，2022 年的优良天数比 2013 年增加了 121 天。生态奇迹的背后，是扎根实践的不懈探索，更是科学理论的有力指引。坚持以习近平新时代中国特色社会主义思想为指导，全面贯彻党的二十大精神，深入贯彻习近平生态文明思想，以更高站位、更宽视野、更大力度来谋划和推进新征程生态环境保护工作，我们一定能建成青山常在、绿水长流、空气常新的美丽中国，实现人与自然和谐共生的现代化。

（2023 年 08 月 07 日）

当代中国共产党人的庄严历史责任

——不断深化对党的理论创新的规律性认识①

> 把坚持马克思主义和发展马克思主义统一起来，结合新的实践不断作出新的理论创造

真理的力量穿越时空。5 月 27 日，马来西亚吉隆坡，《习近平新时代中国特色社会主义思想学习问答》英文版首发式吸引大批读者。这部中国著作，令当地出版界人士感慨"为读懂当代中国打开'思想之门'"。前不久，《习近平谈治国理政》第四卷多语种版出版发行，再次引发海内外高度关注。这部让外国政要感叹"政治抱负、治国理念、宏大规划和真情实感"的著作，在法兰克福、伦敦、纽约等各大书展上深受欢迎，更走进美国高端智库、塞尔维亚国家图书馆、埃及国民教育体系。作为马克思主义中国化时代化的最新理论成果，习近平新时代中国特色社会主义思想，闪耀智慧光芒。

一个民族要走在时代前列，就一刻不能没有理论思维，一刻不能没有正确思想指引。马克思主义是我们立党立国、兴党兴国的根本指导思想。6 月 30 日，中共中央政治局就开辟马克思主义中国化时代化新境界进行第

六次集体学习。习近平总书记在主持学习时强调"开辟马克思主义中国化时代化新境界的重大任务，是当代中国共产党人的庄严历史责任"，指出"我们要不断深化对党的理论创新的规律性认识，在新时代新征程上取得更为丰硕的理论创新成果"，为我们不断推进实践基础上的理论创新指明了前进方向。

中国共产党始终重视思想建党、理论强党。我们党自诞生以来，就把马克思主义鲜明写在自己的旗帜上。回顾党的百年奋斗史，我们党之所以能够在革命、建设、改革各个历史时期取得重大成就，能够领导人民完成中国其他政治力量不可能完成的艰巨任务，根本在于掌握了马克思主义科学理论，并不断结合新的实际推进理论创新，取得了毛泽东思想、邓小平理论、"三个代表"重要思想、科学发展观、习近平新时代中国特色社会主义思想等重大理论成果，始终坚持解放思想、实事求是、与时俱进、求真务实，使马克思主义在中国焕发出强大生命力，使党掌握了强大的真理力量。习近平总书记强调："中国共产党为什么能，中国特色社会主义为什么好，归根到底是马克思主义行，是中国化时代化的马克思主义行。这是历史的结论。"实践充分证明，拥有马克思主义科学理论指导是我们党坚定信仰信念、把握历史主动的根本所在。

推进马克思主义中国化时代化是一个追求真理、揭示真理、笃行真理的过程。特别是新时代以来，我们党坚持把马克思主义基本原理同中国具体实际相结合、同中华优秀传统文化相结合，勇于进行理论探索和创新，以全新的视野深化对共产党执政规律、社会主义建设规律、人类社会发展规律的认识，取得重大理论创新成果，集中体现为习近平新时代中国特色社会主义思想。这一创新理论，是当代中国马克思主义、二十一世纪马克思主义，是中华文化和中国精神的时代精华，实现了马克思主义中国化时代化新的飞跃，是全党全国各族人民为实现中华民族伟大复兴而奋斗的行动指南。实践充分证明，把坚持马克思主义和发展马克思主义统一起来，结合新的实践不断作出新的理论创造，这是马克思主义永葆生机活力的奥妙所在。

实践没有止境，理论创新也没有止境。马克思主义是不断发展的开放的理论，必须中国化才能落地生根、时代化才能充满生机。在文化传承发展座谈会上，习近平总书记深刻指出："'第二个结合'是又一次的思想解放，让我们能够在更广阔的文化空间中，充分运用中华优秀传统文化的宝贵资源，探索面向未来的理论和制度创新。"当今世界百年未有之大变局加速演进，中华民族伟大复兴正处在关键时期。面对快速变化的世界和中国，如果墨守成规、思想僵化，没有理论创新的勇气，不仅党和国家事业无法继续前进，马克思主义也会失去生命力、说服力。推进马克思主义中国化时代化永远在路上。新时代新征程，我们要坚持好、运用好党的二十大报告提出的"两个结合""六个必须坚持"等推进理论创新的科学方法，不断回答中国之问、世界之问、人民之问、时代之问，不断谱写马克思主义中国化时代化新篇章。

四川凉山彝族自治州昭觉县"悬崖村"贫困户易地搬迁，村民们住进楼房，建起民宿；鞍钢矿业曾经尘土飞扬的矿山，如今蜕变成绿色生态园……令人瞩目的变化，折射出新时代中国发展成就。千秋伟业势如虹，重整行装再出发。当前，学习贯彻习近平新时代中国特色社会主义思想主题教育正在全党扎实开展，当代中国共产党人正在新的赶考之路上奋勇前进、笃行不怠。以初心为舵，以使命为帆，坚持"两个结合"、推进理论创新，我们一定能不断开辟马克思主义中国化时代化新境界，让当代中国马克思主义、二十一世纪马克思主义展现出更为强大、更有说服力的真理力量，为强国建设、民族复兴汇聚磅礴伟力。

（2023 年 07 月 19 日）

坚守好魂和根，攀登新的思想高峰

——不断深化对党的理论创新的规律性认识②

> 坚持马克思主义这个立党立国、兴党兴国之本不动摇，坚持植根本国、本民族历史文化沃土发展马克思主义不停步

> 拓宽理论视野，以海纳百川的开放胸襟学习和借鉴人类社会一切优秀文明成果，在"人类知识的总和"中汲取优秀思想文化资源来创新和发展党的理论

中国共产党为什么能把自己的根深植于中国的广袤大地上？1944 年，美国记者福尔曼赴延安和华北抗日根据地进行了 5 个月的采访，曾写下"共产党员极端注重他们的文化"的观点，或可作为答案之一。百余年来，作为马克思主义者的中国共产党人，始终是中华优秀传统文化的忠实继承者和弘扬者，在薪火相传中团结带领中国人民一路向前。

不忘本来才能开辟未来，善于继承才能更好创新。前不久，中共中央政治局就开辟马克思主义中国化时代化新境界进行第六次集体学习。习近平总书记在主持学习时强调："马克思主义中国化时代化这个重大命题本身就决定，我们决不能抛弃马克思主义这个魂脉，决不能抛弃中华优秀传统文

化这个根脉。坚守好这个魂和根，是理论创新的基础和前提。"历史和现实深刻启示我们，理论创新必须讲新话，但不能丢了老祖宗，数典忘祖就等于割断了魂脉和根脉，最终会犯失去魂脉和根脉的颠覆性错误。

指导思想是一个政党的精神旗帜。从石库门到天安门，从兴业路到复兴路，中国共产党之所以能够完成近代以来各种政治力量不可能完成的艰巨任务，就在于始终把马克思主义这一科学理论作为自己的行动指南，并坚持在实践中不断丰富和发展马克思主义。这使我们党得以摆脱以往一切政治力量追求自身特殊利益的局限，以唯物辩证的科学精神、无私无畏的博大胸怀领导和推动中国革命、建设、改革，不断坚持真理、修正错误。实践充分证明，马克思主义就是我们党和人民事业不断发展的参天大树之根本，就是我们党和人民不断奋进的万里长河之泉源。在坚持以马克思主义为指导这一根本问题上，我们必须坚定不移，任何时候任何情况下都不能动摇。

优秀传统文化是一个国家、一个民族传承和发展的根本。习近平总书记指出："回顾历史，支撑我们这个古老民族走到今天的，支撑5000多年中华文明延绵至今的，是植根于中华民族血脉深处的文化基因。"从天下为公、天下大同的社会理想，到九州共贯、多元一体的大一统传统；从修齐治平、兴亡有责的家国情怀，到厚德载物、明德弘道的精神追求……在几千年的历史进程中，中华民族遇到了无数艰难困苦，但我们都挺过来、走过来了，其中一个很重要的原因就是世世代代的中华儿女培育和发展了独具特色、博大精深的中华文化，为中华民族克服困难、生生不息提供了强大精神支撑。中华优秀传统文化是中华民族的突出优势，是我们在世界文化激荡中站稳脚跟的根基，必须结合新的时代条件传承和弘扬好。

坚守好马克思主义这个魂脉和中华优秀传统文化这个根脉，需要在准确把握高度契合性的基础上更加自觉地坚持"两个结合"。习近平总书记强调："我们的社会主义为什么不一样？为什么能够生机勃勃充满活力？关键就在于中国特色，中国特色的关键就在于'两个结合'。"从"江山就是人民、人民就是江山"的深刻阐释中，读懂马克思主义群众观，也能感受传统民本思想的力量；从"在实践中发现真理、发展真理，用实践来实现真理、检验真理"的明确要求中，读懂马克思主义实践观，也能体会"知行合一"的智慧；从"让现代化建设成果更多更公平惠及全体人民"的执着追求中，读懂共产主义远大理想，也能理解"以天下之财利天下之人"的治世良言……"第二个结合"是又一次的思想解放，让我们能够在更广阔的文化空间中，充分运用中华优秀传统文化的宝贵资源，探索面向未来的理论和制度创新。新征程上，我们必须坚持马克思主义这个立党立国、兴党兴国之本不动摇，坚持植根本国、本民族历史文化沃土发展马克思主义不停步，坚定历史自信、文化自信，坚持古为今用、推陈出新，以马克思主义为指导对中华五千多年文明宝库进行全面挖掘，用马克思主义激活中华优秀传统文化中富有生命力的优秀因子并赋予新的时代内涵，将中华民族的伟大精神和丰富智慧更深层次地注入马克思主义，有效把马克思主义思想精髓同中华优秀传统文化精华贯通起来，聚变为新的理论优势，不断攀登新的思想高峰。

不忘本来，也要吸收外来。不断谱写马克思主义中国化时代化新篇章，继续推进实践基础上的理论创新，必须坚持胸怀天下。中华民族是一个兼收并蓄、海纳百川的民族，中华文明具有突出的包容性。在继承中转化，在学习中超越，我们的文化绵延不绝，我们的创造生生不息。前进道路上，我们要拓宽理论视野，以海纳百川的开放胸襟学习和借鉴人类社会一切优秀文明成果，在"人类知识的总和"中汲取优秀思想文化资源来创新和发展党的理论，形成兼容并蓄、博采众长的理论大格局大气象。

浙江杭州城北、良渚港畔，国家版本馆杭州分馆"文润阁"，与良渚博物院、良渚古城遗址公园等一道，逐渐形成一条"良渚文化大走廊"；一小时车程外，杭州钱塘元宇宙新天地产业园拔地而起，引进培育大批面向未来的科创企业……熔铸古今、汇通中西，一派欣欣向荣的气象。眺望前方的奋进路，坚守好魂和根，坚持守正创新，继续推进"两个结合"，我们一定能在新时代新征程上取得更为丰硕的理论创新成果，中国号巨轮必将劈波斩浪、行稳致远。

（2023 年 07 月 21 日）

及时科学解答时代新课题

——不断深化对党的理论创新的规律性认识③

在"两个大局"加速演进并深度互动的时代背景下，中国之问、世界之问、人民之问、时代之问给我们提出的新考题比过去更复杂、更难，迫切需要我们从理论与实践的结合上提交答案

"看看老乡们脱贫后生活怎么样，还有什么困难，乡村振兴怎么搞。"党的二十大胜利闭幕后的第一次外出考察，习近平总书记走进陕西省延安市安塞区高桥镇南沟村果园。脱贫攻坚后全面推进乡村振兴，全面小康后促进全体人民共同富裕，美好生活图景在更广阔的时空铺展。这带来深刻启示：时代考卷常出常新，迫切需要我们勇于结合新的实践不断推进理论创新，善于用新的理论指导新的实践。

思想是行动的先导，理论是实践的指南。科学理论的价值就在于回答时代课题，推动实践发展。不久前，中共中央政治局就开辟马克思主义中国化时代化新境界进行第六次集体学习。习近平总书记在主持学习时指出"要及时科学解答时代新课题"，强调"我们推进理论创新是实践基础上的理论创新，而不是坐在象牙塔内的空想，必须坚持在实践中发现真理、发

展真理，用实践来实现真理、检验真理"。

时代是思想之母，实践是理论之源。一种理论的产生，源泉只能是丰富生动的现实生活，动力只能是解决社会矛盾和问题的现实要求。从烽火年代的"农村包围城市、武装夺取政权"，到建设时期的"只有社会主义能够救中国"，再到改革春潮中的"发展才是硬道理"……实践充分证明，一切划时代的理论，都是满足时代需要的产物。在不断吸收人类历史上一切优秀文化成果中丰富自己，在应对时代新课题、发展新挑战中完善自己，马克思主义从来不会结束真理，而是不断开辟通向真理的道路。

新时代以来，世界大变局、中国大变化、民族大复兴，这些前所未有的"大"因素高频碰撞、剧烈激荡，迫切需要找到解释之道、治理之法。习近平总书记创造性提出"中国特色社会主义最本质的特征是中国共产党领导，中国特色社会主义制度的最大优势是中国共产党领导"，强调"坚持把国家和民族发展放在自己力量的基点上、把中国发展进步的命运牢牢掌握在自己手中"，明确"站在历史正确的一边、站在人类文明进步的一边"……以习近平同志为核心的党中央坚持把马克思主义基本原理同中国具体实际相结合、同中华优秀传统文化相结合，坚持运用辩证唯物主义和历史唯物主义，正确回答时代和实践提出的重大问题。习近平新时代中国特色社会主义思想在新时代伟大实践中创立，实现了理论创新和实践创新的互促共进，展现出强大的真理力量和实践伟力。

拥有科学理论的政党，才拥有真理的力量；科学理论指导的事业，才拥有光明前途。稳经济、促发展，战贫困、建小康，控疫情、抗大灾，应变局、化危机，新时代党和国家事业之所以能够取得历史性成就、发生历史性变革，最根本的原因在于有习近平总书记作为党中央的核心、全党的核心掌舵领航，在于有习近平新时代中国特色社会主义思想科学指引。真理只有在实践中才能得到检验，真理只有在实践中才能得到确立。历史和现实充分证明，习近平新时代中国特色社会主义思想，是从新时代中国特色社会主义伟大实践中产生的理论结晶，是指引为人民谋幸福、为民族谋复兴、为世界谋大同的思想之旗，是凝聚中国人民勠力同心、奋勇前进的精神之魂。

实践发展永无止境，我们认识真理、进行理论创新就永无止境。在"两个大局"加速演进并深度互动的时代背景下，人类社会面临许多亟待解决的共同问题，我国改革发展稳定、内政外交国防、治党治国治军等各个领域也都面临着一系列新的重大课题，中国之问、世界之问、人民之问、时代之问给我们提出的新考题比过去更复杂、更难，迫切需要我们从理论与实践的结合上提交答案。

越是社会实践活跃的时期，越是思想理论迸发的时期。新时代新征程，我们要牢固树立大历史观，以更宽广的视野、更长远的眼光把握世界历史的发展脉络和正确走向，认清我国社会发展、人类社会发展的大逻辑大趋势，把握中国式现代化的历史沿革和实践要求，在新一轮科技变革、全球经济发展大格局和我国发展的阶段性特征中深化对推动高质量发展、构建新发展格局的规律性认识，在世界马克思主义政党命运比较和我们党长期执政面临的现实考验中深化对党的自我革命战略思想的规律性认识，全面系统地提出解决现实问题的科学理念、有效对策，让当代中国马克思主义、21世纪马克思主义展现出更为强大、更有说服力的真理力量。

先进的思想总是与非凡的事业彼此辉映，科学的理论总是与伟大的实践相互激荡。当前，学习贯彻习近平新时代中国特色社会主义思想主题教育正在全党扎实开展。扎根中华文化沃土，保持和发扬马克思主义政党与时俱进的理论品格，勇于推进实践基础上的理论和制度创新，百年大党如同参天大树，根深叶茂、生机勃发。站在新的历史起点，以"中国之理"回答时代课题，以"中国之制"推进"中国之治"，中国式现代化道路必将越走越宽广。

（2023 年 07 月 25 日）

推进理论的体系化、学理化

——不断深化对党的理论创新的规律性认识④

  马克思主义之所以影响深远，在于其以深刻的学理揭示人类社会发展的真理性、以完备的体系论证其理论的科学性

  进一步拓展研究阐释的深度和广度，在体系化、学理化上下功夫，把党的创新理论的时代背景、科学体系、精神实质、实践要求、原创性贡献研究深、阐释透，用通俗易懂的语言将其中的道理学理哲理讲得令人信服

  这是党和国家政治生活中的一件大事。在学习贯彻习近平新时代中国特色社会主义思想主题教育开展之际，《习近平著作选读》第一卷、第二卷出版发行，成为全党全国各族人民深入学习贯彻习近平新时代中国特色社会主义思想的权威教材。近年来，从习近平同志《论党的青年工作》《习近平关于社会主义精神文明建设论述摘编》等著作问世，到《习近平经济思想学习纲要》《习近平生态文明思想学习纲要》等书籍出版，伴随着研究视野的不断丰富，一系列理论成果帮助人们更加全面准确理解习近平新时代中国特色社会主义思想的科学体系、深邃内涵。

不久前，在主持中共中央政治局第六次集体学习时，习近平总书记强调，"推进理论的体系化、学理化，是理论创新的内在要求和重要途径"。必须深刻认识到，马克思主义之所以影响深远，在于其以深刻的学理揭示人类社会发展的真理性、以完备的体系论证其理论的科学性。只有坚持好、运用好推进理论创新的科学方法，以科学的态度对待科学、以真理的精神追求真理，在理论的体系化、学理化上下功夫，才能更好把坚持马克思主义和发展马克思主义统一起来，用马克思主义之"矢"去射新时代中国之"的"。

习近平新时代中国特色社会主义思想的发展是一个不断丰富拓展并不断体系化、学理化的过程。党的十八大以来，从提出并贯彻新发展理念，到概括提出并深入阐述中国式现代化理论；从党的十九大、十九届六中全会以"十个明确""十四个坚持""十三个方面成就"概括这一重要思想的主要内容，到党的二十大以"两个结合""六个必须坚持"深刻阐述这一重要思想的世界观方法论和贯穿其中的立场观点方法……习近平新时代中国特色社会主义思想不断丰富发展，构成一个逻辑严密、内涵丰富、系统全面、博大精深的科学体系，以原创性理论贡献标注了马克思主义发展的新高度，指引中华民族伟大复兴进入不可逆转的历史进程。

当代中国正在经历人类历史上最为宏大而独特的实践创新，提出了大量亟待回答的理论和实践课题。推进马克思主义中国化时代化的任务不是轻了，而是更重了。新征程上不断谱写马克思主义中国化时代化新篇章，关键就要学懂弄通做实习近平新时代中国特色社会主义思想，全面学习领会这一重要思想的科学体系、核心要义、实践要求，做到整体把握、融会贯通。要坚持全面系统学，对各领域提出的新理念、新思想、新战略，对各方面工作提出的具体要求，都要放在整个科学体系中来认识和把握，避免碎片化、片面性，不能只见树木、不见森林。要深入领会党的创新理论的道理学理哲理，坚持好、运用好贯穿其中的立场观点方法，做到知其言更知其义、知其然更知其所以然，真正把马克思主义看家本领学到手，把思想方法搞对头。

党的二十大报告提出，"深入实施马克思主义理论研究和建设工程，加快构建中国特色哲学社会科学学科体系、学术体系、话语体系"。推进理论的体系化、学理化，马克思主义理论研究和建设工程大有可为，也必将大有作为。习近平总书记强调："要不断深化理论研究阐释，重点研究阐释我们党提出的新理念新论断中原理性理论成果，把握相互的内在联系，教育引导全党全国更好学习把握新时代中国特色社会主义思想的理论体系。"面向未来，进一步拓展研究阐释的深度和广度，在体系化、学理化上下功夫，把党的创新理论的时代背景、科学体系、精神实质、实践要求、原创性贡献研究深、阐释透，用通俗易懂的语言将其中的道理学理哲理讲得令人信服，切实把鲜活的思想讲鲜活，把彻底的理论讲彻底，必将有力推动党的创新理论深入人心。

"上有天堂下有苏杭，苏杭都是在经济发展上走在前列的城市。文化很发达的地方，经济照样走在前面。可以研究一下这里面的人文经济学。"今年全国两会上，习近平总书记提出这样一个重要课题。从《之江新语》中富有远见地提出"所谓文化经济是对文化经济化和经济文化化的统称，其实质是文化与经济的交融互动、融合发展"，再到近日在江苏考察时强调"建设中华民族现代文明，是推进中国式现代化的必然要求"，思想的力量穿越时空，让这一课题的答案愈加清晰。新征程上，坚持不懈用习近平新时代中国特色社会主义思想武装头脑，不断深化对党的理论创新的规律性认识，持续推进理论的体系化、学理化，我们就一定能够取得更为丰硕的理论创新成果。

（2023 年 07 月 28 日）

注重从人民群众的创造中汲取理论创新智慧

——不断深化对党的理论创新的规律性认识⑤

　　人民作为历史的创造者，不仅是物质财富的创造者，也是精神财富的创造者

　　尊重人民首创精神，注重从人民的创造性实践中总结新鲜经验，上升为理性认识，提炼出新的理论成果

　　2020 年 9 月 17 日，湖南长沙。习近平总书记专门请来基层代表，听取大家对"十四五"规划编制的意见和建议。他们中有乡村教师、农民工，也有货运司机、种粮大户。大家你一言我一语，道急难愁盼、谈难点痛点、提解决办法。主持召开基层代表座谈会，彰显了习近平总书记的人民情怀，也是我们党坚持问计于民、广集民智的生动缩影。

　　马克思主义是人民的理论，人民性是马克思主义的本质属性。6 月 30 日，中共中央政治局就开辟马克思主义中国化时代化新境界进行第六次集体学习。习近平总书记在主持学习时指出："要注重从人民群众的创造中汲取理论创新智慧。马克思主义是为人民立言、为人民代言的理论，是为改变人民命运而创立、在人民求解放的实践中丰富和发展的，人民的创造

性实践是马克思主义理论创新的不竭源泉。"这为我们广泛汲取人民智慧、不断推进实践基础上的理论创新指明了前进方向。

人民作为历史的创造者，不仅是物质财富的创造者，也是精神财富的创造者。从"枫桥经验"到小岗村大包干，从塞罕坝植树造林到"小木耳、大产业"……回溯过往，新生事物的产生和发展、思想认识的深化和突破、实践经验的创造和积累，无不来自亿万人民的实践和智慧。习近平总书记指出："马克思主义中国化时代化成果，都是党和人民实践经验和集体智慧的结晶。无论是毛泽东思想、中国特色社会主义理论体系，还是新时代中国特色社会主义思想，无不源自于人民的智慧、人民的探索、人民的创造。"一百多年来，我们党始终坚持以马克思主义为指导，深深植根人民群众，认真听取人民群众的呼声，积极吸收人民群众的智慧，善于总结人民群众的经验，把人民的创造性实践作为党的理论创新的不竭源泉，为党和人民事业发展提供了既一脉相承又与时俱进的科学理论指导，为增进全党全国各族人民团结统一提供了坚实思想基础。

坚持人民至上，是习近平新时代中国特色社会主义思想的根本立场。党的十八大以来，习近平总书记坚持深入基层、深入群众、深入实际，了解情况、问计于民，从人民群众的创造中汲取理论创新智慧。习近平总书记2013年以来在全国两会上先后56次参加团组审议讨论，同代表委员共商国是、汇聚众智，让人民所思所盼融入国家发展顶层设计；先后7次主持召开中央扶贫工作座谈会，走遍14个集中连片特困地区，形成了内涵丰富、思想深刻、体系完整的精准扶贫重要论述，成为打赢脱贫攻坚战的行动指南和根本遵循；在两个多月时间里连开5场党的二十大报告起草和党章修改工作征求意见座谈会，为新征程绘出宏伟蓝图。事实充分证明，习近平新时代中国特色社会主义思想是来自人民、为了人民、造福人民的理论，充分展现了"以百姓心为心"的真挚情怀和"依靠人民创造历史伟业"的崇高境界。

群众的实践是最丰富最生动的实践，群众中蕴藏着巨大的智慧和力量。今天，14亿多中国人民正在进行着"人类历史上最为宏大而独特的实践创新"，为马克思主义理论创新提供了不竭源泉。新征程上，继续推进党的理论创新必须走好群众路线，决不能闭门造车、坐而论道、流于空想。习近平总书记强调："在人民面前，我们永远是小学生，必须自觉拜人民为师，向能者求教，向智者问策；必须充分尊重人民所表达的意愿、所创造的经验、所拥有的权利、所发挥的作用。"坚持人民至上，是推进马克思主义中国化时代化的根本出发点。我们要尊重人民首创精神，注重从人民的创造性实践中总结新鲜经验，上升为理性认识，提炼出新的理论成果，着力让党的创新理论深入亿万人民心中，成为接地气、聚民智、顺民意、得民心的理论。

新时代新征程，我们要站稳人民立场、把握人民愿望、尊重人民创造、集中人民智慧，形成为人民所喜爱、所认同、所拥有的理论，使之成为指导人民认识世界和改造世界的强大思想武器。在与人民群众生产生活实践的紧密结合中、在回应人民现实的需要与关切中，不断增强理论的生命力、解释力与创新力，形成"自己的时代、自己的人民的产物"，我们就一定能不断开辟马克思主义中国化时代化新境界，为强国建设、民族复兴提供科学指引。

（2023 年 08 月 03 日）

续写马克思主义中国化时代化新篇章

——"两个结合"的理论逻辑

以科学的态度对待科学、以真理的精神追求真理，是中国共
产党人对待科学真理的一贯立场和鲜明态度

北京市昌平区，燕山脚下，中国国家版本馆中央总馆坐落山间。文瀚阁里，"真理之光——马克思主义中国化时代化经典版本展"主题展览，以马克思主义发展史为基本脉络，荟萃经典著作、手稿手迹、档案资料。1867 年出版的《资本论》德文第一卷、300 余个版本的《共产党宣言》《论持久战》不同版本、多语种多卷本的《习近平谈治国理政》……2000 多册（件）经典版本，全面展示马克思主义中国化时代化的光辉历程，引领人们感悟马克思主义的真理力量。

马克思主义是不断发展的开放的理论，本土化才能落地生根，时代化才能充满生机。在文化传承发展座谈会上，习近平总书记强调："在五千多年中华文明深厚基础上开辟和发展中国特色社会主义，把马克思主义基本原理同中国具体实际、同中华优秀传统文化相结合是必由之路。这是我们在探索中国特色社会主义道路中得出的规律性的认识，是我们取得成功的

最大法宝。"闪耀真理光芒的重大论断，揭示"两个结合"深刻的理论逻辑。

以科学的态度对待科学、以真理的精神追求真理，是中国共产党人对待科学真理的一贯立场和鲜明态度。我们党的历史，就是一部不断推进马克思主义中国化时代化的历史，就是一部不断推进理论创新、进行理论创造的历史。新时代以来，习近平总书记把中华文化传承发展与中华民族伟大复兴联系起来，将中华优秀传统文化精华融入中国式现代化的伟大实践中，指引铸就中国式现代化的文化形态……实践告诉我们，中国共产党为什么能，中国特色社会主义为什么好，归根到底是马克思主义行，是中国化时代化的马克思主义行。只有坚持"两个结合"，坚持运用辩证唯物主义和历史唯物主义，才能正确回答时代和实践提出的重大问题，才能始终保持马克思主义的蓬勃生机和旺盛活力。

习近平总书记强调"我们开辟了中国特色社会主义道路不是偶然的，是我国历史传承和文化传统决定的"，指出"博大精深的中华优秀传统文化是我们在世界文化激荡中站稳脚跟的根基"，提出"要把坚持马克思主义同弘扬中华优秀传统文化有机结合起来，坚定不移走中国特色社会主义道路"……党的十八大以来，以习近平同志为核心的党中央从坚持和发展中国特色社会主义、实现中华民族伟大复兴的战略高度，对中华文明的继承弘扬和创新发展进行了全方位、深层次思考，提出了一系列新的重大论断、重要思想、重要观点，以真理力量激活古老文明，以文化之光照亮复兴之路，为马克思主义中国化时代化注入了强大的文化力量、筑牢了厚实的文明根基，指引中国特色社会主义道路越走越宽广。新时代党和人民的奋进历程让我们更加深刻地认识到，"两个结合"是推进马克思主义中国化时代化的根本途径，"第二个结合"是我们党对马克思主义中国化时代化历史经验的深刻总结，是对中华文明发展规律的深刻把握，表明我们党对中国道路、理论、制度的认识达到了新高度，表明我们党的历史自信、文化自信达到了新高度，表明我们党在传承中华优秀传统文化中推进文化创新的自觉性达到了新高度。

实践发展永无止境，我们推进马克思主义中国化时代化也永无止境。习近平总书记在中共中央政治局第六次集体学习时强调："开辟马克思主义中国化时代化新境界的重大任务，是当代中国共产党人的庄严历史责任。"坚守好马克思主义这个魂脉、中华优秀传统文化这个根脉，是理论创新的基础和前提。只有植根本国、本民族历史文化沃土，马克思主义真理之树才能根深叶茂。前进道路上，我们要聆听人民心声、回应现实需要，坚持解放思想、实事求是、守正创新，把马克思主义思想精髓同中华优秀传统文化精华贯通起来、同人民群众日用而不觉的共同价值观念融通起来，坚持用马克思主义之"矢"去射新时代中国之"的"，继续推进马克思主义基本原理同中国具体实际相结合、同中华优秀传统文化相结合。

当代中国正在经历人类历史上最为宏大而独特的实践创新，改革发展稳定任务之重、矛盾风险挑战之多、治国理政考验之大都前所未有，世界百年未有之大变局深刻变化前所未有，提出了大量亟待回答的理论和实践课题。推进马克思主义中国化时代化的任务不是轻了，而是更重了。继续推进"两个结合"，不断回答中国之问、世界之问、人民之问、时代之问，我们必能使马克思主义呈现出更多中国特色、中国风格、中国气派，续写马克思主义中国化时代化新篇章，让马克思主义在中国大地上展现出更强大、更有说服力的真理力量。

（2023 年 07 月 17 日）

中华文明赋予中国式现代化以深厚底蕴

——"两个结合"的历史逻辑

独特的文化传统，独特的历史命运，独特的基本国情，注定了我们必然要走适合自己特点的发展道路

中国式现代化是赓续古老文明的现代化，而不是消灭古老文明的现代化；是从中华大地长出来的现代化，不是照搬照抄其他国家的现代化；是文明更新的结果，而不是文明断裂的产物

北京中轴线北延长线上，中国历史研究院建筑似鼎如尊。院内的中国考古博物馆，是我国第一家以考古命名的博物馆。一条"历史大道"，以时间轴的形式展示了我国历史发展的重要节点和重大事件，铭刻着中华文明的悠久历史。新石器时代"7000岁"的陶人面像、朱书文字陶扁壶、彩绘龙纹陶盘，夏代二里头遗址绿松石龙形器，商代象牙杯，周代铜牺尊……一件件精美的出土文物，生动展现了中华民族先民筚路蓝缕、以启山林的足迹，充分显示了中国文化源远流长、中华文明博大精深。

只有立足波澜壮阔的中华五千多年文明史，才能真正理解中国道路的

历史必然、文化内涵和独特优势。在文化传承发展座谈会上，习近平总书记深刻指出："'结合'筑牢了道路根基，让中国特色社会主义道路有了更加宏阔深远的历史纵深，拓展了中国特色社会主义道路的文化根基。中国式现代化赋予中华文明以现代力量，中华文明赋予中国式现代化以深厚底蕴。"这一重要论述，揭示出"两个结合"的历史逻辑。

怎样对待本国历史？怎样对待本国传统文化？这是任何国家在实现现代化过程中都必须解决好的问题。在漫长的历史进程中，中华民族以自强不息的决心和意志，跋山涉水、栉风沐雨，走过了不同于世界其他文明体的发展历程。从横平竖直的汉字中、从孔孟老庄的思想中、从经史子集的典范中……我们不断领悟到，中华民族是有独特品格的民族，中华文明是自成体系的文明。独特的文化传统，独特的历史命运，独特的基本国情，注定了我们必然要走适合自己特点的发展道路。从历史走向未来，在追求现代化的艰苦卓绝奋斗中，我们党坚持"两个结合"，领导人民成功走出了中国式现代化道路。正如习近平总书记深刻总结的："中国走上这条道路，跟中国文化密不可分。我们走的中国特色社会主义道路，它内在的基因密码就在这里，有中华优秀传统文化这个基因。所以我们现在就是要理直气壮、很自豪地去做这件事，去挖掘、去结合中华优秀传统文化，真正实现马克思主义中国化时代化。"

五千载绵延不绝，中华文明如浩浩江河，滋养泱泱华夏。习近平总书记强调："如果没有中华五千年文明，哪里有什么中国特色？如果不是中国特色，哪有我们今天这么成功的中国特色社会主义道路？"今天，中国有坚定的道路自信、理论自信、制度自信，其本质是建立在五千多年文明传承基础上的文化自信。我们创造了伟大的中华文明，我们也能够继续拓展和走好适合中国国情的发展道路。马克思主义基本原理同中华优秀传统文化的结合，并非"移植"或"嫁接"，而是基于中华优秀传统文化中蕴含的宇宙观、天下观、社会观、道德观等同科学社会主义价值观主张的高度契合。"第二个结合"让马克思主义真理之树植根中华优秀传统文化沃土而根深叶茂，拓展中国特色社会主义道路的文化根基，赋予中国式现代化以深厚底蕴，实现了又一次的思想解放，是我们党对马克思主义中国化时代化历史经验的深刻总结，是对中华文明发展规律的深刻把握。

新时代以来，我们党成功推进和拓展了中国式现代化，不断丰富和发展了人类文明新形态。"中国式现代化"之所以被冠以"中国"二字，在于其为中华文明所滋养，与中国实际相符合，最终为中国人民所选择。从天下为公、天下大同的社会理想，到民为邦本、为政以德的治理思想；从厚德载物、明德弘道的精神追求，到讲信修睦、亲仁善邻的交往之道……中华文明为中国式现代化提供强大的精神支撑。实践充分证明，中国式现代化是赓续古老文明的现代化，而不是消灭古老文明的现代化；是从中华大地长出来的现代化，不是照搬照抄其他国家的现代化；是文明更新的结果，而不是文明断裂的产物。正是有了"第二个结合"，中华文明赋予中国式现代化以深厚底蕴。

读懂一个有着五千多年文明史古老国度的现实逻辑，唯有置身时间长河，深刻把握其历史逻辑；传承世界上唯一自古延续至今、从未中断的悠久文明，唯有坚定不移走自己的路。穿越历史的烟云，今天的中国充满生机活力，今天的中国共产党走过世纪沧桑依然风华正茂，今天的中国共产党人将百余年前的梦想变得"更加清晰、更加科学、更加可感可行"。循大道，至万里。认准了的路，就要大胆探索，一往无前。同时也要看到，"我们的现代化既是最难的，也是最伟大的。"推进中国式现代化是一项前无古人的开创性事业，还有许多未知领域需要大胆探索，还会遇到各种可以预料和难以预料的风险挑战。我们要继续坚持"两个结合"，把马克思主义思想精髓同中华优秀传统文化精华贯通起来、同人民群众日用而不觉的共同价值观念融通起来，不断赋予科学理论鲜明的中国特色，不断夯实马克思主义中国化时代化的历史基础和群众基础，用党的创新理论及时科学解答时代新课题。

"殷墟我向往已久"。党的二十大胜利闭幕后不久，习近平总书记来到河南安阳，点明此行深意："更深地学习理解中华文明，古为今用，为更好建设中华民族现代文明提供借鉴。"不忘本来、吸收外来、面向未来，在继承中转化，在学习中超越，我们的文化绵延不绝，我们的创造生生不息。

站立在浸润优秀传统文化的中华大地上，手握科学真理，脚踏人间正道，沐浴文明辉光，我们昂首阔步，我们信心满怀——"中国式现代化是中华民族的旧邦新命，必将推动中华文明重焕荣光。"

（2023 年 07 月 20 日）

中国特色的关键就在于"两个结合"

——"两个结合"的实践逻辑

　　中国特色社会主义道路，是在马克思主义指导下走出来的，也是从五千多年中华文明史中走出来的

　　只有坚持"两个结合"，才能始终保持马克思主义的蓬勃生机和旺盛活力，为党和人民事业发展提供既一脉相承又与时俱进的科学理论指导，指引中国号巨轮破浪前行

　　当前，学习贯彻习近平新时代中国特色社会主义思想主题教育正在全党深入开展，中国共产党历史展览馆持续迎来参观热潮。序厅内，600平方米的《长城颂》巨幅漆画壮丽雄浑。巍巍长城盘旋而上，象征中华民族源远流长的文明。一路走来，作为马克思主义者的中国共产党人，始终是中华优秀传统文化的忠实继承者和弘扬者，在薪火相传中团结带领中国人民走出既符合马克思主义基本原理又蕴含中华优秀传统文化基因的中国特色社会主义康庄大道。

　　凡树有根，方能生发；凡水有源，方能奔涌。习近平总书记在文化传承发展座谈会上深刻指出："我们的社会主义为什么不一样？为什么能够

生机勃勃充满活力？关键就在于中国特色，中国特色的关键就在于两个结合。"中国特色社会主义道路，是在马克思主义指导下走出来的，也是从五千多年中华文明史中走出来的。

风雨如晦风雨兼程，大道如砥大道直行。中国道路的每一步开拓，都是基于中国国情和中华文化的实践探索。在文化传承发展座谈会上，习近平总书记指出："我们党开创的人民代表大会制度、政治协商制度，与中华文明的民本思想，天下共治理念，'共和'、'商量'的施政传统，'兼容并包、求同存异'的政治智慧都有深刻关联。我们没有搞联邦制、邦联制，确立了单一制国家形式，实行民族区域自治制度，就是顺应向内凝聚、多元一体的中华民族发展大趋势，承继九州共贯、六合同风、四海一家的中国文化大一统传统。"马克思主义传入中国后，科学社会主义的主张受到中国人民热烈欢迎，并最终扎根中国大地、开花结果，决不是偶然的，而是同我国传承了几千年的优秀历史文化和广大人民日用而不觉的价值观念融通的。回望历史，我们党之所以能够领导人民在一次次求索、一次次挫折、一次次开拓中完成中国其他各种政治力量不可能完成的艰巨任务，根本在于坚持把马克思主义基本原理同中国具体实际相结合、同中华优秀传统文化相结合，不断推进马克思主义中国化时代化，使党掌握了强大的真理力量。

伟大的事业薪火相传，思想的光芒照亮前程。前不久，在第二十九届北京国际图书博览会现场，多语种版《习近平谈治国理政》吸引众多中外读者驻足关注。透过这部权威著作，人们从对中华优秀传统文化精华的旁征博引、取精用宏中，深刻感受思想的伟力，体悟新时代中国共产党人运用中华文化智慧开创治国理政新境界的历史自觉与历史自信。传承赓续中华优秀传统文化"民为邦本"的思想，提出以人民为中心的发展思想；借鉴"政之所兴在顺民心"的治理思想，提出全过程人民民主，确保完整有序的制度程序和参与实践；将协和万邦的和合智慧与人类命运共同体理念有机结合，倡导"讲信修睦、亲仁善邻"，引领新时代的中国携手世界，弘扬全人类共同价值……新时代以来，以习近平同志为主要代表的中国共产党人，坚持"两个结合"，科学回答一系列重大时代课题，创立了习近平新时代中国特色社会主义思想。在以习近平同志为核心的党中央坚强领导下，在习近平新时代中国特色社会主义思想科学指引下，我们党团结带领全国各族人民创造了新时代的伟大成就，实现中华民族伟大复兴进入了不可逆转的历史进程，社会主义中国以更加雄伟的身姿屹立于世界东方。新时代伟大实践雄辩地证明，只有坚持"两个结合"，才能始终保持马克思主义的蓬勃生机和旺盛活力，为党和人民事业发展提供既一脉相承又与时俱进的科学理论指导，指引中国号巨轮破浪前行。

习近平总书记指出："我们要建设的社会主义现代化强国，不仅要在物质上强，更要在精神上强。"应该清醒认识到，我国作为一个人口众多和超大市场规模的社会主义国家，在迈向现代化的历史进程中，必然要承受其他国家都不曾遇到的各种压力和严峻挑战。越是面对困难挑战，越要保持对自身文化理想、文化价值的高度信心，保持对自身文化生命力、创造力的高度信心，越要善于从中华民族世世代代形成和积累的优秀传统文化中汲取营养和智慧。新征程上，我们必须坚持"两个结合"，坚定历史自信、文化自信，坚持古为今用、推陈出新，以马克思主义为指导对中华五千多年文明宝库进行全面挖掘，用马克思主义激活中华优秀传统文化中富有生命力的优秀因子并赋予新的时代内涵，不断增强实现中华民族伟大复兴的精神力量。

奋进强国建设、民族复兴新征程，继续推进"两个结合"，继续推进实践基础上的理论创新，正确回答时代和实践提出的重大问题，我们一定能取得更为丰硕的理论创新成果，推动党和国家事业不断从胜利走向胜利。

（2023 年 07 月 24 日）

共同努力创造属于我们这个时代的新文化

——"两个结合"的时代意义

建设中华民族现代文明，是推进中国式现代化的必然要求，是社会主义精神文明建设的重要内容

"第二个结合"是又一次的思想解放，让我们能够在更广阔的文化空间中，充分运用中华优秀传统文化的宝贵资源，探索面向未来的理论和制度创新

前不久，习近平总书记来到位于江苏省苏州古城东北隅的平江历史文化街区考察调研，在街边一家商铺内见到了苏绣代表性传承人卢建英。观看苏绣制作，听到四代人传承的故事，习近平总书记十分感慨："中华文化的传承力有多强，通过这个苏绣就可以看出来。像这样的功夫，充分体现出中国人的韧性、耐心和定力，这是中华民族精神的一部分。"这一番话，揭示了自古以来中国人血液里不变的根、本、魂，流贯的意、韵、脉，传承的精、气、神。

江流万里，绵延不绝；文脉悠远，与古为新。在文化传承发展座谈会上，习近平总书记强调："在新的起点上继续推动文化繁荣、建设文化强国、

建设中华民族现代文明，是我们在新时代新的文化使命。"要深刻认识到，建设中华民族现代文明，是推进中国式现代化的必然要求，是社会主义精神文明建设的重要内容。更好担负起新的文化使命，"共同努力创造属于我们这个时代的新文化"，这是时代的呼唤，更是时代的必然。

中华优秀传统文化是中华民族的精神命脉，是我们最深厚的文化软实力。党的十八大以来，习近平总书记深刻把握新时代历史方位，以坚定的文化自觉、宏阔的历史视野、深远的战略考量，就文化建设提出了一系列新理念新思想新战略，引领中华优秀传统文化创造性转化、创新性发展，推动中华文脉绵延繁盛、中华文明历久弥新。今天，北京胡同镌刻古都记忆与浓浓乡情，正定古城重现北方雄镇风貌，历史文脉融入现代生活；国宝、文物、非遗走进人们生活，越来越多收藏在博物馆里的文物、陈列在广阔大地上的遗产、书写在古籍里的文字活了起来；旅游演艺、乡村旅游、文化遗产旅游蓬勃兴起，人们在旅游中感悟文化味道。新时代中华大地呈现出"郁郁乎文哉"的盛大气象，历史悠久的文明古国充满时代生机。正如习近平总书记深刻总结的："'第二个结合'让我们掌握了思想和文化主动，并有力地作用于道路、理论和制度。"

每一种文明都延续着一个国家和民族的精神血脉，既需要薪火相传、代代守护，更需要与时俱进、勇于创新。"第二个结合"是又一次的思想解放，让我们能够在更广阔的文化空间中，充分运用中华优秀传统文化的宝贵资源，探索面向未来的理论和制度创新。北京2022年冬奥会开闭幕式精彩呈现二十四节气、折柳寄情等文化元素，"中国式浪漫"吸引全世界的目光；铜奔马造型玩偶等实物文创商品走红，《千里江山图》数字展等展览深受欢迎，文化创意产品开发呈现活跃景象；舞剧《大梦敦煌》、昆剧《临川四梦》等蕴含中华文化气度风范的作品不断涌现……正是在马克思主义和中华优秀传统文化的互相成就中，造就了一个有机统一的新的文化生命体，让马克思主义成为中国的，中华优秀传统文化成为现代的，让经由"结合"而形成的新文化成为中国式现代化的文化形态。

一个国家、一个民族的强盛，总是以文化兴盛为支撑的，中华民族伟大复兴需要以中华文化发展繁荣为条件。党的二十大明确了2035年建成文化强国、国家文化软实力显著增强的发展目标。站上新的历史起点，继续推动文化繁荣、建设文化强国、建设中华民族现代文明，更加需要我们全面深入了解中华文明五千多年发展史，深入推进"第二个结合"，以更高远的历史站位、更宽广的世界视野、更深邃的战略眼光、更主动的精神力量，充分运用中华优秀传统文化的宝贵资源，拓展更为广阔的文化空间。坚定文化自信，秉持开放包容，坚持守正创新，激发全民族文化创新创造活力，我们定能更好担负起新的文化使命，为强国建设、民族复兴注入强大精神力量。

在北京市，京剧、相声等艺术形式在老会馆开启了活化利用之旅；在上海市，经过保护性修缮，具有海派特色的石库门建筑群被赋予全新商业功能；在辽宁省沈阳市，千余种具有沈阳故宫文化元素的文创产品有效传播了历史和文化……今日之中国，是创新创造活力迸发的中国，是文化之花繁盛绚丽的中国。不忘本来、吸收外来、面向未来，在继承中转化，在学习中超越，我们的文化将绵延不绝，我们的创造将生生不息。

（2023 年 07 月 27 日）

让世界文明百花园姹紫嫣红、生机盎然

——"两个结合"的世界视野

> 文明的繁盛、人类的进步，离不开求同存异、开放包容，离不开文明交流、互学互鉴
>
> 中国式现代化的普遍意义在于，立足于自身文化传统和国情，在借鉴世界文明成果的同时，走出了自己的道路

欣赏精彩的紫檀雕刻技艺、美妙的中国民乐演奏，感受武夷岩茶的魅力、鲁派内画的精妙……不久前，第三届文明交流互鉴对话会暨首届世界汉学家大会在位于燕山脚下的中国国家版本馆中央总馆举行。来自全球80多个国家的约400名中外嘉宾围绕"落实全球文明倡议，携手绘就现代化新图景"这一主题交流对话、激荡思想、凝聚共识。一幕幕人文交流、文化交融、民心相通的场景，成为落实全球文明倡议、深化文明交流互鉴的生动见证。

文明的繁盛、人类的进步，离不开求同存异、开放包容，离不开文明交流、互学互鉴。在文化传承发展座谈会上，习近平总书记指出，"中华文明具有突出的和平性，从根本上决定了中国始终是世界和平的建设者、

全球发展的贡献者、国际秩序的维护者，决定了中国不断追求文明交流互鉴而不搞文化霸权"。宽广的世界视野里，有对历史的深刻总结，更有对未来的郑重宣示。

中华文明是在中国大地上产生的文明，也是同其他文明不断交流互鉴而形成的文明。自古以来，中华民族就以"天下大同""协和万邦"的宽广胸怀，自信而又大度地开展同域外民族的交往和文化交流。回溯历史，汉代张骞两次出使西域，完成"凿空"之旅，架起东西方文明交流的桥梁；唐代与70多个国家通使交好，创造了万国衣冠会长安的盛唐气象；明末清初，中国人积极学习现代科技知识，欧洲的天文学、医学、数学、几何学、地理学知识纷纷传入中国……中华文明在同其他文明的交流互鉴中不断焕发新的生命力，不仅为中华民族提供了丰厚滋养，而且为世界文明贡献了华彩篇章。

深厚的文化底蕴，培育广阔的胸怀。进入新时代，以习近平同志为核心的党中央领导中国人民，坚持把马克思主义基本原理同中国具体实际相结合、同中华优秀传统文化相结合，以宽广的历史视野、深厚的人文情怀、高度的文化自信，推动文明交流互鉴，丰富世界文明百花园。传承"大道之行也，天下为公"的思想，提出人类命运共同体理念；秉持"己欲立而立人，己欲达而达人"的情怀，提出共建"一带一路"倡议；笃行"以天下论者，必循天下之公"的理念，弘扬和平、发展、公平、正义、民主、自由的全人类共同价值；坚信"和羹之美，在于合异"的道理，倡导平等、互鉴、对话、包容的文明观……习近平总书记把马克思主义为人类谋进步的使命同中华优秀传统文化"尚和合、求大同"的理想相结合，提出一系列重大外交政策理念，深刻回答了"人类社会何去何从""世界各国如何相处""不同文明怎样交往"等关乎人类前途命运的重大问题，为推动人类文明进步事业作出了贡献。

今天的中国，正在进行着人类历史上最为宏大而独特的实践创新。中国共产党领导人民成功走出中国式现代化道路，创造了人类文明新形态。充分吸收中华文明五千多年的深厚底蕴，中国式现代化展现出了不同于西方现代化模式的中华民族现代文明新图景，为广大发展中国家独立自主迈向现代化树立了典范，提供了全新选择。但应该看到，中国式现代化的普遍意义在于，立足于自身文化传统和国情，在借鉴世界文明成果的同时，走出了自己的道路，我们无意也没有输出中国式现代化、"中国模式"。正因此，习近平总书记强调："中国式现代化作为人类文明新形态，与全球其他文明相互借鉴，必将极大丰富世界文明百花园。"

文脉绵延，熠熠重光；承古拓今，生生不息。北京冬奥会搭建中华文明与世界文明交流互鉴的桥梁，大唐芙蓉园的梦回千年展现中华文化兼纳百川、包容四海的雍容气度，博鳌亚洲论坛、上海进博会、亚洲文明对话大会等一系列主场外交彰显"天下一家"的中国胸怀……今日之中国，中华文明闪耀着更加璀璨夺目的光华，人类文明新形态展现出更加美好的前景。面向未来，坚持"两个结合"，坚定文化自信、秉持开放包容、坚持守正创新，以文明交流超越文明隔阂、文明互鉴超越文明冲突、文明包容超越文明优越，同国际社会一道，努力开创世界各国人文交流、文化交融、民心相通新局面，必能让世界文明百花园姹紫嫣红、生机盎然！

（2023 年 08 月 02 日）

"我们取得成功的最大法宝"

——深刻理解"两个结合"的重大意义①

> 只有植根本国、本民族历史文化沃土，马克思主义真理之树才能根深叶茂

由文明而思民族，观过去以察未来。在湖南长沙考察千年学府岳麓书院时，习近平总书记强调"一定要把真理本土化"。在福建武夷山九曲溪畔的朱熹园，习近平总书记感慨"如果没有中华五千年文明，哪里有什么中国特色？如果不是中国特色，哪有我们今天这么成功的中国特色社会主义道路？"在河南安阳考察殷墟遗址时，习近平总书记指出"更深地学习理解中华文明，古为今用，为更好建设中华民族现代文明提供借鉴"……在文化的轴线上把握历史、现实与未来，习近平总书记把中华文化传承发展与中华民族伟大复兴联系起来，让中国特色社会主义道路有了更加宏阔深远的历史纵深。

在文化传承发展座谈会上，习近平总书记发表重要讲话，深入阐释"两个结合"的重大意义，指出"在五千多年中华文明深厚基础上开辟和发展中国特色社会主义，把马克思主义基本原理同中国具体实际、同中华优秀

传统文化相结合是必由之路"，强调"这是我们在探索中国特色社会主义道路中得出的规律性的认识，是我们取得成功的最大法宝"。高瞻远瞩的擘画、鞭辟入里的阐述，对不断推进马克思主义中国化时代化，在新的历史起点上继续推动文化繁荣、建设文化强国、建设中华民族现代文明，在新时代坚持和发展中国特色社会主义，具有重要而深远的意义。

中国特色社会主义道路，是在马克思主义指导下走出来的，也是从五千多年中华文明史中走出来的。只有立足波澜壮阔的中华五千多年文明史，才能真正理解中国道路的历史必然、文化内涵与独特优势。比如，我们党开创的人民代表大会制度、政治协商制度，与中华文明的民本思想，天下共治理念，"共和""商量"的施政传统，"兼容并包、求同存异"的政治智慧都有深刻关联。再如，我们没有搞联邦制、邦联制，确立了单一制国家形式，实行民族区域自治制度，就是顺应向内凝聚、多元一体的中华民族发展大趋势，承继九州共贯、六合同风、四海一家的中国文化大一统传统。可以说，正是因为坚持把马克思主义基本原理同中国具体实际相结合、同中华优秀传统文化相结合，不断推进马克思主义中国化时代化，我们党才能够领导人民在一次次求索、一次次挫折、一次次开拓中完成中国其他各种政治力量不可能完成的艰巨任务，指引党和人民事业不断从胜利走向胜利，确保党始终走在时代前列、始终立于不败之地。

中华优秀传统文化是我们党创新理论的"根"，"两个结合"是推进马克思主义中国化时代化的根本途径。新时代以来，以习近平同志为核心的党中央坚持"两个结合"，勇于进行理论探索和创新，以全新的视野深化对共产党执政规律、社会主义建设规律、人类社会发展规律的认识，取得重大理论创新成果，集中体现为习近平新时代中国特色社会主义思想。这一重要思想科学回答了中国之问、世界之问、人民之问、时代之问，坚定历史自信、文化自信，坚持古为今用、推陈出新，把马克思主义思想精髓同中华优秀传统文化精华贯通起来、同人民群众日用而不觉的共同价值观念融通起来，不断赋予科学理论鲜明的中国特色，不断夯实马克思主义中国化时代化的历史基础和群众基础，无愧为中华优秀传统文化在新的历史条件下创造性转化、创新性发展的优秀典范，无愧为中华文化和中国精神的时代精华，无愧为当代中国马克思主义、二十一世纪马克思主义。

不断谱写马克思主义中国化时代化新篇章，是当代中国共产党人的庄严历史责任。只有植根本国、本民族历史文化沃土，马克思主义真理之树才能根深叶茂。前进道路上，我们要立足基本国情，顺应新时代新征程形势任务发展变化的新要求，紧贴亿万人民创造性实践，聚焦实践遇到的新问题、改革发展稳定存在的深层次问题、人民群众急难愁盼问题、国际变局中的重大问题、党的建设面临的突出问题，坚持用马克思主义之"矢"去射新时代中国之"的"，继续推进马克思主义基本原理同中国具体实际相结合、同中华优秀传统文化相结合。要增强政治自觉、思想自觉、行动自觉，学懂弄通做实习近平新时代中国特色社会主义思想，坚持好、运用好贯穿其中的立场观点方法，把这一重要思想贯彻落实到党和国家工作各方面全过程。

习近平总书记强调："我们的社会主义为什么不一样？为什么能够生机勃勃充满活力？关键就在于中国特色，中国特色的关键就在于'两个结合'。"吸吮着中华民族漫长奋斗积累的文化养分，感悟和把握马克思主义真理力量，将中华文明的精华与马克思主义立场观点方法结合起来，在延续民族文化血脉中开拓前进，我们就一定能焕发更为主动的精神力量，在强国建设、民族复兴的新征程上踔厉奋发、一往无前。

（2023 年 06 月 26 日）

相互契合才能有机结合

——深刻理解"两个结合"的重大意义②

马克思主义和中华优秀传统文化来源不同，但彼此存在高度的契合性

正因为高度契合、内在融通，二者的"结合"才能产生"深刻的化学反应"，使马克思主义不仅具有"中国内涵"，而且具有"民族形式"

一系列标志性引领性的新思想新观点新论断不断产生，植根中华沃土的马克思主义真理之树结出累累硕果

在文化传承发展座谈会上，习近平总书记深入阐释"两个结合"的重大意义，深刻指出"'结合'的前提是彼此契合"。马克思主义和中华优秀传统文化来源不同，但彼此存在高度的契合性。相互契合才能有机结合。这样的"结合"，造就了一个有机统一的新的文化生命体，让马克思主义成为中国的，中华优秀传统文化成为现代的，让经由"结合"而形成的新文化成为中国式现代化的文化形态。

惟殷先人，有册有典。弦歌不辍，薪火相传。中华优秀传统文化源远

流长、博大精深，其中蕴含的天下为公、民为邦本、为政以德、革故鼎新、任人唯贤、天人合一、自强不息、厚德载物、讲信修睦、亲仁善邻等，是中国人民在长期生产生活中积累的宇宙观、天下观、社会观、道德观的重要体现，同科学社会主义价值观主张具有高度契合性。比如，马克思主义提出的共产主义社会与中华优秀传统文化的"大同社会"，马克思主义的实践观与中华优秀传统文化的知行观，马克思主义的群众观与中华优秀传统文化的民本思想……马克思主义以对社会发展规律的揭示、对人类理想社会的追寻、对实现人类解放的实践，切中了中华文化的深沉脉搏。正因为高度契合、内在融通，二者的"结合"才能产生"深刻的化学反应"，使马克思主义不仅具有"中国内涵"，而且具有"民族形式"。

马克思主义并没有结束真理，而是开辟了通向真理的道路。党的十八大以来，以习近平同志为核心的党中央高度重视中华优秀传统文化的传承和发展，开辟了马克思主义基本原理同中华优秀传统文化相结合的新境界。坚持以人民为中心的发展思想，展现"以百姓心为心"的品格，使我们党始终拥有执政的坚实根基和最大底气；推进生态文明建设，彰显"天人合一""道法自然"的哲理，让我们的祖国天更蓝、山更绿、水更清；构建人类命运共同体的理念与行动，折射"协和万邦""天下一家"的胸襟，为世界发展进步指引前进方向……坚持马克思主义的根本指导思想，从中华优秀传统文化中寻找源头活水，一系列标志性引领性的新思想新观点新论断不断产生，植根中华沃土的马克思主义真理之树结出累累硕果。实践充分证明，"第二个结合"，是我们党对马克思主义中国化时代化历史经验的深刻总结，是对中华文明发展规律的深刻把握，表明我们党对中国道路、理论、制度的认识达到了新高度，表明我们党的历史自信、文化自信达到了新高度，表明我们党在传承中华优秀传统文化中推进文化创新的自觉性达到了新高度。

当前，我国发展面临新的战略机遇、新的战略任务、新的战略阶段、新的战略要求、新的战略环境。我们深刻认识到，只有把马克思主义基本原理同中国具体实际相结合、同中华优秀传统文化相结合，坚持运用辩证唯物主义和历史唯物主义，才能正确回答时代和实践提出的重大问题，才能始终保持马克思主义的蓬勃生机和旺盛活力。新征程上，我们要更加自觉把握马克思主义和中华优秀传统文化的高度契合性，推进中华优秀传统文化创造性转化、创新性发展，使马克思主义呈现出更多中国特色、中国风格、中国气派，让马克思主义在中国大地上展现出更强大、更有说服力的真理力量。

回望历史，中华民族念诵着经史子集，走过了数千年；中国共产党在马克思主义指引下，走过了百余年。熔铸古今、汇通中西，是为旧邦新命、返本开新。展望未来，中华文明浸润于大国筋骨、融通于漫漫征途，在准确把握高度契合性的基础上更加自觉地坚持"两个结合"，我们就一定能不断谱写马克思主义中国化时代化新篇章，为强国建设、民族复兴凝聚起强大精神力量。

（2023 年 06 月 28 日）

造就了一个有机统一的新的文化生命体

——深刻理解"两个结合"的重大意义③

让马克思主义成为中国的，既葆有马克思主义之魂，更赋予中国特色、中国风格、中国气派，彰显中国人的文化自信、文化自觉、文化自主

让中华优秀传统文化成为现代的，既让中华文明穿越时空在新时代展现出蓬勃生机、焕发出巨大活力，更为全面推进中华民族伟大复兴提供了更为主动、更为强大的精神力量

北京中轴线北延、燕山脚下，中国国家版本馆中央总馆大气恢弘。文瀚阁里，"真理之光——马克思主义中国化时代化经典版本展"主题展览，引领人们感悟马克思主义真理伟力；文华堂内，"斯文在兹——中华古代文明版本展"基本陈列，引导人们领略中华民族薪火相传的文脉之盛。作为新时代标志性文化传世工程，国家版本馆浓墨重彩展示马克思主义发展史上的经典著作、手稿手迹、档案资料，以及中华文明历史的重要文物和文献，将二者荟萃一堂，从版本视角为"两个结合"写下生动注脚。

中国共产党人是马克思主义的坚定信仰者和实践者，也是中华优秀传

统文化的忠实继承者和弘扬者。在文化传承发展座谈会上，习近平总书记深入阐释"两个结合"的重大意义，深刻指出："'结合'的结果是互相成就，造就了一个有机统一的新的文化生命体，让马克思主义成为中国的，中华优秀传统文化成为现代的，让经由'结合'而形成的新文化成为中国式现代化的文化形态。"马克思主义和中华优秀传统文化彼此存在高度的契合性，把马克思主义基本原理同中国具体实际相结合、同中华优秀传统文化相结合，这种结合不是拼盘，不是简单的物理反应，而是深刻的化学反应，造就了一个有机统一的新的文化生命体。

马克思主义深刻改变了中国，中国也极大丰富了马克思主义。马克思主义理论不是教条而是行动指南，必须随着实践发展而发展，必须中国化才能落地生根、本土化才能深入人心。我们党的历史，就是一部不断推进马克思主义中国化时代化的历史，就是一部不断推进理论创新、进行理论创造的历史。百余年来，我们党坚持解放思想和实事求是相统一、培元固本和守正创新相统一，不断开辟马克思主义新境界，创立了毛泽东思想、邓小平理论，形成了"三个代表"重要思想、科学发展观，创立了习近平新时代中国特色社会主义思想，为党和人民事业发展提供了科学理论指导。让马克思主义成为中国的，既葆有马克思主义之魂，更赋予中国特色、中国风格、中国气派，彰显中国人的文化自信、文化自觉、文化自主。

中华文明延续着我们国家和民族的精神血脉，既需要薪火相传、代代守护，也需要与时俱进、推陈出新。百余年来，一条脉络鲜明呈现——马克思主义真理力量激活了中华文明的强大生命力，使中华文明再次迸发出强大精神力量。以"中国梦"唤醒中国人民最深厚的文化基因；将中华优秀传统文化内涵创造性凝结于社会主义核心价值观中，推动形成崇德向善、奋发向上的社会风尚；以文化认同铸牢中华民族共同体意识……新时代以来，以习近平同志为核心的党中央不断推动中华优秀传统文化创造性转化、创新性发展，使中华民族最基本的文化基因与当代文化相适应、与现代社会相协调。让中华优秀传统文化成为现代的，既让中华文明穿越时空在新时代展现出蓬勃生机、焕发出巨大活力，更为全面推进中华民族伟大复兴提供了更为主动、更为强大的精神力量。

往深层看，中国式现代化，深深植根于中华优秀传统文化，体现科学社会主义的先进本质，借鉴吸收一切人类优秀文明成果，代表人类文明进步的发展方向，展现了不同于西方现代化模式的新图景，是一种全新的人类文明形态。马克思主义激活了历史悠久的中华文明，中华文明又为马克思主义在中国的发展注入丰富的养分，"结合"造就了一个有机统一的新的文化生命体，让经由"结合"而形成的新文化成为中国式现代化的文化形态。习近平总书记深刻指出："当代中国的伟大社会变革，不是简单延续我国历史文化的母版，不是简单套用马克思主义经典作家设想的模板，不是其他国家社会主义实践的再版，也不是国外现代化发展的翻版。"只要我们坚持"两个结合"，勇于结合新的实践不断推进理论创新、善于用新的理论指导新的实践，就能不断丰富发展中国式现代化的文化形态，努力建设中华民族现代文明。

对历史最好的继承，就是创造新的历史；对人类文明最大的礼敬，就是创造人类文明新形态。站立在浸润优秀传统文化的中华大地上，手握科学真理，脚踏人间正道，沐浴文明辉光，铸就社会主义文化新辉煌，不断续写马克思主义中国化时代化新篇章，我们信心满满、底气十足！

（2023 年 07 月 03 日）

拓展了中国特色社会主义道路的文化根基

——深刻理解"两个结合"的重大意义④

中国特色社会主义道路，是在马克思主义指导下走出来的，也是从五千多年中华文明史中走出来的

"中国式现代化"之所以被冠以"中国"二字，在于其为中华文明所滋养，与中国实际相符合，最终为中国人民所选择

秦持"奉法者强则国强，奉法者弱则国弱"等精神，以中国特色社会主义法治体系定分止争；吸纳"天人合一""万物并育"等理念，生态文明制度体系日趋健全；汲取"和而不同""求同存异"等智慧，中国共产党领导的多党合作和政治协商制度不断完善……纵观古今，可以深切感受到，中华文明为坚持和发展中国特色社会主义提供了无比坚实的支撑、无比丰厚的滋养。

我们开辟了中国特色社会主义道路不是偶然的，是我国历史传承和文化传统决定的。在文化传承发展座谈会上，习近平总书记深入阐释"两个结合"的重大意义，指出"'结合'筑牢了道路根基，让中国特色社会主义道路有了更加宏阔深远的历史纵深，拓展了中国特色社会主义道路的文

化根基"，强调"中国式现代化赋予中华文明以现代力量，中华文明赋予中国式现代化以深厚底蕴"。中国特色社会主义道路，是在马克思主义指导下走出来的，也是从五千多年中华文明史中走出来的，具有深厚的底蕴、强大的生命力。

中华文明的连续性，从根本上决定了中华民族必然走自己的路。如果不从源远流长的历史连续性来认识中国，就不可能理解古代中国，也不可能理解现代中国，更不可能理解未来中国。翻开风起云涌的红色篇章，中华优秀传统文化一直作为蕴含其中的动力之源，贯穿于中国共产党的百年奋斗历程。1944 年，美国记者福尔曼赴延安和华北抗日根据地进行了 5 个月的采访，写下"共产党员极端注重他们的文化"的观点。我们党开创的人民代表大会制度、政治协商制度，与中华文明的民本思想，天下共治理念，"共和""商量"的施政传统，"兼容并包、求同存异"的政治智慧都有深刻关联；我们没有搞联邦制、邦联制，确立了单一制国家形式，实行民族区域自治制度，就是顺应向内凝聚、多元一体的中华民族发展大趋势，承继九州共贯、六合同风、四海一家的中国文化大一统传统。正如习近平总书记强调的，"只有立足波澜壮阔的中华五千多年文明史，才能真正理解中国道路的历史必然、文化内涵与独特优势。"历史和实践充分证明，中国特色社会主义道路，开拓于中国人民共同奋斗，扎根于中华大地，是给中国人民带来幸福安宁的正确道路。

新时代以来，我们党成功推进和拓展了中国式现代化，不断丰富和发展了人类文明新形态。"中国式现代化"之所以被冠以"中国"二字，在于其为中华文明所滋养，与中国实际相符合，最终为中国人民所选择。"民惟邦本，本固邦宁"的思想，与"人口规模巨大的现代化"连贯一致；"治国之道，富民为始"的理念，与"全体人民共同富裕的现代化"相融相通；"仓廪实而知礼节，衣食足而知荣辱"的追求，为实现"物质文明和精神文明相协调的现代化"提供价值支撑；"天地与我并生，而万物与我为一"的智慧，化作对"人与自然和谐共生的现代化"的不懈追求；传承"亲仁善邻，国之宝也"的胸怀，中华民族致力于"走和平发展道路的现代化"……历史和实践充分证明，中国式现代化是赓续古老文明的现代化，而不是消灭古老文明的现代化；是从中华大地长出来的现代化，不是照搬照抄其他国家的现代化；是文明更新的结果，不是文明断裂的产物。中国式现代化是中华民族的旧邦新命，必将推动中华文明重焕荣光！

凯歌而行，不以山海为远；乘势而上，不以日月为限。今天，中国有坚定的道路自信、理论自信、制度自信，其本质是建立在五千多年文明传承基础上的文化自信。我们创造了伟大的中华文明，我们也能够继续拓展和走好适合中国国情的发展道路。新时代以来，在以习近平同志为核心的党中央坚强领导下，我们从中华优秀传统文化中汲取治国理政的理念和思维，坚定不移走中国特色社会主义道路，创造了新时代中国特色社会主义的伟大成就。新征程上，脚踏中华大地，传承中华文明，走符合中国国情的正确道路，党和人民就具有无比广阔的舞台，具有无比深厚的历史底蕴，具有无比强大的前进定力。

习近平总书记强调："如果没有中华五千年文明，哪里有什么中国特色？如果不是中国特色，哪有我们今天这么成功的中国特色社会主义道路？"从青铜之韵，到汉唐气象，再到今天的大国风范，一个文明悠长、日新月异的中国，正坚定走在自己开辟的大道上。面向未来，继续推进"两个结合"，坚持道不变、志不改，沿着中国特色社会主义道路奋勇前行，就一定能把我国发展进步的命运牢牢掌握在自己手中，在新时代新征程上创造新的更大奇迹。

（2023 年 07 月 06 日）

让我们掌握了思想和文化主动

——深刻理解"两个结合"的重大意义⑤

　　坚持"两个结合"，就要更加注重精神上的独立自主，更加具有"在中国大地上探寻适合自己的道路和办法"的高度自觉和坚定自信

　　从中华优秀传统文化中汲取治国理政的理念和思维，可以为回答今天的时代课题提供智慧和启示

　　延续中华民族"修史立典，存史启智，以文化人"的传统，党的二十大前夕，党中央批准实施的重大文化工程《复兴文库》一至三编出版发行。在所作的序言中，习近平总书记勉励要"萃取历史精华，推动理论创新""不断推进马克思主义中国化时代化"，发出"坚定历史自信、把握时代大势、走好中国道路"的时代强音。以古之规矩，开今之生面，体现着"坚定文化自信，就是坚持走自己的路"的高度自觉和主动。

　　在文化传承发展座谈会上，习近平总书记深入阐释"两个结合"的重大意义，指出"'结合'打开了创新空间，让我们掌握了思想和文化主动，并有力地作用于道路、理论和制度"，强调"'第二个结合'是又一次的

思想解放，让我们能够在更广阔的文化空间中，充分运用中华优秀传统文化的宝贵资源，探索面向未来的理论和制度创新"。马克思主义和中华优秀传统文化彼此存在高度的契合性，"结合"造就了一个有机统一的新的文化生命体，这本身就是创新，同时又开启了广阔的理论和实践创新空间。

在新的历史起点上继续推动文化繁荣、建设文化强国、建设中华民族现代文明，要坚定文化自信，坚持走自己的路，立足中华民族伟大历史实践和当代实践，用中国道理总结好中国经验，把中国经验提升为中国理论，实现精神上的独立自主。扎根中国土壤，方有源头活水、充沛养分；坚持独立自主，方可"任凭风浪起，稳坐钓鱼船"。正如习近平总书记强调的："我们党在革命、建设、改革各个历史时期，坚持从我国国情出发，探索并形成了符合中国实际的新民主主义革命道路、社会主义改造和社会主义建设道路、中国特色社会主义道路，这种独立自主的探索精神，这种坚持走自己路的坚定决心，是我们党不断从挫折中觉醒、不断从胜利走向胜利的真谛。"坚持"两个结合"，就要更加注重精神上的独立自主，更加具有"在中国大地上探寻适合自己的道路和办法"的高度自觉和坚定自信。

文化自信是更基本、更深沉、更持久的力量。坚定中国特色社会主义道路自信、理论自信、制度自信，说到底是要坚定文化自信。中华优秀传统文化的丰富哲学思想、人文精神、教化思想、道德理念等，可以为人们认识和改造世界提供有益启迪，可以为治国理政提供有益启示，也可以为道德建设提供有益启发。比如，统筹推进"五位一体"总体布局、协调推进"四个全面"战略布局，文化是重要内容；推动高质量发展，文化是重要支点；满足人民日益增长的美好生活需要，文化是重要因素；战胜前进道路上各种风险挑战，文化是重要力量源泉。立足当前，我们比以往任何一个时代都更有条件破解"古今中西之争"，也比以往任何一个时代都更迫切需要一批熔铸古今、汇通中西的文化成果，为理论和制度创新奠定更加坚实的文化基础。

这些年，"未来已来"这个词很流行，但也不能忘了"过去未去"。文化不是凝固的雕塑，而是流动的活水；水往哪个方向流，与现实的实践需要和社会制度密不可分。比如，今天全面推行的河湖长制，借鉴吸收了中国古代的治水智慧。在古代，基层水利管理者负责维护日常用水秩序、修筑堰坝、疏浚圳沟等，在农业生产中发挥了重要作用，"渠长""河长""湖长"等均可见于传世文献。先贤们在水利管理制度方面的探索与实践，为当今的河湖治理提供了宝贵借鉴。现在，河湖长制带来河湖"长治"，江河湖泊面貌发生历史性变化，"小切口"带来了"大转变"。由此来看，从中华优秀传统文化中汲取治国理政的理念和思维，可以为回答今天的时代课题提供智慧和启示。方此之际，只要我们能够在更广阔的文化空间中，充分运用中华优秀传统文化的宝贵资源，探索面向未来的理论和制度创新，把中华优秀传统文化中蕴含的宝贵而丰富的中国价值、中国智慧和中国精神充分激活并有效运用起来，就一定能战胜各种风险挑战、实现既定奋斗目标。

"周虽旧邦，其命维新。"几千年前，中华民族的先民们就秉持变革和开放精神，开启了缔造中华文明的伟大实践。面向未来，站立在浸润优秀传统文化的中华大地上，坚持"两个结合"，坚持与时俱进、守正创新，我们的道路无比宽广、我们的前景无比光明！

（2023 年 07 月 10 日）

文化主体性的最有力体现

——深刻理解"两个结合"的重大意义⑥

有了文化主体性，就有了文化意义上坚定的自我，中国共产党就有了引领时代的强大文化力量，中华民族和中国人民就有了国家认同的坚实文化基础

不断巩固文化主体性，才能具有对自身文化的高度认同，从中华民族世世代代形成和积累的优秀传统文化中汲取营养和智慧

在浙江台州葭沚老街，体验纸伞制作、制茶、翻簧竹雕、彩石镶嵌等技艺成为热门文旅项目，众多游客慕名而来。将米粒大的陶泥放到微型拉坯机上，用指尖捏出花瓶的形状，再用竹签、镊子精雕细琢，景德镇陶艺师傅王文化创作微型陶艺作品的视频走红海外，累计播放量超过 1 亿。《只此青绿》以《千里江山图》为蓝本，用舞蹈"绘"名画，让观众沉浸在中华文化特有的意韵中。今天，文化创造与文化自信相互激荡，让中华优秀传统文化在新时代焕发出独特魅力，展现出蓬勃生机。

文化贯通过去、现在与未来。在文化传承发展座谈会上，习近平总书记深入阐释"两个结合"的重大意义，深刻指出"'结合'巩固了文化主

体性，创立新时代中国特色社会主义思想就是这一文化主体性的最有力体现"。有了文化主体性，就有了文化意义上坚定的自我，中国共产党就有了引领时代的强大文化力量，中华民族和中国人民就有了国家认同的坚实文化基础。坚持以习近平新时代中国特色社会主义思想为指导，不断巩固文化主体性，独立自主走自己的路、信心百倍建设中华民族现代文明，我们意气风发、豪情满怀。

中华文明的主体性植根于源远流长的文化沃土。朱熹园里，习近平总书记感慨"我们要特别重视挖掘中华五千年文明中的精华"；在岳麓书院，习近平总书记凝望"实事求是"匾额，指出"一定要把真理本土化"；考察"一馆一院"后，习近平总书记强调"只有立足波澜壮阔的中华五千多年文明史，才能真正理解中国道路的历史必然、文化内涵与独特优势"……习近平总书记以护文明之火种、传永续之文脉的崇高使命感，全方位、多角度阐释中华文化的独特创造、价值理念、突出特性，展示了对待中华优秀传统文化的科学态度。党的十八大以来，以习近平同志为核心的党中央以对文化在历史进步中的地位作用的深刻认识，以对文化的精神特质和历史传承的正确把握，以对文化复兴和文明进步的不懈追求，开辟了马克思主义基本原理同中华优秀传统文化相结合的新境界。创立习近平新时代中国特色社会主义思想就是文化主体性的最有力体现。这一重要思想坚定历史自信、文化自信，坚持古为今用、推陈出新，把马克思主义思想精髓同中华优秀传统文化精华贯通起来、同人民群众日用而不觉的共同价值观念融通起来，无愧为中华优秀传统文化在新的历史条件下创造性转化、创新性发展的优秀典范，无愧为中华文化和中国精神的时代精华，无愧为当代中国马克思主义、二十一世纪马克思主义。

文化主体性，是文化自信的根本依托。一种文化要具有穿越时空的引领力、凝聚力、辐射力，必须有其主体性。回望近代以后，国家蒙辱、人民蒙难、文明蒙尘；百余年非凡历程中，中国共产党人点燃精神的火种、重焕文明的辉光，使历史中国的深厚底蕴与现实中国的崭新气象相融通，以高度的文化自觉、深沉的文化自信、勇毅的文化担当，激活中华文化的"一池春水"，把中华文化发展推向新阶段。这一文化主体性，是在弘扬中华优秀传统文化、继承革命文化、发展社会主义先进文化的基础上，在借鉴吸收人类一切优秀文明成果的基础上，通过"两个结合"建立起来的。不断巩固文化主体性，才能具有对自身文化的高度认同，从中华民族世世代代形成和积累的优秀传统文化中汲取营养和智慧；才能实现精神上的独立自主，坚定"走自己的路"的信心和自觉，彰显中国精神、凝聚中国力量、升腾中国气象。

文化关乎国本、国运。一个国家、一个民族的强盛，总是以文化兴盛为支撑的，中华民族伟大复兴需要以中华文化发展繁荣为条件。在新的起点上继续推动文化繁荣、建设文化强国、建设中华民族现代文明，是我们在新时代新的文化使命，也是巩固文化主体性的必然要求。要坚定文化自信，立足中华民族伟大历史实践和当代实践，用中国道理总结好中国经验，把中国经验提升为中国理论。要秉持开放包容，坚持马克思主义中国化时代化，传承发展中华优秀传统文化，促进外来文化本土化，不断培育和创造新时代中国特色社会主义文化。要坚持守正创新，以守正创新的正气和锐气，赓续历史文脉、谱写当代华章。从历史走向未来，从延续民族文化血脉中开拓前进，不断巩固文化主体性，就一定能够创造属于我们这个时代的新文化，建设好中华民族现代文明。

万物有所生，而独知守其根。今天的中华文化，正展现出更旺盛的生命力、更强大的感召力。坚持以习近平新时代中国特色社会主义思想为指导，把握时代特征、因应时代变化，在实践创造中进行文化创造，在历史进步中实现文化进步，我们一定能建设社会主义文化强国，铸就中华文化新辉煌。

（2023 年 07 月 12 日）

坚定文化自信，推动中华文明重焕荣光

——深刻把握中华文明的突出特性①

只有立足波澜壮阔的中华五千多年文明史，才能真正理解中国道路的历史必然、文化内涵与独特优势

来到位于北京市昌平区燕山脚下的中国国家版本馆中央总馆，参观国家书房、中华古代文明版本展、中国当代出版精品与特色版本展，仔细察看马克思主义中国化时代化经典版本展，参观"汉藏蒙满文大藏经雕版合璧"和"《四库全书》合璧"库展，感慨"我最关心的就是中华文明历经沧桑留下的最宝贵的东西"；走进位于北京中轴线北延长线的中国历史研究院，参观文明起源和宅兹中国专题展，了解新石器时代和夏商周时期重大考古发现，察看部分馆藏珍贵古籍和文献档案，强调"做好中华文明起源的研究和阐释"……近日，习近平总书记专程到中国国家版本馆和中国历史研究院考察调研、出席文化传承发展座谈会并发表重要讲话。一幕幕生动场景，映照着大党大国领袖深厚的文化情怀。

"中华优秀传统文化有很多重要元素，共同塑造出中华文明的突出特性。"在文化传承发展座谈会上，习近平总书记明确提出：中华文明具有突

出的连续性、突出的创新性、突出的统一性、突出的包容性、突出的和平性。这一重大论断，科学概括了中华文明有别于其他文明的独特性，对于坚定文化自信自强，更好担负起新时代新的文化使命，扎实推进中华民族现代文明和社会主义文化强国建设，具有重要现实意义和深远历史意义。

泱泱中华，万古江河。中华民族是世界上古老而伟大的民族，创造了绵延五千多年的灿烂文明，为人类文明进步作出了不可磨灭的贡献。1840年鸦片战争以后，中国逐步成为半殖民地半封建社会，国家蒙辱、人民蒙难、文明蒙尘，中华民族遭受了前所未有的劫难。在几千年的历史发展进程中，中华民族从来不是一帆风顺的，遇到了无数艰难困苦，但我们都挺过来、走过来了，其中一个很重要的原因就是世世代代的中华儿女培育和发展了独具特色、博大精深的中华文化，为中华民族克服困难、生生不息提供了强大精神支撑。

中国文化源远流长，中华文明博大精深。向历史深处回望，从天下为公、天下大同的社会理想，到民为邦本、为政以德的治理思想；从九州共贯、多元一体的大一统传统，到修齐治平、兴亡有责的家国情怀；从厚德载物、明德弘道的精神追求，到富民厚生、义利兼顾的经济伦理；从天人合一、万物并育的生态理念，到实事求是、知行合一的哲学思想；从执两用中、守中致和的思维方法，到讲信修睦、亲仁善邻的交往之道……这些元素共同塑造出中华文明五个方面的突出特性。

习近平总书记指出："只有立足波澜壮阔的中华五千多年文明史，才能真正理解中国道路的历史必然、文化内涵与独特优势。"新时代以来，我们党明确"文化自信是一个国家、一个民族发展中最基本、最深沉、最持久的力量"，把"两个结合"作为推进马克思主义中国化时代化的根本途径，在守正创新中构筑中华文化新气象、激扬中华文明新活力。北京冬奥盛会惊艳世界，展示新时代中国自信、包容、开放的大国形象；大唐芙蓉园梦回千年，展现中华文化包容四海、兼纳百川的精神风貌；北京中轴线、京杭大运河等一大批文化遗产活起来、火起来，绽放时代新韵……千古文脉一华章，在以习近平同志为核心的党中央坚强领导下，在习近平新时代中国特色社会主义思想科学指引下，今天中华文化更加蔚为大观，中华文明更加光彩夺目。

文化关乎国本、国运。党的二十大报告围绕"推进文化自信自强，铸就社会主义文化新辉煌"作出重大部署，提出"增强实现中华民族伟大复兴的精神力量"。眺望前方的奋进路，只有全面深入了解中华文明的历史，才能更有效地推动中华优秀传统文化创造性转化、创新性发展，更有力地推进中国特色社会主义文化建设，建设中华民族现代文明。深刻把握中华文明的突出特性，从中华优秀传统文化中寻找源头活水、汲取智慧和力量，不断推进马克思主义中国化时代化，更好构筑中国精神、中国价值、中国力量，就能汇聚起同心共圆中国梦的磅礴伟力。

国家之魂，文以化之，文以铸之。如同波澜壮阔的长河，中华文明一路奔涌而来，滋养着生生不息的中华民族，浇灌出中华大地的勃勃生机。穿越风雨、大道如砥，当代中国，江山壮丽，人民豪迈，前程远大。从东海之滨到雪域高原，从北国边陲到南疆海岛，复兴的梦想激荡在 14 亿多中国人心中。站在这片古老而神奇的土地上，吸吮着五千多年中华民族漫长奋斗积累的文化养分，我们尤为清醒："对历史最好的继承，就是创造新的历史；对人类文明最大的礼敬，就是创造人类文明新形态。"我们更加自信："中国式现代化是中华民族的旧邦新命，必将推动中华文明重焕荣光。"

（2023 年 06 月 13 日）

立足"连续性",坚持走自己的路

——深刻把握中华文明的突出特性②

如果不从源远流长的历史连续性来认识中国,就不可能理解古代中国,也不可能理解现代中国,更不可能理解未来中国

脚踏中华大地,传承中华文明,走符合中国国情的正确道路,党和人民就具有无比广阔的舞台,具有无比深厚的历史底蕴,具有无比强大的前进定力

一本古代数学专著,跨越多少春秋,历经多少沧桑,见证了历史的潮起潮落。在中国国家版本馆兰台洞库,面对斑驳的文津阁本《九章算术》,习近平总书记的一番话引人深思:"我们的祖先,在科学发萌之际,是走在前面的。千百年来,中华民族没有中断,中国文化没有中断,但在数理化上有些中断,被赶超了。"泛黄的纸张、隽永的墨迹,无声讲述着中华文明的长河浩荡。

穿越历史的烟云,中华文明历经数千年风雨始终生生不息、历久弥新。在文化传承发展座谈会上,习近平总书记深刻指出:"中华文明具有突出的连续性,从根本上决定了中华民族必然走自己的路。"在中华文明的五个

突出特性中，"连续性"排在首位。

习近平总书记指出"中华民族形成了伟大民族精神和优秀传统文化，这是中华民族生生不息、长盛不衰的文化基因"，强调"中华文明源远流长，从未中断，塑造了我们伟大的民族"，勉励"把世界上唯一没有中断的文明继续传承下去"……党的十八大以来，习近平总书记站在中华民族和中华文明永续传承的战略高度，提出一系列重要论述，作出一系列重大决策，引领中华文化创造性转化、创新性发展，推动中华文脉在赓续传承中弘扬光大。

中华民族有着悠久历史和灿烂文化，而且中华文明从远古一直延续发展到今天，形成了独具特色、博大精深的价值观念和文明体系。近年来，以甲骨文为主题的文创产品层出不穷，甲骨文表情包、甲骨文日历、甲骨文书签等广受欢迎；甲骨文越来越多地走进中小学校园，不少地方的老师利用甲骨文"因形赋义"的特点对低年级学生进行识字教育。从甲骨文到籀文、小篆、隶书、楷书、草书，文字上的一脉相承，是中华文明绵延不断、经久不衰的重要体现。文脉传承，弦歌不辍，具有突出的连续性的中华文明，为中华民族生生不息、发展壮大提供了丰厚滋养。

能看到多远的过去，就能看到多远的未来。2021年仲春，习近平总书记来到福建武夷山朱熹园，感慨万千："如果没有中华五千年文明，哪里有什么中国特色？如果不是中国特色，哪有我们今天这么成功的中国特色社会主义道路？"从"以天下之财利天下之人"，看懂"全体人民共同富裕"不仅是中国特色社会主义的本质要求，也是千百年来的治世理想；从"仓廪实而知礼节，衣食足而知荣辱"，读懂"物质文明和精神文明相协调"不仅是当代社会的孜孜以求，也是传承千百年的淳朴愿景；从"天人合一""道法自然"，理解"促进人与自然和谐共生"不仅是中国式现代化的本质要求之一，也是中华民族千百年来的生存智慧……正如习近平总书记强调的："如果不从源远流长的历史连续性来认识中国，就不可能理解古代中国，也不可能理解现代中国，更不可能理解未来中国。"今天，中国有坚定的道路自信、理论自信、制度自信，其本质是建立在5000多年文明传承基础上的文化自信！

　　坚持走自己的路，是党的全部理论和实践立足点，更是党百年奋斗得出的历史结论。实践充分证明，人类历史上没有一个民族、一个国家可以通过依赖外部力量、照搬外国模式、跟在他人后面亦步亦趋实现强大和振兴。中国特色社会主义道路符合中国实际、反映中国人民意愿、适应时代发展要求，不仅走得对、走得通，而且走得稳、走得好。新时代新征程，脚踏中华大地，传承中华文明，走符合中国国情的正确道路，党和人民就具有无比广阔的舞台，具有无比深厚的历史底蕴，具有无比强大的前进定力。

　　习近平总书记指出："中国式现代化是赓续古老文明的现代化，而不是消灭古老文明的现代化；是从中华大地长出来的现代化，不是照搬照抄其他国家的现代化；是文明更新的结果，不是文明断裂的产物。"面向未来，深刻把握中华文明具有的突出的连续性，在实践创造中进行文化创造，在历史进步中实现文化进步，我们就一定能赓续历史文脉、谱写当代华章，为强国建设、民族复兴注入不竭精神动力。

（2023 年 06 月 14 日）

激扬"创新性"，书写中华文明新的辉煌篇章

——深刻把握中华文明的突出特性③

每一种文明都延续着一个国家和民族的精神血脉，既需要薪火相传、代代守护，更需要与时俱进、勇于创新

用创新增添文明发展动力、激活文明进步的源头活水，不断创造出跨越时空、超越国度、富有永恒魅力、具有当代价值的文明成果

商王武丁时期的"四方风"甲骨刻辞、宋刻本《棠湖诗稿》、宋拓本《西楼苏帖》、唐写本《妙法莲华经》……近日，在中国国家版本馆文华堂二层，习近平总书记参观了"斯文在兹——中华古代文明版本展"。从甲骨到简牍，从写本到雕版，文字载体与古籍版本的流变，彰显了传统文化的有序传承，见证着中华文明的创新发展。

上下五千年，中华文明如浩浩江河，滋养泱泱华夏；纵横九万里，创新创造如熠熠繁星，汇聚煌煌文脉。在文化传承发展座谈会上，习近平总书记深刻指出："中华文明具有突出的创新性，从根本上决定了中华民族守正不守旧、尊古不复古的进取精神，决定了中华民族不惧新挑战、勇于接

受新事物的无畏品格。"

一部中华文明发展史，就是一部创新史。自古以来，中华文明在继承创新中不断发展，在应时处变中不断升华，积淀着中华民族最深沉的精神追求，是中华民族生生不息、发展壮大的丰厚滋养。回望历史长河，在先秦子学、两汉经学、魏晋玄学、隋唐佛学、宋明理学的演变历程中，中国哲学论域不断拓宽、创见持续迸发；耒耜、石犁、青铜犁、铁犁、直辕犁、曲辕犁的耕具更替，见证着农业技术的进步与生产力的提高；军功制、察举制、九品中正制、科举制的人才选拔制度之变，让更多有才之士脱颖而出……透过历史的长镜头，可以看到，中华文明在思想、技术、制度等各方面不断推陈出新。以数千年大历史观之，变革和开放总体上是中国的历史常态。正是因为不断创新，中华文明才能始终保持生机活力。

天以新为运，人以新为生。党的十八大以来，习近平总书记准确把握世界范围内思想文化相互激荡、我国社会思想观念深刻变化的趋势，不断深化对文化建设的规律性认识，提出一系列新思想新观点新论断，引领亿万人民在守正创新中构筑中华文化新气象、激扬中华文明新活力。近年来，从开发数字化应用及文创产品，让收藏在博物馆里的文物活起来，到立足中华审美风范，让优秀文艺作品竞相涌现，再到历史文化街区在保护中发展，让历史文脉融入现代生活，坚持古为今用、推陈出新，中华文化的"一池春水"被彻底激活，在新时代展现出蓬勃生机、焕发出巨大活力。实践充分证明，习近平新时代中国特色社会主义思想，把马克思主义基本原理同中国具体实际相结合、同中华优秀传统文化相结合，推动中华优秀传统文化创造性转化、创新性发展，使中华文明在新时代再次绽放出夺目光彩。

每一种文明都延续着一个国家和民族的精神血脉，既需要薪火相传、代代守护，更需要与时俱进、勇于创新。习近平总书记强调："要坚持守正创新，以守正创新的正气和锐气，赓续历史文脉、谱写当代华章。"中华民族是具有伟大创新精神的民族，中国人民是具有伟大创造精神的人民。中国人民的理想和奋斗，中国人民的价值观和精神世界，是随着历史和时代前进而不断与日俱新、与时俱进的。千百年来，我们的先辈就注重创新创造，强调"苟日新，日日新，又日新"，讲求"因革损益""守经达权"，主张"日新之谓盛德"。新征程上，坚定历史自信、增强文化自觉，以强烈的历史主动精神，在新的起点上继续推动文化繁荣、建设文化强国、建设中华民族现代文明，我们必能担负起新的文化使命，在实践创造中进行文化创造，在历史进步中实现文化进步。

惟改革者进，惟创新者强，惟改革创新者胜。创新是一个国家、一个民族发展进步的不竭动力。当代中国正经历着我国历史上最为广泛而深刻的社会变革，也正在进行着人类历史上最为宏大而独特的实践创新。在改革开放大潮中锐意进取、敢闯敢拼的企业家，在科研攻关一线大胆创新、攻克难题的科学家，在乡村振兴热土上探索经验、蹚出新路的基层干部……各行各业劳动者大力弘扬创新精神，不断创造新的业绩。越是伟大的事业，越充满艰难险阻，越需要开拓创新。保持开拓创新的姿态，激发敢为人先的锐气，面对困难时"摸着石头过河"，面对艰险时"杀出一条血路"，我们才能在强国建设、民族复兴的新征程上汇聚强大精神力量，无往而不胜。

从汉唐气象、明清韵味，到今天的大国风范、复兴伟业，中华文明不断吐故纳新，推动了人类文明的进步。中华文明在创新中一路走来，也必将在创新中迈向未来。用创新增添文明发展动力、激活文明进步的源头活水，不断创造出跨越时空、超越国度、富有永恒魅力、具有当代价值的文明成果，我们一定能够书写中华文明新的辉煌篇章。

（2023 年 06 月 15 日）

坚守"统一性"，铸牢中华民族共同体意识

——深刻把握中华文明的突出特性④

一部中国史，就是一部各民族交融汇聚成多元一体中华民族的历史，就是各民族共同缔造、发展、巩固统一的伟大祖国的历史

加强中华民族大团结，长远和根本的是增强文化认同，建设各民族共有精神家园，积极培养中华民族共同体意识

"晋归义羌王"和"晋归义羌侯"金印，隋代胡人吃饼骑驼俑，宋大理国银鎏金镶珠金翅鸟像，元代八思巴文虎符圆牌……在故宫博物院"何以中国"特展上，一系列国宝级文物璀璨夺目，反映了各民族共同书写中国历史、创造中华文化的历程，展现了中华文明"多元一体、兼容并蓄、绵延不断"的总体特征，让观众在与历史的对话中，深切感受华夏大地"何以中国"、中华民族何以伟大、中华文明何以不朽，产生了令人难以忘记的效果。

文化认同是最深层次的认同，是民族团结之根、民族和睦之魂。在文化传承发展座谈会上，习近平总书记深刻指出："中华文明具有突出的统一性，从根本上决定了中华民族各民族文化融为一体、即使遭遇重大挫折也

牢固凝聚，决定了国土不可分、国家不可乱、民族不可散、文明不可断的共同信念，决定了国家统一永远是中国核心利益的核心，决定了一个坚强统一的国家是各族人民的命运所系。"从历史到现在，中华民族各民族文化深深植根于中华文明绵延不绝的深厚底蕴、灿烂辉煌的文化沃土，在交流交往交融中构筑起中华民族共有精神家园，使各民族人心归聚、精神相依，形成了人心凝聚、团结奋进的强大精神纽带。

一部中国史，就是一部各民族交融汇聚成多元一体中华民族的历史，就是各民族共同缔造、发展、巩固统一的伟大祖国的历史。描绘在布达拉宫白宫门庭内的壁画，表现了文成公主进藏的盛况，展示了汉藏民族交流交往交融的历史性的一幕；出土于新疆和田地区的"五星出东方利中国"汉代织锦护臂，印证中原王朝和西域地区的联络交往；红军长征途中的"彝海结盟"，留下民族团结的佳话……在漫长的历史长河中，具有伟大团结精神的中国人民始终团结一心、同舟共济，建立了统一的多民族国家，发展了 56 个民族多元一体、交织交融的融洽民族关系，形成了守望相助的中华民族大家庭，共同开发了祖国的锦绣河山、广袤疆域，共同创造了悠久的中国历史、灿烂的中华文化。正是在你来我往、交流交融中，各民族人民的前途命运聚在了一起、文化基因汇到了一起，为文明的延续、国家的统一注入源源不断的力量。

各民族共同团结进步、共同繁荣发展是中华民族的生命所在、力量所在、希望所在。修订制定法律法规，制定政策规划，实施重大文化工程，举办重大文化活动，积极搭建各具特色的节庆民俗、展览展演、文化旅游等平台……党的十八大以来，以习近平同志为核心的党中央以铸牢中华民族共同体意识为主线，推动民族团结进步事业取得了新的历史性成就，各族人民对伟大祖国、中华民族、中华文化、中国共产党、中国特色社会主义的认同达到了前所未有的高度。今天，多元一体的中华民族大家庭，同心同德、同心同向的全国各族人民，正在书写中华民族一家亲、同心共筑中国梦的崭新篇章。各民族文化这个"多元"凝聚出中华文化这个"一体"，中华文化这个"一体"又引领着各民族文化这个"多元"，交融出更好服务于中华民族伟大复兴的共同文化元素，在新时代新征程上迸发出更加持久饱满的精神伟力。

团结就是力量，团结才能前进。习近平总书记强调："加强中华民族大团结，长远和根本的是增强文化认同，建设各民族共有精神家园，积极培养中华民族共同体意识。"各族文化交相辉映，中华文化历久弥新，这是今天我们强大文化自信的根源。前进道路上，我们要正确把握中华文化和各民族文化的关系。各民族优秀传统文化都是中华文化的组成部分，中华文化是主干，各民族文化是枝叶，根深干壮才能枝繁叶茂，要推动各民族文化的传承保护和创新交融，树立和突出各民族共享的中华文化符号和中华民族形象，增强各族群众对中华文化的认同。前进道路上，我们要正确把握物质和精神的关系，要赋予所有改革发展以彰显中华民族共同体意识的意义，以维护统一、反对分裂的意义，以改善民生、凝聚人心的意义，让中华民族共同体牢不可破。坚持共同团结奋斗、共同繁荣发展，促进各民族像石榴籽一样紧紧拥抱在一起，才能共创中华民族的美好未来，共享民族复兴的伟大荣光。

2021 年 7 月，习近平总书记在西藏考察时，步行察看八廓街风貌，感慨地说："千年八廓街，是我们各民族建起来的八廓街。各民族文化在这里交流交往交融，我们中华民族的大家庭在这里其乐融融。"这里承载着各民族文化交流交往交融的深厚历史，也昭示着"我们是一个中华民族共同体，要同舟共济迈向第二个百年奋斗目标"。在强国建设、民族复兴新征程上，深刻把握中华文明具有的突出的统一性，不断增强中华民族的归属感、认同感、尊严感、荣誉感，我们定能推动中华民族走向包容性更强、凝聚力更大的命运共同体，铸就中华文化新辉煌。

（2023 年 06 月 16 日）

展现"包容性"，保持兼收并蓄的开放胸怀

——深刻把握中华文明的突出特性⑤

中华文明始终在兼收并蓄中历久弥新，不仅为中华民族提供了丰厚滋养，而且为世界文明贡献了华彩篇章

文明的繁盛、人类的进步，离不开求同存异、开放包容，离不开文明交流、互学互鉴

"长安复携手，再顾重千金。"大唐芙蓉园初夏夜，伴随"海内存知己，天涯若比邻"的吟诵，64名舞者左手执籥、右手秉翟，向出席中国—中亚峰会的贵宾献上中国古代最高礼仪舞蹈八佾舞。礼乐交融、文韵悠悠，大度雍容、如梦如幻，展现出中华文化包容四海的精神风貌。

文明如水，润物无声；海纳百川，有容乃大。文明因多样而交流，因交流而互鉴，因互鉴而发展。在文化传承发展座谈会上，习近平总书记深刻指出："中华文明具有突出的包容性，从根本上决定了中华民族交往交流交融的历史取向，决定了中国各宗教信仰多元并存的和谐格局，决定了中华文化对世界文明兼收并蓄的开放胸怀。"

集千古之智，纳四海之慧。中华文明自古就以开放包容闻名于世，在

5000 多年不间断的历史传承中兼容并蓄、创新升华。展开历史长卷，从赵武灵王胡服骑射，到北魏孝文帝汉化改革；从"洛阳家家学胡乐"到"万里羌人尽汉歌"；从边疆民族习用"上衣下裳""雅歌儒服"，到中原盛行"上衣下裤"、胡衣胡帽，以及今天随处可见的舞狮、胡琴、旗袍等，我国各民族在文化上相互尊重、相互欣赏，相互学习、相互借鉴，共同创造了丰富灿烂的中华文化。与此同时，中华文明始终以开放胸怀同世界其他文明开展交流互鉴。从历史上的佛教东传、"伊儒会通"，到近代以来的"西学东渐"、新文化运动、马克思主义和社会主义思想传入中国，再到改革开放以来全方位对外开放，中华文明始终在兼收并蓄中历久弥新，不仅为中华民族提供了丰厚滋养，而且为世界文明贡献了华彩篇章。

新思想指导新实践，新思想引领新征程。习近平总书记提出"对待不同文明，我们需要比天空更宽阔的胸怀"，倡导"以文明交流超越文明隔阂，以文明互鉴超越文明冲突，以文明共存超越文明优越"，指出"中华文化之所以如此精彩纷呈、博大精深，就在于它兼收并蓄的包容特性"……党的十八大以来，习近平总书记就坚定文化自信、推动文明交流互鉴等提出一系列重要论断，强调我们要铸就中华文化新辉煌，就要以更加博大的胸怀，更加广泛地开展同各国的文化交流，更加积极主动地学习借鉴世界一切优秀文明成果。

在希腊，参观雅典卫城博物馆，共赴"文明之约"；在埃及，漫步于卢克索神庙，回忆中埃文明交流往事；在印度，参观马哈巴利普拉姆古寺庙群，畅叙文明互鉴的悠久渊源……习近平总书记身体力行，以一场场别开生面的"文化外交"，推动不同文明交流对话、和谐共生。党的十八大以来，从推动构建人类命运共同体，到高质量共建"一带一路"，从提出全球文明倡议，到创立亚洲文明对话大会、举办中国共产党与世界政党领导人峰会，以习近平同志为核心的党中央立足中华文明开放包容的文明特质，着眼于当今世界开放包容、多元互鉴的主基调，坚持弘扬平等、互鉴、对话、包容的文明观，着力促进和而不同、兼收并蓄的文明交流。在中国共产党领导下，中国不遗余力促进世界各国文明开展平等对话、相互启迪，探索出一条交流互鉴、美美与共的文明之路，让各国文明在交流互鉴中熠熠生辉。

　　文明的繁盛、人类的进步，离不开求同存异、开放包容，离不开文明交流、互学互鉴。习近平总书记强调："要秉持开放包容，坚持马克思主义中国化时代化，传承发展中华优秀传统文化，促进外来文化本土化，不断培育和创造新时代中国特色社会主义文化。"新时代新征程，我们要从中华优秀传统文化中汲取智慧和力量，以海纳百川的胸怀打破文化交往的壁垒，以兼收并蓄的态度汲取各国文明的养分，以自信开放的姿态更好推动中华文化走出去，让中华文明在同其他文明的交流互鉴中不断焕发新的生命力，让中华文化所蕴含的理念与智慧跨越时空、超越国度，为时代发展提供正确指引，为人类文明作出中国贡献。

　　文明是多彩的，文明是平等的，文明是包容的。玄奘西行、鉴真东渡、张骞出使西域、郑和七下西洋……回溯历史，中华民族曾经谱写了万里驼铃万里波的浩浩丝路长歌，也曾经创造了万国衣冠会长安的盛唐气象。展望未来，增强文化自觉，保持兼收并蓄的开放胸怀，推进文化自信自强，我们一定能够担负起新的文化使命，创造出中华文化新的辉煌，推动建设更加美好的世界。

（2023 年 06 月 19 日）

秉承"和平性"，推动构建人类命运共同体

——深刻把握中华文明的突出特性⑥

　　和平融入了中华民族的血脉中，刻进了中国人民的基因里，塑造了中华民族以和为贵的和平性格、海纳百川的包容特质、天下一家的大国气度

　　中国式现代化不走殖民掠夺的老路，不走国强必霸的歪路，走的是和平发展的人间正道

　　一封回信的背后，是一个温暖的故事。前不久，国家主席习近平复信孟加拉国儿童阿里法·沁，鼓励她努力学习、追求梦想，传承好中孟传统友谊。2010年，阿里法·沁的母亲因患严重心脏病遭遇难产，一度生命垂危。当时正在孟加拉国吉大港访问的中国海军"和平方舟"号医院船接到求助，派出军医第一时间赶赴当地医院进行剖腹产手术，最终阿里法·沁顺利出生，母女平安。多年来，"和平方舟"带着使命一次次鸣笛起航，每靠一港就播撒下和平和友谊的种子，成为中国坚定不移走和平发展道路、维护人类共同福祉的生动见证。

　　和平像阳光一样温暖、像雨露一样滋润。在文化传承发展座谈会上，

习近平总书记深刻指出："中华文明具有突出的和平性，从根本上决定了中国始终是世界和平的建设者、全球发展的贡献者、国际秩序的维护者，决定了中国不断追求文明交流互鉴而不搞文化霸权，决定了中国不会把自己的价值观念与政治体制强加于人，决定了中国坚持合作、不搞对抗，决不搞'党同伐异'的小圈子。"我们要秉承中华文明具有的突出的和平性，建设走和平发展道路的中国式现代化，让和平理念的种子在世界人民心中生根发芽，让我们共同生活的这个星球生长出一片又一片和平的森林。

中华文明历来崇尚"以和邦国""和而不同""和实生物"，爱好和平的思想深深嵌入了中华民族的精神世界。《孙子兵法》是一部著名兵书，但其第一句话就讲："兵者，国之大事，死生之地，存亡之道，不可不察也"，其要义是慎战、不战；郑和七下西洋，播撒友谊、和平的种子；数百年前，即使中国强盛到国内生产总值占世界 30% 的时候，也从未对外侵略扩张。讲求"天下一家"，主张民胞物与、协和万邦、天下大同，憧憬"大道之行，天下为公"的美好世界，推崇"亲仁善邻，国之宝也""四海之内皆兄弟也""远亲不如近邻""亲望亲好，邻望邻好""国虽大，好战必亡"等和平思想……和平融入了中华民族的血脉中，刻进了中国人民的基因里，塑造了中华民族以和为贵的和平性格、海纳百川的包容特质、天下一家的大国气度。

"天下大同、协和万邦是中华民族自古以来对人类社会的美好憧憬，也是构建人类命运共同体理念蕴含的文化渊源。"党的十八大以来，习近平总书记深刻把握人类社会历史经验和发展规律，倡导并推动构建人类命运共同体。这一重大理念植根于 5000 多年的中华文明，汲取中华传统文化中"天下观"与"和文化"的思想精髓，着眼全人类共同利益和共同福祉，是对你输我赢、零和博弈的西方现实主义国际关系理论的超越，为人类社会实现共同发展、长治久安、持续繁荣指明了方向、绘制了蓝图。今天，共建"一带一路"吸引全球超过 3/4 的国家参与，全球发展倡议、全球安全倡议、全球文明倡议得到越来越多的国家响应，构建人类命运共同体成为引领时代潮流和人类前进方向的鲜明旗帜，形成共建美好世界的最大公约数。事实充分证明，构建人类命运共同体是世界各国人民前途所在。只有各国行天下之大道，和睦相处、合作共赢，繁荣才能持久，安全才有保障。

我们所处的是一个充满挑战的时代，也是一个充满希望的时代。站在何去何从的历史十字路口，中华优秀传统文化是我们在世界文化激荡中站稳脚跟的根基；对和平和睦和谐理念的传承和追求，让我们始终站在历史正确的一边、站在人类文明进步的一边。习近平总书记指出"中国式现代化不走殖民掠夺的老路，不走国强必霸的歪路，走的是和平发展的人间正道"，强调"中国实现现代化是世界和平力量的增长，是国际正义力量的壮大，无论发展到什么程度，中国永远不称霸、永远不搞扩张"。面向未来，大力弘扬和平、发展、公平、正义、民主、自由的全人类共同价值，持续推动构建人类命运共同体，以文明交流超越文明隔阂、文明互鉴超越文明冲突、文明包容超越文明优越，坚决反对一切形式的霸权主义和强权政治，我们一定能在坚定维护世界和平与发展中谋求自身发展，又以自身发展更好维护世界和平与发展，让和平的薪火代代相传，让发展的动力源源不断，让文明的光芒熠熠生辉。

"中国绝不会搞国强必霸，也不认同你输我赢的零和游戏，因为中国人从来没有这种文化基因，也没有这种野心。"2019 年 11 月，习近平主席访问希腊时讲起"止戈为武"的中国典故，引人深思。新时代新征程，传承中华文化的"和平基因"，向着构建人类命运共同体的目标勇毅前行，中华文明必将焕发出更加强大的影响力和感召力，中华民族定能为建设更加美好的世界作出新的更大贡献。

（2023 年 06 月 20 日）

努力实现蓝天常在空气常新

——身边变化看生态①

环境就是民生，青山就是美丽，蓝天也是幸福。良好生态环境是最公平的公共产品，是最普惠的民生福祉

美丽中国建设离不开每一个人的努力，人人都可以成为生态文明建设的实践者、推动者

田相和是四川省成都市温江区的一名摄影爱好者。多年前，一次偶然的机会，蹲守居民楼顶的田相和，拍摄到了四姑娘山雪顶与温江城区交相辉映的画面。从此，对于雪山的守望，成了他最钟情的事情。

然而，想让雪山与城市同框，太难了。盆地的大气污染物易聚集、难扩散，再加上过去发展重速度、轻环保，灰蒙蒙曾是成都天空的常态，也是田相和失望而归时的心态。

从 2013 年开始，大气污染防治行动计划实施，蓝天保卫战全面打响，中国成为全球第一个大规模开展 PM2.5 治理的发展中国家。

田相和发现，自己用相机镜头与雪山"打照面"的频率逐渐高起来：从一年只能拍到几次，到一年十几次，再到 2017 年突破 50 次，2020 年、

2021 年以及 2022 年均超过 70 次，"窗含西岭千秋雪"成为田相和镜头里的"常客"，蹲拍雪山的朋友也越来越多。

小镜头定格大变化，天空之变折射理念之变。

环境就是民生，青山就是美丽，蓝天也是幸福。习近平总书记深刻指出："对人的生存来说，金山银山固然重要，但绿水青山是人民幸福生活的重要内容，是金钱不能代替的。你挣到了钱，但空气、饮用水都不合格，哪有什么幸福可言。"良好生态环境是最公平的公共产品，是最普惠的民生福祉。从提出"建设生态文明，关系人民福祉，关乎民族未来"，到强调"发展经济是为了民生，保护生态环境同样也是为了民生"，再到要求"集中攻克老百姓身边的突出生态环境问题"……在习近平生态文明思想指引下，我们大力调整能源结构、产业结构、交通运输结构，以前所未有的力度防治大气污染，蓝天保卫战交出优异答卷。

2013 年至 2022 年，全国重点城市 PM2.5 平均浓度下降 57%，2022 年全国地级及以上城市空气质量优良天数比例为 86.5%，重污染天数比例首次下降到 1% 以内，我国成为全球大气质量改善速度最快的国家。

生态文明建设最能给老百姓带来获得感，环境改善了，老百姓体会也最深。在北京，蓝天白云日益成为常态，城区就能拍到星轨；在河南安阳，职工过去不敢穿白衬衣上班的钢铁厂，经过环境整治，变身工业旅游景区。人们以往"盼蓝天"，如今争相"拍蓝天""晒蓝天"，生态环境获得感、幸福感、安全感不断提升。

蓝天更多了，人民群众"爱蓝天"的热情被充分激发，"护蓝天"的办法就更多。位于汾渭平原的山西临汾，冬季重污染天气多发频发，空气质量一度在全国 168 个重点城市里排名垫底。临汾人转变理念、齐心协力，坚持绿色出行，支持清洁取暖，临汾市还在网上开设了大气污染"随手拍"举报平台，有举报"马上就办"。越来越多人认识到"生态文明是人民群众共同参与共同建设共同享有的事业"，美丽中国建设离不开每一个人的努力，人人都可以成为生态文明建设的实践者、推动者。每个人在生产生活中都为低碳多贡献一点，蓝天成色就会更足一分，美丽中国建设就会更进一步。

行百里者半九十。蓝天保卫战是一场硬仗，不可能一蹴而就。必须清醒看到，大气污染防治的长期性、复杂性、艰巨性依然存在。同 2013 年相比，我国重污染天数大幅减少，但空气质量改善的成果还不够稳固，由量变到质变的拐点尚未出现，整体仍未摆脱气象条件影响。党的二十大报告提出："持续深入打好蓝天、碧水、净土保卫战。加强污染物协同控制，基本消除重污染天气。"保持战略定力，坚持精准治污、科学治污、依法治污，保持力度、延伸深度、拓宽广度，协同推进降碳、减污、扩绿、增长，深入打好蓝天保卫战，才能持续推动大气环境质量改善。

"我们一定要取舍，到底要什么？从老百姓满意不满意、答应不答应出发，生态环境非常重要；从改善民生的着力点看，也是这点最重要。"2013 年春天，在主持召开十八届中共中央政治局常委会会议时，习近平总书记的话语掷地有声。正是为人民谋幸福的勇毅行动，换来了今天的"蓝天指数"。坚持不懈、久久为功，迎难而上、接续攻坚，我们一定能实现蓝天常在、空气常新的目标，让人民群众得实惠。

（2023 年 05 月 18 日）

保护生态环境必须依靠制度、依靠法治

——身边变化看生态②

　　　生态环境保护是一个系统完备、全面整体的过程，必须纵向到底、横向到边，形成环环相扣、协同联动的制度体系

　　　强化制度执行，让制度成为刚性的约束和不可触碰的高压线，才能真正把生态领域的制度优势转化为治理效能

　　一个成功的环保案例背后，往往有一个关于制度或法制的故事。

　　卢孝华的家位于江苏省南京市浦口区桥林街道周营村，离长江只有数百米。白天到江边看风景，晚上去江边跳广场舞，已成为她的生活习惯。浩浩江水、绿地花海，让她感到惬意舒心。

　　遥想多年以前，桥林街道却是另一番景象。在桥林街道的18.9公里长江岸线上，最多时聚集了47家大小船厂，切割、轧钢、除锈、喷漆，既是生产工序，也是污染源头。沿江居民抱怨："江边呛得睁不开眼，我们是'滨江不见水，近水不亲水'。"

　　"共抓大保护、不搞大开发"，理念深刻转变，制度长出"牙齿"。南京编制生态保护红线、环境质量底线、资源利用上线和生态环境准入清单，

全面开展长江岸线专项整治行动，制定并实施《南京市长江岸线保护办法》《南京市长江岸线保护条例》。

不断织密织牢的制度之网，助力船厂变绿地、码头变公园。一段段"生产岸线"变成诗情画意的"生态岸线"，生动印证"保护生态环境必须依靠制度、依靠法治"。

思想认识到位，行动才能自觉。习近平总书记强调："只有实行最严格的制度、最严密的法治，才能为生态文明建设提供可靠保障。"生态文明建设是一场涉及生产方式、生活方式、思维方式和价值观念的深刻变革，生态环境保护是一个系统完备、全面整体的过程，必须纵向到底、横向到边，形成环环相扣、协同联动的制度体系。要求"加快制度创新，增加制度供给，完善制度配套，强化制度执行"，提出"对任何地方、任何时候、任何人，凡是需要追责的，必须一追到底"，明确"要严格用制度管权治吏、护蓝增绿"……习近平生态文明思想全面总结我国生态文明建设经验，强调实行最严格的生态环境保护制度，深刻回答了生态文明建设的保障机制问题。

没有规矩，不成方圆。制定修订环境保护法等多部法律法规，建立实行中央生态环境保护督察制度，全面推行生态文明建设目标评价考核制度和责任追究制度，建立实施生态补偿制度、河湖长制、林长制……在习近平生态文明思想指引下，我国生态环境法治建设取得显著成效，生态文明"四梁八柱"性质的制度体系基本形成。今天，河长制带来河长治，一幅幅鱼翔浅底、人水相亲的图画徐徐铺展；日益完善的湿地生态补偿制度，让保护生态不吃亏、能受益的局面渐成常态；环境保护公众参与制度进一步完善，民众环保意识不断增强，形成全民参与生态环境保护的新局面。越织越密的生态文明制度体系，既夯实了保护绿水青山、保障生态安全的基础，也让用制度文明为生态文明保驾护航逐渐成为共识，让美丽中国渐行渐近。

制度的生命力在于执行。习近平总书记强调："制度的刚性和权威必须牢固树立起来，不得作选择、搞变通、打折扣。"前不久，第二轮第四批中央生态环境保护督察整改情况公布，一大批重大生态环境问题得到有效解决。啃最硬的"骨头"，解最难的问题，中央生态环境保护督察制度自

2015 年建立实行以来，动真碰硬、攻坚克难，坚决查处一批破坏生态环境的重大典型案件、解决一批人民群众反映强烈的突出环境问题，释放出"决不能让制度规定成为'没有牙齿的老虎'"的强烈信号。强化制度执行，让制度成为刚性的约束和不可触碰的高压线，才能真正把生态领域的制度优势转化为治理效能。

生态环境保护能否落到实处，关键在领导干部。习近平总书记指出："一些重大生态环境事件背后，都有领导干部不负责任、不作为的问题，都有一些地方环保意识不强、履职不到位、执行不严格的问题，都有环保有关部门执法监督作用发挥不到位、强制力不够的问题。"甘肃祁连山由乱到治，陕西打响秦岭青山保卫战，青海木里矿区重披绿装……一大批生态环境问题整改深入进行，既彰显了制度建设成效，也给各级领导干部敲响警钟，"在生态环境保护问题上，就是要不能越雷池一步，否则就应该受到惩罚"。各级领导干部是本行政区域生态环境保护第一责任人。对那些不顾生态环境盲目决策、造成严重后果的人，必须追究其责任，而且要终身追责。

朗朗晴空、徐徐清风，民生之要、百姓之盼。用最严格制度最严密法治保护生态环境，不断提高生态环境领域国家治理体系和治理能力现代化水平，我们相信，青山常在、绿水长流、空气常新的美丽中国建设，步伐将会更坚实，成果将会更丰硕。

（2023 年 05 月 19 日）

让更多山川披绿、林海生金

——身边变化看生态③

> 绿水青山就是金山银山的理念深刻揭示了发展与保护的辩证统一关系，实现了对马克思主义生产力理论的丰富与发展
>
> 保护生态环境就是保护自然价值和增值自然资本，就是保护经济社会发展潜力和后劲

站在福建省长汀县濯田镇园当村村民马雪梅家的果园远眺，山地葱茏，新绿漫向远方。在马雪梅的记忆里，许多年前，这里却是另一番模样——"连草都不长，别说树了"。

"不是良田，我也要把它变成良田！"专家一个个找，办法一个个试。果树种不活，就先种草。种草、养山，慢慢地，土地有了变化：雨水逐渐往下渗透，土壤里层也变得松软湿润。多年努力下来，她承包的荒山变成了绿山，她也靠着种树和养殖有了不错的收入，还带动了10多户乡亲就业致富。

马雪梅的故事，是长汀治理水土流失的一个缩影，也是"绿水青山就是金山银山"的生动例证。

　　"草木植成，国之富也。"党的十八大以来，从强调"保护生态环境就是保护生产力，改善生态环境就是发展生产力"，到提出"我们既要绿水青山，也要金山银山。宁要绿水青山，不要金山银山，而且绿水青山就是金山银山"，再到勉励"只要坚持生态优先、绿色发展，锲而不舍，久久为功，就一定能把绿水青山变成金山银山"……习近平总书记在多个场合对"两山论"进行深刻、系统的理论概括和阐释。绿水青山就是金山银山的理念深刻揭示了发展与保护的辩证统一关系，实现了对马克思主义生产力理论的丰富与发展。

　　绿水青山里藏着怎样的金山银山？作为"两山论"发源地的浙江省安吉县余村，有发言权。这个"五一"假期，余村村民潘春林又忙得不亦乐乎。从"挖山"的矿工变身"护绿"的农家乐经营者，潘春林靠着余村的绿水青山，在家门口赚钱。安吉县凭借小小白茶叶子富了当地百姓，还以全国 1.8% 的竹产量创造了全国 10% 的竹产业产值。一滴水可以见太阳。遍布大江南北的城镇、乡村，依托绿色家底，在山水上做文章、在生态上下功夫，实现了生态效益、经济效益、社会效益的同步提升。实践充分证明，绿水青山既是自然财富、生态财富，又是社会财富、经济财富。保护生态环境就是保护自然价值和增值自然资本，就是保护经济社会发展潜力和后劲。

　　思路决定出路。习近平总书记强调："绿水青山和金山银山决不是对立的，关键在人，关键在思路。"让绿水青山充分发挥经济社会效益，关键是要树立正确的发展思路，因地制宜选择好发展产业。在内蒙古大兴安岭的北岸林场，林业工人在护林的同时，围绕"林"字做活"绿文章"，发展森林旅游，实现了"不砍树照样能致富"；在山西右玉，林木绿化率从 0.26% 增至 57%，不毛之地变成塞上绿洲，生态牧场、特色旅游鼓起村民"钱袋子"；在陕西延安，依托自然生态优势，"小苹果"形成大产业，助村民挑起"金扁担"……思路一变天地宽。生态保护和经济发展不是矛盾对立关系，积极探索绿水青山转化为金山银山的新路径，利用自然优势发展特色产业，因地制宜壮大"美丽经济"，就能创造更多"点绿成金"的新奇迹。

转化往往需要"催化剂"。生态产品多数属于公共产品，很多时候不能直接通过市场方式交换。探索完善生态产品价值实现机制和生态保护补偿制度，尤为必要。福建省三明市将乐县高唐镇常口村，几千亩天然阔叶林如同绿色海洋。村民不砍一棵树，靠卖碳票挣到10多万元。这样的"美事"，源于当地林业碳票制度释放的红利。借助碳票，生态公益林可折算成碳减排量进行交易，给林木所有权人带来"真金白银"，让当地人守护绿水青山的决心更坚定、获得感更充实。完善制度、加强引导，形成保护者受益、使用者付费、破坏者赔偿的利益导向机制，绿水青山的颜值必将更高，金山银山的成色定能更足。

今天的中国，绿水青山就是金山银山的理念深入人心，经济高质量发展和生态环境高水平保护协同推进，走出了一条生产发展、生活富裕、生态良好的文明发展道路。路子选对了就要持续走下去。把绿水青山建得更美，把金山银山做得更大，这是"让人民群众在绿水青山中共享自然之美、生命之美、生活之美"的题中应有之义，也是让良好生态环境"成为经济社会持续健康发展的支撑点"的必然要求。

（2023 年 05 月 23 日）

在绿色转型中实现新发展

——身边变化看生态④

生态环境问题归根结底是发展方式和生活方式问题。只有从源头上使污染物排放大幅降下来，生态环境质量才能明显好上去

促进经济社会发展全面绿色转型，是建设人与自然和谐共生的现代化的重要内容；人与自然和谐共生的现代化不断推进，又会进一步促进经济社会发展全面绿色转型

不久前的"五一"假期，在沪武高速公路江苏常州滆湖服务区，一辆应急移动电源车吸引了许多人的目光。它不仅能同时给两辆新能源汽车充电，还可前往救援现场进行应急补电。

近年来，为缓解高峰时段新能源汽车充电桩供需紧张问题，全国各地加快推进充电基础设施建设，为新能源汽车出行保驾护航。持续完善的基础设施建设，为交通业绿色转型提供助力。数据显示，今年1至4月，我国新能源汽车产销量分别达229.1万辆和222.2万辆，同比均增长42.8%，市场占有率达27%，绿色出行渐成风尚。

生态环境问题归根结底是发展方式和生活方式问题。习近平总书记深

刻指出：“绿色发展是构建高质量现代化经济体系的必然要求，是解决污染问题的根本之策。”只有从源头上使污染物排放大幅降下来，生态环境质量才能明显好上去。从强调“建立健全绿色低碳循环发展的经济体系”，到要求“着力推动经济社会发展全面绿色转型”……习近平生态文明思想深刻回答了新时代生态文明建设的一系列重大理论和实践问题，就其主要方面来讲，集中体现为“十个坚持”。其中，坚持绿色发展是发展观的深刻革命，这是我国生态文明建设的战略路径。

生态环境是人类生存与发展的根基。平衡经济发展和环境保护的关系，一直是人类生存发展的重要课题。推动绿色发展，就是要彻底改变过去那种以牺牲生态环境为代价换取一时经济发展的做法。在习近平生态文明思想指引下，我们坚定不移走生态优先、绿色发展之路，促进经济社会发展全面绿色转型，经济发展的含金量和含绿量显著提升。我国新能源汽车、光伏产量连续多年保持全球第一，风力发电、光伏发电连续 3 年新增装机超过 1 亿千瓦，90% 以上煤电机组实现了超低排放……事实证明，绿色发展不仅可以满足人民日益增长的优美生态环境需要，而且可以推动实现更高质量、更有效率、更加公平、更可持续、更为安全的发展。

习近平总书记强调：“绿色循环低碳发展，是当今时代科技革命和产业变革的方向，是最有前途的发展领域，我国在这方面的潜力相当大，可以形成很多新的经济增长点。”在江苏徐州，徐工集团不断推进供应链绿色管理，通过把稳供应商准入关、将绿色指标纳入考核体系等方式，带动链上企业全生命周期开展绿色工艺及绿色精益制造。在云南昆明，云南铝业公司创新铝灰资源化利用技术，将铝灰中的有价金属提取回收，每年能创造价值 2000 万元以上。在宁夏银川灵武，宁东能源化工基地持续发力技术创新，实现了从“靠煤吃煤”到“点煤成金”的转变，在企业循环式生产、产业循环式组合、园区循环式发展等方面走在前列。一个个故事，深刻昭示“生态环境保护和经济发展是辩证统一、相辅相成的”。促进经济社会发展全面绿色转型，是建设人与自然和谐共生的现代化的重要内容；人与自然和谐共生的现代化不断推进，又会进一步促进经济社会发展全面绿色转型。

当前和今后一个时期，绿色发展是我国发展的重大战略。必须清醒看到，我国生态文明建设仍然面临诸多矛盾和挑战，生态环境稳中向好的基础还不稳固。"十四五"时期，我国生态文明建设进入了以降碳为重点战略方向、推动减污降碳协同增效、促进经济社会发展全面绿色转型、实现生态环境质量改善由量变到质变的关键时期。保持战略定力，坚持不懈推动绿色发展，加快推动产业结构、能源结构、交通运输结构、用地结构调整，才能更好促进经济社会发展全面绿色转型，为建设美丽中国作出贡献。

河北沧州黄骅港是我国西煤东运、北煤南运的重要港口，曾一度"车厢一翻转，煤尘飞上天"。如今，依托环保科技，港口实现转型升级，成了一座鸟语花香的"海岸花园"。近日，习近平总书记在黄骅港煤炭港区码头考察调研时指出："现在港务系统建得越来越好了，码头干净、整洁、现代化。不像以前的煤码头，到处都是煤灰，连树都是黑的。"这是对成绩的肯定，也是持之以恒推动绿色发展的号召。加快发展方式绿色转型，在绿色转型中实现新发展，这样的历史机遇，我们不能错过，也不会错过。

（2023 年 05 月 24 日）

谱写人与自然和谐共生新的故事

——身边变化看生态⑤

中国式现代化是人与自然和谐共生的现代化。尊重自然、顺应自然、保护自然，是全面建设社会主义现代化国家的内在要求

推进生物多样性保护，将这一理念融入生态文明建设全过程，需要提高社会各界保护生物多样性的自觉性和参与度

小满过后，位于北京的国家植物园处处生机盎然。行走其中，流苏树、猬实、四照花等"小众植物"成为热门观赏对象。截至目前，国家植物园共收集各类植物 1.7 万多种，其中珍稀濒危植物近千种。光是云杉，就成功从世界各地引种 24 种，占全球品种一半以上。

近 2000 公里外的广州，华南国家植物园同样万物并秀。2022 年以来，该园新引种植物 1100 多种。目前园内保护植物总数达到 1.75 万余种，跻身全球前五名。

中国是世界上生物多样性最丰富的国家之一。一南一北两个国家植物园，是我国生物多样性保护的基地、战略植物资源的储备库、植物科学传播的重要平台，在保护生物多样性方面发挥了巨大作用，折射着我们守护

多样物种、共建美好家园的坚定决心和务实行动。

万物各得其和以生，各得其养以成。习近平总书记指出："生物多样性使地球充满生机，也是人类生存和发展的基础。保护生物多样性有助于维护地球家园，促进人类可持续发展。"新时代以来，我国以前所未有的力度抓生态文明建设，高度重视生物多样性保护。在习近平生态文明思想科学指引下，我国积极推进生态文明建设，将生物多样性保护上升为国家战略，不断强化生物多样性主流化，实施生态保护红线制度，建立以国家公园为主体的自然保护地体系，实施生物多样性保护重大工程，实施最严格执法监管，一大批珍稀濒危物种得到有效保护，生态系统多样性、稳定性和可持续性不断增强，走出了一条中国特色的生物多样性保护之路。

中国式现代化是人与自然和谐共生的现代化。尊重自然、顺应自然、保护自然，是全面建设社会主义现代化国家的内在要求。2021年，云南"短鼻家族"亚洲象群北上南归的长途旅行，引起全球关注。最近，它们有了新消息：野象健康状况良好，象群吸收了新成员，分成两群在不同区域活动。在全球亚洲象数量减少的背景下，象群不断壮大，成为我国生态文明建设和生物多样性保护的标志性成果。其实不只是野象，大熊猫从"濒危"降为"易危"等级，朱鹮由1981年发现时仅存的7只增加到9000余只，藏羚羊繁衍迁徙，长江频现"江豚逐浪"……一个个生态故事，既彰显我国生物多样性保护不断取得新成效，也启示我们，像保护眼睛一样保护生态环境，像对待生命一样对待生态环境，才能真正守护好大自然这一"人类赖以生存发展的基本条件"。

"众力并，则万钧不足举也。"推进生物多样性保护，将这一理念融入生态文明建设全过程，需要提高社会各界保护生物多样性的自觉性和参与度。"我们与万物同行，看得我热泪盈眶""让地球可持续发展才是真正的无穷之路"……纪录片《无穷之路2》把镜头对准祖国的生态文明建设，在多个网络平台上线播放后，感动了许多网友。走在前沿的改革者、跨越世代的巡护人、无私奉献的志愿者……无数人共同努力，守护着自然世界的丰富多彩，也激励着更多人了解、参与生物多样性保护。生物越多样，地球越生动。党的二十大报告提出，"提升生态系统多样性、稳定性、持续性""实施生物多样性保护重大工程"。建立健全企事业单位、社会组织和公众参与的长效机制，营造全社会共同参与的良好氛围，让保护生物多样性成为公民自觉行动，必能推动生物多样性保护迈上新台阶。

今天，我们已经踏上全面建设社会主义现代化国家新征程，生态文明建设具备更多条件。同时也需要清醒认识到，我国生物多样性保护仍面临诸多挑战。有效扭转生物多样性丧失，为万物谋和谐，是一项任重道远的事业，必须同心协力，抓紧行动。秉持构建人与自然生命共同体理念，把生物多样性保护作为生态文明建设重要内容，持续推进生物多样性治理体系和治理能力现代化，改善自然生态系统状况，提高生态产品供给能力，实现自然生态系统良性循环，定能不断满足人民日益增长的优美生态环境需求。

5月22日是国际生物多样性日，今年的主题为"从协议到协力：复元生物多样性"。各地举办的科学普及、志愿服务、司法保护宣传等活动精彩纷呈，为保护生物多样性凝聚了更多共识。以自然之道，养万物之生，推动形成人与自然和谐共生新格局，这是神州大地上正在发生的故事，这是美丽中国建设看得见的未来。

（2023 年 05 月 25 日）

做生态文明建设的实践者、推动者

——身边变化看生态⑥

推动形成绿色生活方式，就是要触及灵魂深处，促进每个人从意识到行为的深刻转变

一个人的力量有限，但只要乘以 14 亿多人口这个基数，就能迸发出建设美丽中国的磅礴伟力

每一个绿色奇迹的背后，都刻印着无数普通人的奋斗坚守。

"一夜北风沙骑墙，早上起来驴上房。"地处腾格里沙漠南缘的甘肃省武威市古浪县八步沙林场，过去寸草不生，狂沙肆虐、侵蚀村庄农田。上世纪 80 年代初，当地 6 位老汉不甘家园被沙漠吞噬，主动挺进沙海，誓用白发换绿洲，并立下"一代一代干下去"的绿色承诺。

40 多年来，三代人信守诺言，扎根沙漠、治沙造林，昔日漫漫黄沙如今林草郁郁葱葱，创造了从"沙进人退"到"人进沙退"的绿色奇迹。

2019 年 8 月，习近平总书记来到八步沙林场，指出"新时代需要更多像'六老汉'这样的当代愚公、时代楷模"，强调"要弘扬'六老汉'困难面前不低头、敢把沙漠变绿洲的奋斗精神"。这是对"六老汉"英雄事

迹的高度赞扬，也是对共建美好家园和美丽中国的深情号召。

同呼吸、共奋斗，每个人都是美丽中国画卷的书写者。党的十八大以来，习近平总书记连续11年参加首都义务植树活动，为建设美丽中国出一份力，也推动在全社会特别是在青少年心中播撒生态文明的种子，号召大家都做生态文明建设的实践者、推动者。指出"生态文明是人民群众共同参与共同建设共同享有的事业"，要求"构建全社会共同参与的环境治理体系"，强调"从自己做起、从现在做起，一起来为祖国大地绿起来、美起来尽一份力量"……在习近平生态文明思想的指引下，越来越多人行动起来，为生态文明建设添砖加瓦，共同推动美丽中国不断舒展新画卷。

推动形成绿色生活方式，就是要触及灵魂深处，促进每个人从意识到行为的深刻转变。这样的变化，真实可感。经过精心呵护，神州大地"气质"趋好，"颜值"变靓。这背后是"绿水青山就是金山银山"的理念深入人心，是"每个人都是生态环境的保护者、建设者、受益者"成为全社会的共识。新时代以来，生态环境保护公众参与范围之广前所未有。10年累计超过55亿人次义务植树216.86亿株（含折算），在广袤祖国大地上种下片片绿色；全国环境保护类志愿服务项目超过130万个，越来越多普通人成为"民间河长""生态卫士""环保守夜人"；"光盘行动"、垃圾分类、绿色出行等渐成风尚……简约适度、绿色低碳的生活理念、行为方式受到更多中国人的推崇，为守护绿水青山汇聚起澎湃力量。

良好生态环境是最公平的公共产品，人人都是受益者，人人也都应该是参与者。在江西省宜春市靖安县，党员带头、群众自发，全民都参与到保护山山水水、一草一木的行动中来。从"树保姆"到护林员，从河长到路长，林有人护、水有人管，既增强了群众的生态获得感，也激发了每个人保护生态环境的责任感、使命感。在当地干部群众的共同努力下，靖安不仅在生态建设上大有收获，在经济发展上也后劲十足，以绿水青山撬动了"美丽经济"。实践告诉我们，众人拾柴火焰高，众人植树树成林，美丽中国建设离不开每一个人的努力。从少废一张纸、少耗一度电、珍惜每一滴水、节约每一粒粮食做起，形成绿色低碳的生活方式，久久为功，聚沙成塔，就能让各尽所能的小行动带来扮靓美丽中国的大效应。

　　建设人与自然和谐共生的美丽中国，也需要探索更多激励个人参与生态文明建设的方式和途径。近年来，不少地方推出个人碳账户，帮助普通人算清"碳账"，绿色骑行、驾驶新能源汽车、减少使用一次性餐具等，都可以折算成"减排量"，并获得相应的绿色积分激励，为公众参与减污降碳提供重要抓手。从个人碳账户助力绿色新生活，到"云端"植树、"码上尽责"等让"随愿、随处、随时植树"变成现实，再到各类环保平台汇聚更多生态环境守护者，我们期待有更多创新探索，为社会各界参与生态文明建设提供便利，增强公众参与的积极性、认同感，激励更多人为环境保护出一份力、尽一份责。

　　每个人的一小步，汇聚成迈向美丽中国的一大步。一个人的力量有限，但只要乘以 14 亿多人口这个基数，就能迸发出建设美丽中国的磅礴伟力。让我们共同努力，把建设美丽中国转化为每一个人的自觉行动，为了山川更绿，为了家园更美。

（2023 年 05 月 26 日）

把全面深化改革作为推进
中国式现代化的根本动力

新时代 10 年，我们推动的改革是全方位、深层次、根本性的，取得的成就是历史性、革命性、开创性的

坚持和加强党的领导，抓好重大改革任务攻坚克难，加强改革调查研究，加大改革抓落实力度，调动各方面改革积极性，定能推动新发展阶段改革取得更大突破、展现更大作为

以改革促发展，以改革添动力。前不久，作为海南全岛封关运作压力测试的重要内容，加工增值超 30% 免关税等在洋浦保税港区率先实施的部分政策措施，扩大到洋浦经济开发区试点实施。这是海南自贸港建设蹄疾步稳的具体写照，也是新时代全面深化改革的生动缩影。

改革是解放和发展社会生产力的关键，是推动国家发展的根本动力。今年是全面贯彻党的二十大精神的开局之年，也是改革开放 45 周年和党的十八届三中全会召开 10 周年。习近平总书记在主持召开二十届中央全面深化改革委员会第一次会议时强调："实现新时代新征程的目标任务，要把全面深化改革作为推进中国式现代化的根本动力，作为稳大局、应变局、开新局的重要抓手，把准方向、守正创新、真抓实干，在新征程上谱写改

革开放新篇章。"

党的十一届三中全会是划时代的，开启了改革开放和社会主义现代化建设新时期。党的十八届三中全会也是划时代的，实现改革由局部探索、破冰突围到系统集成、全面深化的转变，开创了我国改革开放新局面。事非经过不知难。党的十八届三中全会召开之前，改革到了一个新的重要关头，改革涵盖的领域愈加广泛、触及利益格局的调整愈加深刻、涉及的矛盾和问题愈加尖锐、突破体制机制的障碍愈加艰巨，继续推进改革的复杂性、敏感性、联动性前所未有。

中流击水，奋楫者进；人到半山，唯勇者胜。"现在我国改革已经进入攻坚期和深水区，我们必须以更大的政治勇气和智慧，不失时机深化重要领域改革。"2012年12月，在广东考察时，习近平总书记话语铿锵。聚焦"为什么改"，创造性阐发全面深化改革的历史定位和重大意义；明确"往哪儿改"，创造性提出全面深化改革的正确道路、总目标、价值取向；着眼"怎么改"，创造性提出全面深化改革的主攻方向和路线图、科学方法和有效路径……习近平总书记以宏大的历史视野、强烈的使命担当，观大势、谋大局、抓大事，科学回答了全面深化改革的一系列重大理论和实践问题。在习近平总书记亲自领导指挥下，在习近平新时代中国特色社会主义思想科学指引下，我们党以巨大的政治勇气全面深化改革，打响改革攻坚战，加强改革顶层设计，敢于突进深水区，敢于啃硬骨头，敢于涉险滩，敢于面对新矛盾新挑战，坚决破除各方面体制机制弊端，以前所未有的力度打开了崭新局面。

新时代10年，我们推动的改革是全方位、深层次、根本性的，取得的成就是历史性、革命性、开创性的。看深度，财税体制改革、国有企业改革、农村改革等关键领域改革向更深层次推进，我们啃下了不少硬骨头，闯过了不少急流险滩。看广度，避免"碎片化"，善打"组合拳"，注重理清重大改革的逻辑关系，改革的系统性、整体性、协同性明显提升。看民生温度，医疗保障、教育均衡、食品安全、清洁取暖……一桩桩"百姓事"，融入国家发展的顶层设计，成为改革的关注点、发力点。实践深刻表明，这不仅是一场思想理论的深刻变革，一场改革组织方式的深刻变革，也是一场国家制度和治理体系的深刻变革，一场人民广泛参与的深刻变革。放眼全世界，没有哪个国家和政党，能有这样的政治气魄和历史担当，敢于大刀阔斧、刀刃向内、自我革命，也没有哪个国家和政党，能在这么短时间内推动这么大范围、这么大规模、这么大力度的改革，这是中国特色社会主义制度的鲜明特征和显著优势。

改革永远在路上。应该认识到，随着我国迈入新发展阶段，改革也面临新的任务，必须拿出更大的勇气、更多的举措破除深层次体制机制障碍。推进中国式现代化是一个探索性事业，还有许多未知领域，需要我们在实践中去大胆探索，通过改革创新来推动事业发展。历史是勇敢者创造的。坚持和加强党的领导，抓好重大改革任务攻坚克难，加强改革调查研究，加大改革抓落实力度，调动各方面改革积极性，定能推动新发展阶段改革取得更大突破、展现更大作为。

山一程，水一程，改革创新启新程。展望中国发展前景，习近平总书记指出："中国式现代化有目标、有规划、有战略，一定会实现。"以改革为先导、向改革要动力，推动改革在新发展阶段打开新局面，我们一定能在强国建设、民族复兴新征程上创造新的更大奇迹！

（2023 年 05 月 10 日）

坚持学思用贯通、知信行统一

——紧紧锚定开展主题教育的目标任务①

学习的目的全在于运用，学习习近平新时代中国特色社会主义思想，就要把这一思想变成改造主观世界和客观世界的强大思想武器

为学之实，固在践履。援引"治学三种境界"，强调"理论学习贵在独立思考、学用结合、学有所悟、用有所得"；枚举战国赵括"纸上谈兵"、两晋学士"虚谈废务"的历史教训，告诫领导干部"读书是学习，使用也是学习，并且是更重要的学习"；指出学习理论最有效的办法是读原著、学原文、悟原理，"往深里走、往实里走、往心里走，把自己摆进去、把职责摆进去、把工作摆进去"……党的十八大以来，习近平总书记多次强调坚持学思用贯通、知信行统一的理论学习方法，为党员、干部夯实思想根基、强化理论武装提供了重要遵循。

在学习贯彻习近平新时代中国特色社会主义思想主题教育工作会议上，习近平总书记强调开展这次主题教育"根本任务是坚持学思用贯通、知信行统一，把新时代中国特色社会主义思想转化为坚定理想、锤炼党性

和指导实践、推动工作的强大力量，使全党始终保持统一的思想、坚定的意志、协调的行动、强大的战斗力，努力在以学铸魂、以学增智、以学正风、以学促干方面取得实实在在的成效"，同时明确提出"凝心铸魂筑牢根本""锤炼品格强化忠诚""实干担当促进发展""践行宗旨为民造福""廉洁奉公树立新风"等五个方面具体目标。在广东考察时，习近平总书记指出："开展主题教育是今年党的建设的重大任务。各级党组织要坚决贯彻落实党中央的工作部署，教育引导党员、干部在以学铸魂、以学增智、以学正风、以学促干上下功夫见实效。"我们要把思想和行动统一到习近平总书记重要讲话精神上来，推动主题教育扎实开展。

"凡贵通者，贵其能用之也。"深入贯彻以人民为中心的发展思想，幼有所育、学有所教、劳有所得、病有所医、老有所养、住有所居、弱有所扶；坚持绿水青山就是金山银山的理念，祖国天更蓝、山更绿、水更清；以"得罪千百人、不负十四亿"的使命担当祛疴治乱，反腐败斗争取得压倒性胜利并全面巩固……新时代以来，党的理论创新和实践创新是十分生动的，我们的学习也应该是生动的。学习的目的全在于运用，学习习近平新时代中国特色社会主义思想，就要把这一思想变成改造主观世界和客观世界的强大思想武器。主题教育坚持学思用贯通、知信行统一，才能不断增进广大党员、干部对党的创新理论的政治认同、思想认同、理论认同、情感认同，真正把马克思主义看家本领学到手；才能不断激发大党大国办大事、建伟业的优势，汇聚攻坚克难、团结奋进的强大力量。

有什么样的标准就有什么样的效果。坚持学思用贯通，才能取得最佳的学习效果，产生最好的实践效用。要联系地而不是孤立地、系统地而不是零散地、全部地而不是局部地理解习近平新时代中国特色社会主义思想，全面把握这一思想的世界观、方法论和贯穿其中的立场观点方法。坚持学思用贯通，发扬理论联系实际的马克思主义学风，既可以避免用什么学什么、不用则不学的实用主义，也能够避免食而不化、学用脱节的形式主义，确保主题教育真正为奋进新征程凝心聚力。

知之愈明，则行之愈笃。理论上清醒，政治上才能坚定，行动上才能自觉。知信行是内在统一的。要学而知，读原著、学原文、悟原理，学懂弄通、系统掌握、准确领会；要学而信，体会共产党人的初心使命，汲取真理力量、思想力量、实践力量，学出坚定信仰、学出使命担当；要学而行，学以致用、身体力行，把学习成果落实到干好本职工作、推动事业发展上。是否真知真信真用，担当尽责、真抓实干的实际行动是最好的检验标准。通过主题教育不断提高理论素养、政治素养，不断坚定信念、砥砺初心，不断推进自我改造、自我净化，党员、干部才能永远做一心为公、一身正气、一尘不染的人，勇于迎击任何狂风暴雨、战胜任何惊涛骇浪，为党和人民事业奋斗不止。

治理我们这样的大党大国，如果没有党中央权威和集中统一领导，如果没有全党全国思想统一、步调一致，什么事也办不成。加强党的创新理论武装，不断提高全党马克思主义水平，确保全党全国各族人民锚定奋斗目标、沿着正确方向坚定前行，我们的道路必将越走越宽广，中国式现代化的影响必将越来越大，中华民族伟大复兴的中国梦一定能实现。

（2023 年 04 月 20 日）

凝心铸魂筑牢根本

——紧紧锚定开展主题教育的目标任务②

要全面、系统、深入学习习近平新时代中国特色社会主义思想，完整准确掌握这一思想的主要内容，全面把握这一思想的世界观、方法论和贯穿其中的立场观点方法，深刻理解这一思想的道理学理哲理，筑牢信仰之基、补足精神之钙、把稳思想之舵

在新时代，坚定信仰信念，最重要的就是要坚定中国特色社会主义道路自信、理论自信、制度自信、文化自信

共产党员，有共产党员的样子。那是坚贞不屈的样子，为革命不怕牺牲，"砍头不要紧，只要主义真"，理想信念之火一经点燃，就永远不会熄灭；那是奋发图强的样子，自力更生研发"两弹一星一艇"，"可上九天揽月，可下五洋捉鳖"；那是义无反顾的样子，白衣为甲、逆行出征，"从病毒手里抢回更多病人"；那是担当奉献的样子，把脱贫攻坚的心血和汗水洒遍千山万水、千家万户……坚定的理想信念、坚定的奋斗意志、坚定的恒心韧劲，是共产党员留存青史的群体画像，也是指引我们创造新的历史伟业的精神支撑。

指出信仰信念是"政治灵魂",是"经受住任何考验的精神支柱";把理想信念比作精神上的"钙",告诫不能得"软骨病";强调理想信念是"事业和人生的灯塔"……习近平总书记对理想信念极为重视,要求领导干部用实际行动让人民群众感受到理想信念和高尚人格的强大力量。开展学习贯彻习近平新时代中国特色社会主义思想主题教育是今年党的建设的重大任务,其中一个具体目标是"凝心铸魂筑牢根本",教育引导广大党员、干部经受思想淬炼、精神洗礼,坚定对马克思主义的信仰、对中国特色社会主义的信念、对实现中华民族伟大复兴中国梦的信心。我们要以学铸魂、坚定理想信念,做好学习贯彻习近平新时代中国特色社会主义思想的深化、内化、转化工作,从思想上正本清源、固本培元,增强对党的价值追求和前进方向的高度政治认同,把好世界观、人生观、价值观这个"总开关"。

拥有马克思主义科学理论指导是我们党坚定信仰信念、把握历史主动的根本所在。要全面、系统、深入学习习近平新时代中国特色社会主义思想,完整准确掌握这一思想的主要内容,全面把握这一思想的世界观、方法论和贯穿其中的立场观点方法,深刻理解这一思想的道理学理哲理,筑牢信仰之基、补足精神之钙、把稳思想之舵。在新时代,坚定信仰信念,最重要的就是要坚定中国特色社会主义道路自信、理论自信、制度自信、文化自信。我们要自觉用习近平新时代中国特色社会主义思想改造主观世界,深刻领会这一思想关于坚定理想信念、提升思想境界、加强党性锻炼等一系列要求,不断增进对党的创新理论的政治认同、思想认同、理论认同、情感认同,把这一思想转化为坚定理想、锤炼党性和指导实践、推动工作的强大力量。

理想信念只有见诸行动才有说服力。"党叫我做啥,我就做啥。"老英雄张富清主动封存赫赫战功,为人才匮乏的偏远山区默默奉献一生。"豁出命改变她们的命,值!"张桂梅数十年如一日扎根边疆教育事业,即便病痛缠身依然一如既往。今天,衡量一名共产党员、一名领导干部是否具有共产主义远大理想,关键看能否坚持全心全意为人民服务的根本宗旨,能否吃苦在前、享受在后,能否勤奋工作、廉洁奉公,能否为理想而奋不顾身去拼搏、去奋斗、去献出自己的全部精力乃至生命。凝心铸魂筑牢根本，广大党员、干部要用习近平新时代中国特色社会主义思想武装头脑，弘扬伟大建党精神，牢记"三个务必"，在各自岗位上顽强拼搏，不断把为崇高理想奋斗的实践推向前进。

心中有信仰，脚下有力量。全党理想信念坚定，党就拥有无比强大力量。信仰、信念、信心，指引党和人民创造了人类发展史上的伟大传奇。在强国建设、民族复兴的新征程，坚持不懈用习近平新时代中国特色社会主义思想凝心铸魂，我们对中华民族更加灿烂的明天充满信心！

（2023 年 04 月 24 日）

锤炼品格强化忠诚

——紧紧锚定开展主题教育的目标任务③

以党的旗帜为旗帜、以党的意志为意志、以党的使命为使命，始终忠诚于党、忠诚于人民、忠诚于马克思主义，真心爱党、时刻忧党、坚定护党、全力兴党

对党忠诚，必须体现到对党的信仰的忠诚上，必须体现到对党组织的忠诚上，必须体现到对党的理论和路线方针政策的忠诚上

对党忠诚，是中国共产党人首要的政治品质。陈毅把"革命重坚定"作为一生的座右铭。南昌起义时他没有赶上，后来冲破重重难关找到了起义队伍，到天心圩时队伍只剩下 800 人，他积极协助朱德收拢部队。小说《红岩》中刘思扬的原型刘国铤，因叛徒出卖被捕入狱，面对劝诱，他斩钉截铁回答，"我如出卖组织，活着又有什么意义"。中共韶山特别支部第一任支部书记毛福轩，先是领导农民运动，后又参与地下工作，"余为革命奋斗牺牲，对于己身毫不挂虑"。忠贞的信仰、坚定的选择，彰显共产党人的赤诚忠心，穿越时空传递震撼人心的精神力量。

"天下至德，莫过于忠。"我们党一路走来，经历了无数艰险和磨难，但任何困难都没有压垮我们，任何敌人都没能打倒我们，靠的就是千千万万党员的忠诚。在学习贯彻习近平新时代中国特色社会主义思想主题教育工作会议上，习近平总书记明确阐释开展主题教育具体要达到的5个方面目标任务，其中之一是"锤炼品格强化忠诚"。各级党组织要坚决贯彻落实习近平总书记重要讲话精神和党中央的工作部署，教育引导广大党员、干部锤炼政治品格，以党的旗帜为旗帜、以党的意志为意志、以党的使命为使命，始终忠诚于党、忠诚于人民、忠诚于马克思主义，真心爱党、时刻忧党、坚定护党、全力兴党。

对党忠诚，不是抽象的而是具体的，不是有条件的而是无条件的，必须体现到对党的信仰的忠诚上，必须体现到对党组织的忠诚上，必须体现到对党的理论和路线方针政策的忠诚上。广大党员、干部锤炼品格强化忠诚，就要自觉用习近平新时代中国特色社会主义思想凝心铸魂，把拥护"两个确立"体现在理想信念、政治生活、立场定力、担当作为上，把增强"四个意识"、坚定"四个自信"、做到"两个维护"融入血脉灵魂。忠诚、干净、担当是一个整体，忠诚是为政之魂，干净是立身之本，担当是履职之要。锤炼品格强化忠诚，要敬畏权力、管好权力、慎用权力，保持拒腐蚀、永不沾的政治本色；也要坚持原则、认真负责，始终不折不扣把党中央决策部署落到实处。

忠诚不是挂在嘴上、写在纸上的，而是要体现在实际行动上。从"忠诚印寸心，浩然充两间"的坚毅，到"未惜头颅新故国，甘将热血沃中华"的凛然，在革命战争年代，对党忠诚的品格是在血与火的考验中锻造的。和平建设时期，对党忠诚更加重要、更加关键，必须贯穿在一言一行中，融入为党和人民事业的拼搏奉献里。谷文昌不追求轰轰烈烈"显绩"、默默无闻做奉献；杨善洲以干事为责，以干事为荣，以干事为乐；黄旭华隐姓埋名、为国之重器奉献毕生心血……举凡常人难以想象、难以做到的事情，背后往往都有坚定信仰、忠诚品质的支撑。尽忠诚、敢担当的好党员、好干部源源不断涌现出来，才会使国家越来越强盛，事业越来越兴旺，人民越来越幸福。

　　"百姓谁不爱好官？把泪焦桐成雨。"当年，焦裕禄不辞辛苦、不顾疾病，在河南兰考带领群众根治"风沙、内涝、盐碱"三害。如今，兰考泡桐如海，传诵着对党忠诚、对人民负责的佳话。强国建设、民族复兴舒展新画卷，更加需要广大党员、干部从思想上正本清源、固本培元，共同把党锻造成一块攻无不克、战无不胜的坚硬钢铁。以主题教育为契机锤炼品格强化忠诚，为党分忧、为国尽责、为民奉献，勇于担苦、担难、担重、担险，广大党员、干部定能为党和人民建新功、创实绩。

（2023 年 04 月 27 日）

实干担当促进发展

——紧紧锚定开展主题教育的目标任务④

习近平新时代中国特色社会主义思想展真理之旗、掌时代之舵、扬复兴之帆，在实践中深刻改变了中国、深刻影响着世界

凝心聚力促发展，驰而不息抓落实，立足岗位作贡献，推动中国式现代化取得新进展新突破，充分彰显习近平新时代中国特色社会主义思想鲜明的实践品格

"咱们今天一起想想咋沿着总书记指的好路子，结合村里实际情况，因地制宜、精准施策，把日子越过越红火。"在湖南省花垣县十八洞村，党支部书记和乡亲们围坐在一起，学思想、论村情、谋发展。9 年多前，习近平总书记在这里首提"精准扶贫"重要理念，引领深山苗寨实现从深度贫困村到全国乡村旅游示范村的巨变。如今，习近平总书记关于全面实施乡村振兴战略的一系列重要论述，又成为大伙儿致富路上的"金钥匙"。

实践性是马克思主义理论区别于其他理论的显著特征。习近平新时代中国特色社会主义思想扎根现实土壤、回应实践需求，从理论和实践的结合上深入回答关系党和国家事业发展、党治国理政的一系列重大时代课题，

为新时代党和国家事业发展提供了根本遵循。实干担当促进发展，是学习贯彻习近平新时代中国特色社会主义思想主题教育五个方面具体目标之一。推动主题教育扎实开展，必须教育引导广大党员、干部胸怀"国之大者"，紧紧围绕新时代新征程党的中心任务，真抓实干、务求实效，聚焦问题、知难而进，以时时放心不下的责任感、积极担当作为的精气神为党和人民履好职、尽好责，以新气象新作为推动高质量发展取得新成效，依靠顽强斗争打开事业发展新天地。

理论的威力，只有付诸实践才能发挥出来。在"绿水青山就是金山银山"理念引领下，浙江省安吉县余村转变透支资源的发展方式，成为绿色低碳发展的佼佼者。以"加快推进能源生产和消费革命"为遵循，宁夏宁东能源化工基地不断扩大我国在煤炭加工转化领域的技术和产业优势，推动煤炭清洁高效利用。贯彻"抓实体经济一定要抓好制造业"的要求，徐工集团加强技术研发，220吨全地面起重机的关键指标达到全球第一，国产化率达到100%。党的十八大以来，党和国家事业之所以取得历史性成就、发生历史性变革，根本在于以习近平同志为核心的党中央坚强领导，在于习近平新时代中国特色社会主义思想科学指引。习近平新时代中国特色社会主义思想展真理之旗、掌时代之舵、扬复兴之帆，在实践中深刻改变了中国、深刻影响着世界。

新征程是充满光荣和梦想的远征，没有捷径，唯有实干。学习贯彻习近平新时代中国特色社会主义思想是新时代新征程开创事业发展新局面的根本要求。同过去相比，我们今天学习的任务不是轻了，而是更重了。面对前进路上的重大挑战、重大风险、重大阻力、重大矛盾，我们既要依靠学习提升能成事的真本领，也要依靠实践练就敢担当的宽肩膀。广大党员、干部要从习近平新时代中国特色社会主义思想中汲取奋发进取的智慧和力量，熟练掌握其中蕴含的领导方法、思想方法、工作方法，不断提高履职尽责的能力和水平，凝心聚力促发展，驰而不息抓落实，立足岗位作贡献，推动中国式现代化取得新进展新突破，充分彰显习近平新时代中国特色社会主义思想鲜明的实践品格。

道虽迩，不行不至；事虽小，不为不成。担当作为就要真抓实干、埋头苦干，决不能坐而论道、光说不练。在强国建设、民族复兴的新征程上，我们学思想、强党性、重实践、建新功，一步一个脚印把党的二十大作出的重大决策部署付诸行动、见之于成效，必能创造经得起历史和人民检验的实绩。

（2023 年 05 月 04 日）

践行宗旨为民造福

——紧紧锚定开展主题教育的目标任务⑤

践行宗旨为民造福，就要站稳人民立场、把握人民愿望、尊重人民创造、集中人民智慧，真正做到把"人民至上"内化于心、外化于行

推进主题教育取得实效，必须始终把人民安居乐业、安危冷暖放在心上，把惠民生的事办实、暖民心的事办细、顺民意的事办好

建成世界上规模最大的教育体系，"更好的教育"改变无数人命运；累计实现城镇新增就业 1.3 亿人，"更稳定的工作"托举出彩人生；人均预期寿命 2021 年已达到 78.2 岁，基本医疗保险参保人数超过 13.6 亿，"更高水平的医疗卫生服务"护佑全民健康……新时代这十年，民生答卷有分量、有温度，映照出坚持人民至上的价值底色。

人民立场是中国共产党的根本政治立场，为民造福是立党为公、执政为民的本质要求。开展学习贯彻习近平新时代中国特色社会主义思想主题教育，"践行宗旨为民造福"是五个具体目标之一。努力实现这一目标，

必须教育引导广大党员、干部牢固树立以人民为中心的发展思想，坚持一切为了人民、一切依靠人民，自觉问计于民、问需于民，始终同人民同呼吸、共命运、心连心，着力解决人民群众急难愁盼问题，把惠民生、暖民心、顺民意的工作做到群众心坎上，增强人民群众获得感、幸福感、安全感。

"江山就是人民，人民就是江山""'国之大者'就是人民的幸福生活""为民造福是最大政绩"……党的十八大以来，习近平总书记以"我将无我，不负人民"的深厚情怀和使命担当，领导全党全国各族人民开创新时代历史伟业。坚持人民至上，是习近平新时代中国特色社会主义思想的理论基点、价值支点、实践原点。党的二十大报告系统阐述了习近平新时代中国特色社会主义思想的世界观、方法论和贯穿其中的立场观点方法，"必须坚持人民至上"排在"六个必须坚持"的首位。践行宗旨为民造福，就要站稳人民立场、把握人民愿望、尊重人民创造、集中人民智慧，真正做到把"人民至上"内化于心、外化于行。

治国有常，利民为本。坚持以人民为中心的发展思想，不是一句空洞口号，必须落实到各项决策部署和实际工作之中。脱贫攻坚、污染防治、清洁取暖、全民健身、加强食品安全监管、老旧小区改造……桩桩件件，记录着以习近平同志为核心的党中央带领亿万人民风雨无阻向前进的铿锵足迹。前进道路上，从落实落细就业优先政策到完善生育支持政策体系，从解决好新市民、青年人等住房问题到补齐医疗卫生特别是城乡基层医疗卫生公共服务的短板，推进主题教育取得实效，必须始终把人民安居乐业、安危冷暖放在心上，把惠民生的事办实、暖民心的事办细、顺民意的事办好。

不久前在广东考察时，习近平总书记强调，"把人民群众满意不满意作为评判主题教育成效的根本标准"。各级党委（党组）要高度重视、精心组织，加强党的创新理论掌握运用，抓好调查研究成果转化，解决群众急难愁盼问题，专项整治突出问题，最终以群众满意不满意作为根本评判标准。各级领导干部要树立正确的权力观、政绩观、事业观，不慕虚荣，不务虚功，不图虚名，切实做到为官一任、造福一方。

行程万里，不忘初心。党的二十大闭幕后不久，习近平总书记在延安考察时强调："中国共产党是人民的党，是为人民服务的党，共产党当家就是要为老百姓办事，把老百姓的事情办好。"为人民而生，因人民而兴，始终同人民在一起，为人民利益而奋斗，是我们党立党兴党强党的根本出发点和落脚点。面向未来，心中装着百姓，手中握有真理，脚踏人间正道，我们信心十足、力量十足。

（2023 年 05 月 08 日）

廉洁奉公树立新风

——紧紧锚定开展主题教育的目标任务⑥

坚定不移深入推进全面从严治党，就要把思想和行动统一到习近平总书记重要讲话精神和党中央决策部署上来，提高政治站位，强化政治担当，狠抓工作落实

党性是党员干部立身、立业、立言、立德的基石。只有把世界观、人生观、价值观的总开关拧紧了，把思想觉悟、精神境界提高了，才能从不敢腐到不想腐

"任何时候都不搞特殊化"的焦裕禄，带领兰考群众战天斗地；"不带私心搞革命，一心一意为人民"的谷文昌，在荒山石滩造林，留下满山木麻黄；群众心中的"最美扶贫书记"黄诗燕，被同事视为严于律己的"好班长"，他惟愿"省点时间干点事"……这些群众喜爱的好干部，无不是严以律己、廉洁奉公的典型。为政清廉才能取信于民，秉公用权才能赢得人心。为奋进新征程凝心聚力，必须抓好党风廉政建设，激励广大党员、干部踔厉奋发、勇毅前行。

"廉洁奉公树立新风"，是学习贯彻习近平新时代中国特色社会主义思

想主题教育的五个具体目标之一。开展这次主题教育，要着力解决工作作风、廉洁自律方面的问题，教育引导广大党员、干部增强纪律意识、规矩意识，持续纠治"四风"，把纠治形式主义、官僚主义摆在更加突出的位置，做到公正用权、依法用权、为民用权、廉洁用权，推动形成清清爽爽的同志关系、规规矩矩的上下级关系、亲清统一的新型政商关系，当好良好政治生态和社会风气的引领者、营造者、维护者。

治国必先治党，党兴才能国强。在新时代十年伟大变革中，全面从严治党之所以取得历史性、开创性成就，产生全方位、深层次影响，根本在于以习近平同志为核心的党中央坚强领导，在于习近平新时代中国特色社会主义思想科学指引。在强国建设、民族复兴的新征程上，坚定不移深入推进全面从严治党，就要把思想和行动统一到习近平总书记重要讲话精神和党中央决策部署上来，提高政治站位，强化政治担当，狠抓工作落实，为全面建设社会主义现代化国家开好局起好步提供坚强保障。

党的作风就是党的形象。在第十八届中央纪律检查委员会第二次全体会议上，习近平总书记指出："改进工作作风的任务非常繁重，八项规定是一个切入口和动员令。"从公款吃喝等具体问题抓起，从月饼、粽子等"小事"查起，落实中央八项规定精神、以严明纪律整饬作风，丰富了自我革命有效途径，赢得了人民群众由衷称赞。实现"廉洁奉公树立新风"的目标，必须抓住"关键少数"以上率下，持续深化纠治"四风"，重点纠治形式主义、官僚主义；必须弘扬党的光荣传统和优良作风，促进党员干部特别是领导干部带头深入调查研究，扑下身子干实事、谋实招、求实效；必须加强新时代廉洁文化建设，涵养求真务实、团结奋斗的时代新风。

党性是党员干部立身、立业、立言、立德的基石。只有把世界观、人生观、价值观的总开关拧紧了，把思想觉悟、精神境界提高了，才能从不敢腐到不想腐。深入学习习近平新时代中国特色社会主义思想，就要深刻感悟党的创新理论的真理力量、实践力量、人格力量，夯实理想信念的思想根基，涵养廉洁自律的道德修为。守住拒腐防变防线，最紧要的是守住内心。我们必须坚持学懂弄通做实党的创新理论，强化自我修炼、自我约束、自我改造，正心明道、怀德自重，勤掸"思想尘"、多思"贪欲害"、常破"心中贼"，以内无妄思保证外无妄动。

党章中，"清正廉洁""勤政为民"明确了要求；宪法宣誓誓词中，"恪尽职守、廉洁奉公"昭示着决心。中国共产党人为的是大公，守的是大义，求的是大我。通过深入开展主题教育，广大党员、干部明大德、守公德、严私德，以忠诚干净担当的实际行动奋勇争先、建功立业，必能不断谱写全面建设社会主义现代化国家新的华章。

（2023 年 05 月 11 日）

学思想，把握党的创新理论的世界观方法论

——牢牢把握主题教育总要求①

学习贯彻习近平新时代中国特色社会主义思想是新时代新征
程开创事业发展新局面的根本要求

思想之光照亮奋进之路，伟大实践展现思想伟力。湖南省花垣县，深山之中的十八洞村完成了脱贫摘帽的蝶变，在这里提出的"精准扶贫"理念，引领亿万人民打赢了人类历史上规模最大的脱贫攻坚战；浙江省安吉县，好山好水好空气的余村吸引着源源不断的客流，成为绿色低碳发展的村庄典型，从这里起源的"绿水青山就是金山银山"，推动我国坚定不移走生态优先、绿色低碳的高质量发展道路……新时代十年的非凡历程，就是一个将"彻底的理论"转化为"物质力量"的经典过程，思想的飞跃、理论的创新，引领我们的事业不断从胜利走向新的胜利。

当前，学习贯彻习近平新时代中国特色社会主义思想主题教育正在全党开展。在主题教育工作会议上，习近平总书记强调："这次主题教育要牢牢把握'学思想、强党性、重实践、建新功'的总要求。"总要求体现了我们党认识与实践相结合、理论与实际相联系、改造主观世界与改造客观

世界相统一的一贯要求。推动主题教育取得实实在在的成效，就要把总要求贯穿到主题教育全过程。

学习贯彻习近平新时代中国特色社会主义思想是新时代新征程开创事业发展新局面的根本要求。坚持用马克思主义中国化时代化最新成果武装全党、指导实践、推动工作，是我们党创造历史、成就辉煌的一条重要经验。新时代新征程，面对错综复杂的国际国内形势、艰巨繁重的改革发展稳定任务、各种不确定难预料的风险挑战，要实现党的二十大确定的战略目标，迫切需要广大党员、干部特别是各级领导干部进一步深入学习贯彻习近平新时代中国特色社会主义思想，这是党中央确定在全党开展这次主题教育的主要考量。作为当代中国马克思主义、二十一世纪马克思主义，习近平新时代中国特色社会主义思想不仅包含着党治国理政的重要思想，也贯穿着中国共产党人的政治品格、价值追求、精神境界、作风操守的要求，蕴藏着深厚的真理力量、实践力量、人格力量。在强国建设、民族复兴新征程，坚持不懈用习近平新时代中国特色社会主义思想凝心铸魂，使全党始终保持统一的思想、坚定的意志、协调的行动、强大的战斗力，才能不惧雨骤风狂、坚定勇毅前行。

党的理论创新每前进一步，理论武装就要跟进一步。全面学习领会习近平新时代中国特色社会主义思想，就要全面系统掌握这一思想的基本观点、科学体系，把握好这一思想的世界观、方法论，坚持好、运用好贯穿其中的立场观点方法。必须坚持人民至上、必须坚持自信自立、必须坚持守正创新、必须坚持问题导向、必须坚持系统观念、必须坚持胸怀天下，这"六个必须坚持"，是习近平新时代中国特色社会主义思想的立场观点方法的重要体现。只有准确把握包括"六个必须坚持"在内的习近平新时代中国特色社会主义思想的立场观点方法，才能真正把马克思主义看家本领学到手，认识问题才站得高，分析问题才看得深，开展工作也才能把得准。

以科学的态度对待科学，以真理的精神追求真理。开展理论学习，接受思想洗礼，是中国共产党人的必修课，更是开展主题教育的题中应有之义。对广大党员、干部来说，要以此次主题教育为契机加强理论学习，坚持读原著学原文悟原理，坚持多思多想、学深悟透，全面学习领会习近平新时代中国特色社会主义思想的科学体系、精髓要义、实践要求，做到整体把握、融会贯通，不断增进对党的创新理论的政治认同、思想认同、理论认同、情感认同。

思想建党、理论强党是百年大党永葆生机活力的关键所在。在强国建设、民族复兴的新征程，把习近平新时代中国特色社会主义思想转化为坚定理想、锤炼党性和指导实践、推动工作的强大力量，用党的创新理论统一思想、统一意志、统一行动，踔厉奋发、勇毅前行，我们党一定能始终充满蓬勃生机和旺盛活力，始终成为中国特色社会主义事业的坚强领导核心，团结带领亿万人民创造新的历史伟业。

（2023 年 04 月 11 日）

强党性，始终保持共产党人的政治本色

——牢牢把握主题教育总要求②

　　要自觉用习近平新时代中国特色社会主义思想改造主观世界，深刻领会这一思想关于坚定理想信念、提升思想境界、加强党性锻炼等一系列要求，始终保持共产党人的政治本色

　　对党忠诚，是共产党人首要的政治品质

　　"革命不怕死，怕死不革命！"面对敌人在审讯时"你不怕死？"的质问，中国共产党早期党员傅烈给出斩钉截铁的回答。即便受尽酷刑，数次被折磨得昏死过去，傅烈仍咬紧牙关："砍断我的头颅，也休想从我身上得到你们需要的片言只字！"在牺牲前，他给妻子留下一封家书，在信的末尾写道："拼将七尺男儿血，争得神州遍地红。"坚贞不屈的意志、铁骨铮铮的誓言，闪耀着党性的光辉，彰显中国共产党人的政治本色。

　　党性是党员干部立身、立业、立言、立德的基石。在学习贯彻习近平新时代中国特色社会主义思想主题教育工作会议上，习近平总书记对主题教育各项工作作出全面部署，对开展主题教育的总要求作出深刻阐释，其中一个方面就是"强党性"。开展这次主题教育，要自觉用习近平新时代

中国特色社会主义思想改造主观世界，深刻领会这一思想关于坚定理想信念、提升思想境界、加强党性锻炼等一系列要求，始终保持共产党人的政治本色。

中国共产党是靠共同的革命理想凝聚起来的政治组织，理想信念是共产党人的政治灵魂和安身立命之本。习近平总书记强调："我常说要修炼共产党人的'心学'，坚持学思用贯通、知信行统一，其中一个重要目的就是要求党员干部坚定理想信念、增强党性。"怀揣"共产党员就是要干一辈子，我的梦想就是把家乡建设好"的志向，黄大发带领群众在绝壁凿出"生命渠"、用实干兑现"水过不去、拿命来铺"的誓言；立志"把知识和能力全部贡献出来"，李保国三十五年如一日扎根太行山、用科技把荒山秃岭抛进历史……坚定的理想信念，永远是激励我们奋勇向前、克难制胜的力量源泉。在主题教育中，广大党员、干部必须经受思想淬炼、精神洗礼，坚定对马克思主义的信仰、对中国特色社会主义的信念、对实现中华民族伟大复兴中国梦的信心，弘扬伟大建党精神，务必不忘初心、牢记使命，务必谦虚谨慎、艰苦奋斗，务必敢于斗争、善于斗争，筑牢信仰之基、补足精神之钙、把稳思想之舵。

对党忠诚，是共产党人首要的政治品质。我们党一路走来，经历了无数艰险和磨难，但任何困难都没有压垮我们，任何敌人都没能打倒我们，靠的就是千千万万党员的忠诚。开展这次主题教育，广大党员、干部要锤炼品格强化忠诚，以党的旗帜为旗帜、以党的意志为意志、以党的使命为使命，始终忠诚于党、忠诚于人民、忠诚于马克思主义，真心爱党、时刻忧党、坚定护党、全力兴党。必须不断提高政治判断力、政治领悟力、政治执行力，更加自觉深刻领悟"两个确立"的决定性意义，增强"四个意识"、坚定"四个自信"、做到"两个维护"，始终在思想上政治上行动上同以习近平同志为核心的党中央保持高度一致，做到心往一处想、劲往一处使，共同把党锻造成一块攻无不克、战无不胜的坚硬钢铁。

清正廉洁是共产党人的政治本色，永葆清正廉洁政治本色是加强党性修养的重要内容。心有所畏，方能言有所戒、行有所止。一个干部只有把世界观、人生观、价值观的总开关拧紧了，把思想觉悟、精神境界提高了，才能从不敢腐到不想腐。开展这次主题教育，广大党员、干部必须增强纪律意识、规矩意识，持续纠治"四风"，把纠治形式主义、官僚主义摆在更加突出的位置，做到公正用权、依法用权、为民用权、廉洁用权，推动形成清清爽爽的同志关系、规规矩矩的上下级关系、亲清统一的新型政商关系，当好良好政治生态和社会风气的引领者、营造者、维护者。

　　理想信念的坚定，来自思想理论的坚定。习近平总书记深刻指出："干部的党性修养、道德水平，不会随着党龄工龄的增长而自然提高，也不会随着职务的升迁而自然提高，必须强化自我修炼、自我约束、自我改造。"加强党性修养是党员干部一生的必修课。坚持学思用贯通、知信行统一，把习近平新时代中国特色社会主义思想转化为坚定理想、锤炼党性和指导实践、推动工作的强大力量，始终保持统一的思想、坚定的意志、协调的行动、强大的战斗力，我们党就一定能团结带领人民创造新的更大奇迹。

（2023 年 04 月 12 日）

重实践，推动中国式现代化取得新进展新突破

——牢牢把握主题教育总要求③

理论的价值在于指导实践，理论的说服力、感召力从根本上说源于在科学指导实践中展现的真理力量

学习习近平新时代中国特色社会主义思想的目的全在于运用，在于把这一思想变成改造主观世界和客观世界的强大思想武器

白洋淀碧波荡漾，"千年秀林"绿意盎然，启动区建设热火朝天……在这个催人奋进的春天里，一幅新时代的雄安画卷正在华北平原徐徐铺展。习近平总书记亲自决策、亲自部署、亲自推动雄安新区建设，亲临实地考察并发表重要讲话，多次主持召开会议研究部署并作出重要指示，强调"建设雄安新区是千年大计""要全面贯彻新发展理念，坚持高质量发展要求，努力创造新时代高质量发展的标杆"。这座拔节生长的未来之城，生动彰显着习近平新时代中国特色社会主义思想的真理力量和实践伟力。

为学之实，固在践履。在学习贯彻习近平新时代中国特色社会主义思想主题教育工作会议上，习近平总书记对主题教育各项工作作出全面部署，对开展主题教育的总要求作出深刻阐释，其中一个方面就是"重实践"。

开展这次主题教育，就是要自觉践行习近平新时代中国特色社会主义思想，用以改造客观世界、推动事业发展，用以观察时代、把握时代、引领时代，积极识变应变求变，解决经济社会发展和党的建设中存在的各种矛盾问题，防范化解重大风险，推动中国式现代化取得新进展新突破。

理论的价值在于指导实践，理论的说服力、感召力从根本上说源于在科学指导实践中展现的真理力量。党的十八大以来，创造性提出精准扶贫理念，作出一系列新决策新部署，推动中国减贫事业取得巨大成就；系统形成习近平生态文明思想，有力指导生态文明建设和生态环境保护取得历史性成就、发生历史性变革；创造性提出构建人类命运共同体倡议、共建"一带一路"倡议、全球发展倡议、全球安全倡议、全球文明倡议，我国国际影响力、感召力、塑造力显著提升……在习近平新时代中国特色社会主义思想科学指引下，我们党团结带领亿万人民攻克了一个个看似不可攻克的难关险阻，创造了一个个令人刮目相看的人间奇迹。

学习习近平新时代中国特色社会主义思想的目的全在于运用，在于把这一思想变成改造主观世界和客观世界的强大思想武器。在这次主题教育中，党员、干部特别是各级领导干部要主动把自己的思想摆进去，学习掌握党的创新理论关于坚定理想信念、提升思想境界、加强党性锻炼的一系列要求，包括不忘初心、牢记使命，胸怀"国之大者"，提高政治判断力、政治领悟力、政治执行力，"三严三实"，忠诚干净担当，为民务实清廉等等，始终保持共产党人的政治本色。特别是要把这一思想的世界观、方法论和贯穿其中的立场观点方法转化为自己的思想武器，内化于心、外化于行。当前，我国发展面临新的战略机遇、新的战略任务、新的战略阶段、新的战略要求、新的战略环境。开展这次主题教育，就要把习近平新时代中国特色社会主义思想运用到贯彻落实党的二十大提出的重大战略部署中去。

理论的威力只有付诸实践才能发挥出来，学习的成果要靠实践成效来检验。习近平总书记深刻指出："我们的干部要上进，我们的党要上进，我们的国家要上进，我们的民族要上进，就必须大兴学习之风，坚持学习、学习、再学习，坚持实践、实践、再实践。"坚持理论和实践相结合，以学铸魂、以学增智、以学正风、以学促干，把理论学习、调查研究、推动发展、检视整改贯通起来，有机融合、一体推进，将主题教育中焕发出来的学习、工作热情转化为攻坚克难、干事创业的强大动力，我们就一定能在强国建设、民族复兴新征程上创造新的更大奇迹。

（2023 年 04 月 14 日）

建新功，创造经得起历史和人民检验的实绩

——牢牢把握主题教育总要求④

不断提高运用马克思主义分析和解决实际问题的能力，不断提高运用习近平新时代中国特色社会主义思想指导我们应对重大挑战、抵御重大风险、克服重大阻力、化解重大矛盾、解决重大问题的能力

坚持学思用贯通、知信行统一，把习近平新时代中国特色社会主义思想转化为坚定理想、锤炼党性和指导实践、推动工作的强大力量

全国新办涉税经营主体 343.4 万户，同比增长 7.2%；住宿餐饮、文体娱乐、居民服务等接触类服务业销售收入同比分别增长 22.8%、13.7% 和 9.4%；风能、太阳能光伏等清洁能源发电同比增长 21.8%……今年一季度，中国经济运行稳步改善。广大党员、干部深入学习贯彻习近平新时代中国特色社会主义思想，贯彻落实党中央决策部署，以实绩助力中国经济开局向好。

开展任何一项工作，首先看态度，关键看行动，最终看效果。在学习

贯彻习近平新时代中国特色社会主义思想主题教育工作会议上，习近平总书记对开展主题教育的总要求作出深刻阐释，其中一个方面就是"建新功"。开展这次主题教育，就要从习近平新时代中国特色社会主义思想中汲取奋发进取的智慧和力量，熟练掌握其中蕴含的领导方法、思想方法、工作方法，不断提高履职尽责的能力和水平，凝心聚力促发展，驰而不息抓落实，立足岗位作贡献，努力创造经得起历史和人民检验的实绩。

绳短不能汲深井，浅水难以负大舟。党和国家事业越发展，对领导干部的能力要求就越高。当代中国正在经历人类历史上最为宏大而独特的实践创新，改革发展稳定任务之重、矛盾风险挑战之多、治国理政考验之大都前所未有。开展这次主题教育，广大党员、干部只有不断提高运用马克思主义分析和解决实际问题的能力，不断提高运用习近平新时代中国特色社会主义思想指导我们应对重大挑战、抵御重大风险、克服重大阻力、化解重大矛盾、解决重大问题的能力，才能展现新作为、创造新业绩，赢得优势、赢得主动、赢得未来。

实干是成就事业的必由之路。回望过往的奋斗路，中国制造转型升级，中国基建世界领先，中国减贫成绩斐然，中国饭碗端稳端牢，中国故事走出国门，中国科技不断突破……新时代的伟大成就是党和人民一道拼出来、干出来、奋斗出来的。眺望前方的奋进路，基本实现现代化要靠实干，全面建成社会主义现代化强国要靠实干，实现中华民族伟大复兴要靠实干。蓝图已绘就，号角已吹响。开展这次主题教育，广大党员、干部必须坚持学思用贯通、知信行统一，把习近平新时代中国特色社会主义思想转化为坚定理想、锤炼党性和指导实践、推动工作的强大力量。拿出愚公移山的志气，磨炼滴水穿石的毅力，保持奋发有为的状态，一步一个脚印、一步一个台阶，才能实现新征程的良好开局，将宏伟目标变为美好现实。

这次主题教育不划阶段、不分环节，要把理论学习、调查研究、推动发展、检视整改贯通起来，有机融合、一体推进。要紧紧围绕高质量发展这个全面建设社会主义现代化国家的首要任务，以强化理论学习指导发展实践，以深化调查研究推动解决发展难题，把学习和调研落实到完成党的二十大部署的各项任务中去，以推动高质量发展的新成效检验主题教育成果；要坚持围绕中心、服务大局，把开展主题教育同贯彻落实党中央各项决策部署结合起来，同推动本地区本部门本单位的中心工作结合起来，做到两手抓、两促进，推动党员、干部将焕发出来的学习、工作热情转化为攻坚克难、干事创业的强大动力。

今天，强国建设、民族复兴的接力棒，历史地落在我们这一代人身上。以开展这次主题教育为契机，学深悟透习近平新时代中国特色社会主义思想，善于运用这一思想观察时代、把握时代、引领时代，善于运用这一思想推进中国式现代化取得新进展、新突破，善于运用这一思想解决经济社会发展中的各种矛盾和问题，善于运用这一思想防范化解重大风险，善于运用这一思想深入推进全面从严治党，我们就一定能在新时代新征程打开事业发展新天地，创造新的更大奇迹。

（2023 年 04 月 18 日）

中国式现代化是中国共产党
领导的社会主义现代化

——推进中国式现代化关键在党①

　　新开局，新气象。紧锣密鼓部署相关工作，定任务、抢新机、忙签约；主动作为，组织招商团组赴海外开拓商机；力争开门红，举行重大项目集中开工仪式……近期，各地全力以赴推动党的二十大精神落实落地，"拉满弓""上满弦"，着力推动经济运行整体好转。从广袤田畴到繁华城市，从工厂车间到施工现场，在党的领导下，各行各业激扬"拼"的精神、"闯"的劲头、"实"的干劲，我国社会主义现代化建设事业日益呈现新面貌。

　　山雄有脊，房固因梁。党的领导是党和国家事业不断发展的"定海神针"。党的二十大报告提出，"中国式现代化，是中国共产党领导的社会主义现代化"。在新进中央委员会的委员、候补委员和省部级主要领导干部学习贯彻习近平新时代中国特色社会主义思想和党的二十大精神研讨班开班式上，习近平总书记深入阐释党在中国式现代化建设中的领导地位，深刻指出："这是对中国式现代化定性的话，是管总、管根本的。为什么要强调党在中国式现代化建设中的领导地位？这是因为，党的领导直接关系中国式现代化的根本方向、前途命运、最终成败。"

中国的现代化，承载着中国人民的梦想和期盼。近代以后，国家蒙辱、人民蒙难、文明蒙尘，中华民族遭受了前所未有的劫难。从洋务运动的"师夷长技以制夷"，到戊戌变法的"改良图强"，再到辛亥革命的"资产阶级共和国""振兴实业"方案……为了拯救民族危亡，无数仁人志士奔走呐喊，各种救国方案轮番出台，但都以失败告终。探索中国现代化道路的重任，历史地落在了中国共产党身上。

新民主主义革命时期，为实现现代化创造了根本社会条件；社会主义革命和建设时期，为现代化建设奠定根本政治前提和宝贵经验、理论准备、物质基础；改革开放和社会主义建设新时期，为中国式现代化提供了充满新的活力的体制保证和快速发展的物质条件……回首百年历程，中国共产党肩负起探索中国现代化道路的重任，团结带领人民以不懈奋斗深刻改变了近代以后中华民族发展的方向和进程，深刻改变了中国人民和中华民族的前途和命运，深刻改变了世界发展的趋势和格局。历史和实践充分表明，中国式现代化的重大成果，正是我们党领导全国各族人民在长期探索和实践中取得的，历经了千辛万苦，付出了巨大代价。历史和人民选择了中国共产党，中国共产党也没有辜负历史和人民的选择。

大道如砥，行者无疆。党的十八大以来，党和国家面临的形势之复杂、斗争之严峻、改革发展稳定任务之艰巨世所罕见、史所罕见，以习近平同志为核心的党中央领导全党全国各族人民砥砺前行，在新中国成立特别是改革开放以来长期探索和实践基础上继续前进，不断实现理论和实践上的创新突破，成功推进和拓展了中国式现代化。新时代十年的生动实践和伟大变革，丰富了中国式现代化的科学内涵，彰显了中国式现代化的中国特色，明确了中国式现代化的本质要求，拓宽了中国式现代化的前进道路。我们党不仅初步构建起中国式现代化的理论体系，也使中国式现代化变得更加清晰、更加科学、更加可感可行，生动诠释了"中国式现代化走得通、行得稳，是强国建设、民族复兴的唯一正确道路"。事实雄辩证明，党确立习近平同志党中央的核心、全党的核心地位，确立习近平新时代中国特色社会主义思想的指导地位，反映了全党全军全国各族人民共同心愿，对新时代党和国家事业发展、对推进中华民族伟大复兴历史进程具有决定性意义。

概括提出并深入阐述中国式现代化理论，是党的二十大的一个重大理论创新，是科学社会主义的最新重大成果。中国特色社会主义是社会主义而不是别的什么主义，中国式现代化是中国共产党领导的社会主义现代化而不是别的什么现代化。党的二十大报告明确提出中国式现代化的本质要求，首要的就是"坚持中国共产党领导"；明确提出中国式现代化必须牢牢把握的重大原则，第一条就是"坚持和加强党的全面领导"。坚持中国共产党领导，是中国式现代化最鲜明的特征和最突出的优势，是推进中国式现代化必须坚持的最高原则。要深刻认识到，党的领导决定中国式现代化的根本性质，确保中国式现代化锚定奋斗目标行稳致远，激发建设中国式现代化的强劲动力，凝聚建设中国式现代化的磅礴力量。推进中国式现代化，必须坚持和加强党的全面领导，充分发挥党总揽全局、协调各方的领导核心作用。以党的旗帜为旗帜、以党的方向为方向、以党的意志为意志，把党的领导落实到党和国家事业各领域各方面各环节，使党始终成为风雨来袭时全体人民最可靠的主心骨，就一定能确保我国社会主义现代化建设正确方向，确保中国式现代化前景光明、繁荣兴盛。

物有甘苦，尝之者识；道有夷险，履之者知。中国式现代化是我们党领导人民长期探索和实践的重大成果，是一项伟大而艰巨的事业。新征程是充满光荣和梦想的远征。征程越是壮阔，目标越是远大，越需要核心的掌舵定向、真理的指引领航。更加紧密地团结在以习近平同志为核心的党中央周围，全面贯彻习近平新时代中国特色社会主义思想，深刻领悟"两个确立"的决定性意义，增强"四个意识"、坚定"四个自信"、做到"两个维护"，沿着中国式现代化这条康庄大道阔步前进，心往一处想、劲往一处使，顽强拼搏、团结奋斗，敢于斗争、善于斗争，我们一定能够谱写新时代中国特色社会主义新篇章，不断夺取全面建设社会主义现代化国家新胜利。

（2023 年 03 月 01 日）

党的领导决定中国式现代化的根本性质

——推进中国式现代化关键在党②

只有毫不动摇坚持党的领导，中国式现代化才能前景光明、繁荣兴盛；否则就会偏离航向、丧失灵魂，甚至犯颠覆性错误

中国式现代化是中国共产党领导的社会主义现代化，党的性质宗旨、初心使命、信仰信念、政策主张，决定了中国式现代化是社会主义现代化，而不是别的什么现代化

新中国成立之初，工业化的差距折射着现代化的鸿沟。习近平总书记曾经提到一代人的记忆："当时，我国一穷二白，连日用的煤油、火柴、铁钉都称为洋油、洋火、洋钉"。岁月为证，从"一辆汽车、一架飞机、一辆坦克、一辆拖拉机都不能造"，到构建起门类齐全、世界上最完整的现代工业体系，220多种工业品产量位居世界第一；从满目疮痍、一穷二白，到国内生产总值达121万亿元、稳居世界第二大经济体……新中国成立特别是改革开放以来，我们用几十年时间走完西方发达国家几百年走过的工业化历程，创造了经济快速发展和社会长期稳定的奇迹。在中国共产党领导下，我们成功走出了中国式现代化道路，实现了人类历史上前所未有的

大变革。

中国共产党是中国式现代化的领导力量。在新进中央委员会的委员、候补委员和省部级主要领导干部学习贯彻习近平新时代中国特色社会主义思想和党的二十大精神研讨班开班式上，习近平总书记深入阐释党在中国式现代化建设中的领导地位，指出"党的领导直接关系中国式现代化的根本方向、前途命运、最终成败"，强调"党的领导决定中国式现代化的根本性质"。坚持中国共产党领导，是中国式现代化最鲜明的特征和最突出的优势，是推进中国式现代化必须坚持的最高原则。只有毫不动摇坚持党的领导，中国式现代化才能前景光明、繁荣兴盛；否则就会偏离航向、丧失灵魂，甚至犯颠覆性错误。

实现现代化首先有一个走什么路、选择什么样的制度模式和价值体系的问题。中国式现代化是中国共产党领导的社会主义现代化，党的性质宗旨、初心使命、信仰信念、政策主张，决定了中国式现代化是社会主义现代化，而不是别的什么现代化。坚定不移走中国特色社会主义道路，确保中国式现代化在正确的轨道上顺利推进；不断开辟马克思主义中国化时代化新境界，为中国式现代化提供科学指引；坚持和完善中国特色社会主义制度，为中国式现代化稳步前行提供坚强制度保证；坚持和发展中国特色社会主义文化，为中国式现代化提供强大精神力量……历史已经证明并将继续证明，只有中国共产党的领导可以确保中国式现代化始终沿着社会主义方向前进，走出光明大道，赢得光辉未来。

实现人民对美好生活的向往，是我国社会主义现代化建设的出发点和落脚点。摒弃西方以资本为中心的现代化、两极分化的现代化老路，中国式现代化以生产资料社会主义公有制为基础，是以人民为中心的现代化，是不断实现好、维护好、发展好最广大人民根本利益，坚定不移推进全体人民共同富裕的社会主义现代化。打赢脱贫攻坚战，创造彪炳史册的人间奇迹；建成全球最大的社会保障网，2022 年参加基本医疗保险人数超 13.4 亿人；新时代十年，改造棚户区住房 4200 多万套、农村危房 2400 多万户；集中攻克老百姓身边的突出生态环境问题，持续打好蓝天、碧水、净土保卫战……在迈向现代化的过程中，我们始终坚持发展为了人民、发展依靠人民、发展成果由人民共享。亿万人民日常生活的点滴改变，汇聚成中国式现代化滚滚向前的奔涌浪潮。中国共产党领导的社会主义现代化，人民是逻辑起点，人民是价值旨归，为人类现代化事业开辟了以人民为中心的新境界。

中国式现代化是强国建设、民族复兴的唯一正确道路，是一项伟大而艰巨的事业。惟其艰巨，所以伟大；惟其艰巨，更显荣光。当前，世界百年未有之大变局加速演进，我国发展进入战略机遇和风险挑战并存、不确定难预料因素增多的时期，各种"黑天鹅""灰犀牛"事件随时可能发生，需要应对的风险挑战、防范化解的矛盾问题比以往更加严峻复杂。越是在这样的时候，越要有道不改、志不变的决心，既不走封闭僵化的老路，也不走改旗易帜的邪路，坚持以中国式现代化全面推进中华民族伟大复兴，把我国发展进步的命运牢牢掌握在自己手中。中国共产党领导是党和国家的根本所在、命脉所在，是全国各族人民的利益所系、命运所系。只要坚持党的全面领导不动摇，坚决维护习近平总书记党中央的核心、全党的核心地位，坚决维护党中央权威和集中统一领导，把党的领导落实到社会主义现代化建设各领域各方面各环节，就一定能够确保我国社会主义现代化建设正确方向，确保拥有团结奋斗的强大政治凝聚力、发展自信心。

等闲识得东风面，万紫千红总是春。春日的神州大地，处处呈现奋跃而上、生机勃发的景象，14亿多中国人民阔步行进在通向现代化强国梦想的康庄大道上。展望未来，当一个富强民主文明和谐美丽的社会主义现代化强国屹立在世界东方，中国共产党领导人民在中国进行的伟大社会革命将更加充分地展示出其世界意义、历史意义，为人类文明作出更大贡献。

（2023 年 03 月 02 日）

党的领导确保中国式现代化
锚定奋斗目标行稳致远

——推进中国式现代化关键在党③

　　我们党的奋斗目标一以贯之，一代一代地接力推进，取得了举世瞩目、彪炳史册的辉煌业绩

　　不管形势和任务如何变化，不管遇到什么样的惊涛骇浪，把握历史主动、锚定奋斗目标的中国共产党，始终沿着正确方向坚定前行

　　春天，是复苏的季节，也是忙碌的季节。邀请农业专家送来新品种，帮助种粮大户扩大播种面积；走村入户了解农户想法，向产业能手和致富能人寻思路、找方法，千方百计为村子蹚出发展路子；想方设法解决村民就业难题，联系企业负责人到村里商谈，努力拓展就业渠道……这个春天，广大驻村第一书记撸起袖子加油干、挥洒汗水努力拼，为了乡亲们的好日子不停奔走，全力以赴肩负起持续巩固拓展脱贫攻坚成果、全面推进乡村振兴的重要使命。从决战决胜脱贫攻坚到全面推进乡村振兴，变化的是阶段性目标，不变的是中国共产党人为民造福的初心使命、一以贯之的拼搏

奋斗。

不忘初心，方得始终。中国式现代化这艘航船之所以能锚定目标、劈波斩浪、行稳致远，正是由于有党的领导。在新进中央委员会的委员、候补委员和省部级主要领导干部学习贯彻习近平新时代中国特色社会主义思想和党的二十大精神研讨班开班式上，习近平总书记深刻指出："党的领导确保中国式现代化锚定奋斗目标行稳致远，我们党的奋斗目标一以贯之，一代一代地接力推进，取得了举世瞩目、彪炳史册的辉煌业绩。"

把我国建设成为社会主义现代化国家，是中国共产党念兹在兹的历史宏愿、始终不渝的奋斗目标。百年风雨跋涉，百年壮歌以行。自诞生之日起，中国共产党团结带领人民所进行的一切奋斗，就是为了把我国建设成为现代化强国，实现中华民族伟大复兴。一代代中国共产党人为此进行了艰辛探索与不懈奋斗。我们走过弯路，也遭遇过一些意想不到的困难和挫折，但建设社会主义现代化国家的意志和决心始终没有动摇。新中国成立特别是改革开放以来，我们用几十年时间走完西方发达国家几百年走过的工业化历程，创造了经济快速发展和社会长期稳定的奇迹，成功走出了中国式现代化道路，为中华民族伟大复兴开辟了广阔前景。我们党之所以能团结带领人民书写中华民族几千年历史上最恢宏的史诗，一个重要原因就是始终锚定奋斗目标，把我国发展进步的命运牢牢掌握在自己手中。不管形势和任务如何变化，不管遇到什么样的惊涛骇浪，把握历史主动、锚定奋斗目标的中国共产党，始终沿着正确方向坚定前行！

一代又一代的奋斗，一棒又一棒的接力。中国特色社会主义进入新时代，新一代中国共产党人接过历史的接力棒，在已有基础上继续前进，在认识上不断深化，在战略上不断完善，在实践上不断丰富，不断实现理论和实践上的创新突破，成功推进和拓展了中国式现代化。从明确"以中国式现代化全面推进中华民族伟大复兴"、初步构建中国式现代化的理论体系，到确定分"两步走"全面建成社会主义现代化强国的时间表，再到消除绝对贫困问题、全面建成小康社会……以习近平同志为核心的党中央团结带领亿万人民锚定目标、接续奋斗，书写了中国式现代化的崭新篇章。实践证明，中国式现代化走得通、行得稳，是强国建设、民族复兴的唯一正确道路。

实现宏伟目标不可能一蹴而就，必须一步一个脚印扎实推进。作为一个坚定的马克思主义政党，中国共产党善于把远大理想、最高纲领同脚踏实地、阶段性目标结合起来。观察中国式现代化，"五年规划"是一个重要窗口。新中国成立以来，我国以14个五年规划（计划）书写了人类历史上最为波澜壮阔的现代化篇章。用中长期规划指导经济社会发展，充分彰显了中国共产党领导的政治优势。在政党对比的视角中，这一显著优势更加凸显：我们党坚持把远大理想和阶段性目标统一起来，一旦确立目标，就咬定青山不放松，接续奋斗、艰苦奋斗、不懈奋斗，从根本上超越了资本主义国家政党纷争、党派偏私，政策前后不一、朝令夕改的弊端。

心中有目标，脚下有方向，山长水阔不辞其远，赴汤蹈火不改其志。党的二十大擘画了全面建设社会主义现代化国家、以中国式现代化全面推进中华民族伟大复兴的宏伟蓝图，吹响了奋进新征程的时代号角。新征程是充满光荣和梦想的远征，没有捷径，唯有实干。走过千山万水，仍需跋山涉水。前进道路上，只要我们始终坚持党的领导，坚定历史自信、增强历史主动，以咬定青山不放松的执着奋力实现既定目标，以行百里者半九十的清醒不懈推进中华民族伟大复兴，风雨无阻向前进，越是艰险越向前，中国号巨轮就一定能乘风破浪、扬帆远航。

习近平总书记强调："没有中国共产党，就没有新中国，就没有中华民族伟大复兴。"抬望眼，目标如同灯塔，指引着前进航向。立志于中华民族千秋伟业的中国共产党，团结带领亿万人民书写了人类发展史上的伟大传奇，也必将在新时代新征程上赢得更加伟大的胜利和荣光。

（2023 年 03 月 03 日）

党的领导激发建设中国式现代化的强劲动力

——推进中国式现代化关键在党④

　　我们党勇于改革创新，不断破除各方面体制机制弊端，为中国式现代化注入不竭动力

　　改革开放是党和人民大踏步赶上时代的重要法宝，是坚持和发展中国特色社会主义的必由之路，是决定当代中国命运的关键一招

　　北京发布《清理隐性壁垒优化消费营商环境实施方案》，提出51项改革任务；浙江公布《浙江省促进中小微企业发展条例》，明确各方主体服务支持中小微企业发展的举措和责任；吉林印发高效便利政务环境、公平公正法治环境、利企惠企市场环境、保障有力要素环境4个建设工程实施方案，提出182项政策举措和重点任务……近期，各地坚持以改革解难题、添动力，努力创造良好营商环境，激发各类经营主体活力。一项项举措，映照着全面深化改革不断向纵深推进，体现了新时代中国共产党人以更为强烈的历史自觉和主动精神引领变革、推进变革。

　　中国式现代化是中国共产党领导的社会主义现代化，党的领导直接关

系中国式现代化的根本方向、前途命运、最终成败。在新进中央委员会的委员、候补委员和省部级主要领导干部学习贯彻习近平新时代中国特色社会主义思想和党的二十大精神研讨班开班式上，习近平总书记指出："党的领导激发建设中国式现代化的强劲动力，我们党勇于改革创新，不断破除各方面体制机制弊端，为中国式现代化注入不竭动力。"

改革开放是党和人民大踏步赶上时代的重要法宝，是坚持和发展中国特色社会主义的必由之路，是决定当代中国命运的关键一招。1978 年 12 月我们党召开十一届三中全会，开启了改革开放和社会主义现代化的伟大征程。正是这"关键一招"的深入实施，让中国实现了从高度集中的计划经济体制到充满活力的社会主义市场经济体制的伟大历史转折，让一切劳动、知识、技术、管理、资本等要素的活力竞相迸发，让一切创造社会财富的源泉充分涌流。

改革开放之初，虽然我们国家大、人口多、底子薄，面对着重重困难和挑战，但我们对未来充满信心，设计了分三步走基本实现社会主义现代化的宏伟蓝图。改革开放 40 多年来，我们咬定青山不放松，风雨无阻朝着这个伟大目标前进。党的二十大深刻阐释了中国式现代化的中国特色、本质要求和必须牢牢把握的重大原则，擘画了全面建设社会主义现代化国家、以中国式现代化全面推进中华民族伟大复兴的宏伟蓝图。抚今追昔，我们党引领人民绘就了一幅波澜壮阔、气势恢宏的历史画卷，谱写了一曲感天动地、气壮山河的奋斗赞歌。

改革是解放和发展社会生产力的关键，是推动国家发展的根本动力。党的十八大以来，以习近平同志为核心的党中央以巨大的政治勇气全面深化改革，打响改革攻坚战，加强改革顶层设计，敢于突进深水区，敢于啃硬骨头，敢于涉险滩，敢于面对新矛盾新挑战，冲破思想观念束缚，突破利益固化藩篱，坚决破除各方面体制机制弊端，实现改革由局部探索、破冰突围到系统集成、全面深化的转变，开创了我国改革开放新局面。以完善产权制度和要素市场化配置为重点深化经济体制改革，使市场在资源配置中起决定性作用和更好发挥政府作用；加快实施创新驱动发展战略，143 项深化科技体制改革任务全面完成；持续深化医药卫生体制改革，已开展的 7 批集采累计降低百姓用药负担约 3000 亿元……新时代以来，各方面先后出台 2000 多个改革方案，目标指向一以贯之，重大部署接续递进。从夯基垒台、立柱架梁到全面推进、积厚成势，再到系统集成、协同高效，全面深化改革蹄疾步稳，各领域基础性制度框架基本建立，许多领域实现历史性变革、系统性重塑、整体性重构，国家治理体系和治理能力现代化水平明显提高，极大解放和发展了社会生产力，极大增强了社会发展活力。

我们已经走过千山万水，但仍需跋山涉水。习近平总书记强调："改革创新是通往长久繁荣的必由之路。"应当深刻认识到，推进中国式现代化是一个探索性事业，还有许多未知领域，需要我们在实践中大胆探索，通过改革创新来推动事业发展，决不能刻舟求剑、守株待兔。要始终牢记改革只有进行时、没有完成时，必须深入推进改革创新，坚定不移扩大开放，着力破解深层次体制机制障碍，不断彰显中国特色社会主义制度优势，不断增强社会主义现代化建设的动力和活力，把我国制度优势更好转化为国家治理效能。

惊涛骇浪从容渡，风雨无阻向前行。在刚刚闭幕的全国两会上，改革开放是代表委员热议的一个关键词。眺望前方的奋进路，准确识变、科学应变、主动求变，以高度的使命感和责任感坚定不移深化改革开放，激扬创新的精气神，我们就一定能在新时代新征程上创造新的伟业，不断赢得优势、赢得主动、赢得未来。

（2023 年 03 月 15 日）

党的领导凝聚建设中国式现代化的磅礴力量

——推进中国式现代化关键在党⑤

我们党坚持党的群众路线，坚持以人民为中心的发展思想，发展全过程人民民主，充分激发全体人民的主人翁精神

前进道路上，只要在党的旗帜下，全党全国各族人民团结成"一块坚硬的钢铁"，就没有战胜不了的艰难险阻，就没有成就不了的宏图大业

"充分运用数字化改革成果推进民生改善，真正让数据多跑路，让群众少跑腿""落实新就业形态劳动者权益保障政策，促进新就业形态健康发展""进一步增强养老服务供给能力，推进养老护理服务人员培养计划"……今年全国两会期间，民生话题备受关注，代表委员积极建言献策。着眼今年发展主要预期目标，提出国内生产总值增长 5% 左右，居民收入增长与经济增长基本同步……今年的《政府工作报告》中鲜明的政策导向，映照着以人民为中心的发展思想，传递出可感可知的民生温度。

现代化的本质是人的现代化。为人民谋幸福、为民族谋复兴，这是我们党领导现代化建设的出发点和落脚点。在新进中央委员会的委员、候补

委员和省部级主要领导干部学习贯彻习近平新时代中国特色社会主义思想和党的二十大精神研讨班开班式上，习近平总书记深刻指出："党的领导凝聚建设中国式现代化的磅礴力量，我们党坚持党的群众路线，坚持以人民为中心的发展思想，发展全过程人民民主，充分激发全体人民的主人翁精神。"在参加十四届全国人大一次会议江苏代表团审议时，习近平总书记指出"人民幸福安康是推动高质量发展的最终目的"，强调"紧紧抓住人民群众急难愁盼问题，采取更多惠民生、暖民心举措"。

尊重人的价值、激发人的能量、成就人的梦想，这是伟大事业最深厚的价值底色。近代以后，中国人民深受三座大山压迫。百年来，党领导人民进行了波澜壮阔的伟大斗争，中国从四分五裂、一盘散沙到高度统一、民族团结，从积贫积弱、一穷二白到全面小康、繁荣富强，从被动挨打、饱受欺凌到独立自主、坚定自信，仅用几十年时间就走完发达国家几百年走过的工业化历程，创造了经济快速发展和社会长期稳定两大奇迹，中国人民彻底摆脱了被欺负、被压迫、被奴役的命运，成为国家、社会和自己命运的主人，正在信心百倍书写着新时代中国发展的伟大历史。事实充分证明，中国式现代化是中国共产党领导的社会主义现代化，人民是逻辑起点，人民是价值旨归。

为了人民而发展，发展才有意义；依靠人民而发展，发展才有动力。小康梦、强国梦、中国梦，归根到底是老百姓的"幸福梦"。新时代十年来，在以习近平同志为核心的党中央坚强领导下，我们打赢了人类历史上规模最大的脱贫攻坚战，实现了小康这个中华民族的千年梦想；我们在幼有所育、学有所教、劳有所得、病有所医、老有所养、住有所居、弱有所扶上持续用力，建成世界上规模最大的教育体系、社会保障体系、医疗卫生体系，人民民主不断发展，人民群众获得感、幸福感、安全感更加充实、更有保障、更可持续，共同富裕取得新成效。实践证明，人民是我们党执政的最深厚基础和最大底气，只有坚持以人民为中心的发展思想，坚持发展为了人民、发展依靠人民、发展成果由人民共享，才会有正确的发展观、现代化观。

党的二十大擘画了以中国式现代化全面推进中华民族伟大复兴的宏伟

蓝图，明确了前进道路上必须牢牢把握的重大原则，"坚持和加强党的全面领导""坚持以人民为中心的发展思想"是其中的重要方面。今年全国两会上，习近平总书记语重心长："面对国际国内环境发生的深刻复杂变化，必须做到沉着冷静、保持定力，稳中求进、积极作为，团结一致、敢于斗争。"前进道路上，只要在党的旗帜下，全党全国各族人民团结成"一块坚硬的钢铁"，就没有战胜不了的艰难险阻，就没有成就不了的宏图大业。坚持一切为了人民、一切依靠人民，始终把人民放在心中最高位置、把人民对美好生活的向往作为奋斗目标，让现代化建设成果更多更公平惠及全体人民，推动共同富裕取得更为明显的实质性进展，就一定能为全面建设社会主义现代化国家、全面推进中华民族伟大复兴凝聚强大力量。

"我们的现代化既是最难的，也是最伟大的。"回首过往的奋斗路，新时代的伟大成就是党和人民一道拼出来、干出来、奋斗出来的。眺望前方的奋进路，只有全体人民心往一处想、劲往一处使，同舟共济、众志成城，敢于斗争、善于斗争，才能不断夺取新的更大胜利。毫不动摇坚持党的领导，把党的领导落实到党和国家事业各领域各方面各环节，坚持人民主体地位，尊重人民首创精神，想人民之所想，行人民之所嘱，不断实现好、维护好、发展好最广大人民根本利益，中国式现代化道路必将越走越宽广。

（2023 年 03 月 16 日）

处理好顶层设计与实践探索的关系

——推进中国式现代化需要处理好若干重大关系①

　　6组重大关系，既辩证统一又一脉相承，既着眼长远又脚踏实地，充分体现了马克思主义唯物辩证的思想方法

　　一个村庄的变化，折射一个国家的前行足迹。党的二十大胜利闭幕后，习近平总书记来到陕西省延安市安塞区高桥镇南沟村。习近平总书记十分关心灌溉和用水问题，老乡们告诉总书记，他们通过筑水坝、搞滴灌和精细化管理，有效解决了用水和灌溉问题。一个微小视角，映射着中国乡村的沧桑巨变，也彰显着顶层设计与实践探索的辩证统一：国家围绕全面推进乡村振兴进行顶层设计，各地因地制宜创造性落实党中央决策部署，为推动农业强、农村美、农民富注入强劲动能。

　　在新进中央委员会的委员、候补委员和省部级主要领导干部学习贯彻习近平新时代中国特色社会主义思想和党的二十大精神研讨班开班式上，习近平总书记深刻指出"推进中国式现代化是一个系统工程"，强调"正确处理好顶层设计与实践探索、战略与策略、守正与创新、效率与公平、活力与秩序、自立自强与对外开放等一系列重大关系"。6组重大关系，既辩证统一又一脉相承，既着眼长远又脚踏实地，充分体现了马克思主义唯物辩证的思想方法，是我们党对推进中国式现代化认识的进一步深化。这其中，摆在首位的就是处理好顶层设计与实践探索的关系。

不谋万世者，不足谋一时；不谋全局者，不足谋一域。党的二十大报告深刻阐述了中国式现代化的中国特色、本质要求、重大原则，这是推进中国式现代化的顶层设计。中国式现代化是分阶段、分领域推进的。实现各阶段发展目标，落实各领域发展战略，同样需要进行顶层设计。今天，无论是实现"双碳"目标、走好绿色发展之路，还是突破"卡脖子"技术、实现高水平自立自强；无论是持续保障和改善民生、扎实推动共同富裕，还是推动文化发展、建设文化强国，都涉及政府、企业、居民等多元主体，都呼唤城乡、地区、行业间协同配合，这就要进行顶层设计，做好系统谋划。进行顶层设计，需要深刻洞察世界发展大势，准确把握人民群众的共同愿望，深入探索经济社会发展规律，使制定的规划和政策体系体现时代性、把握规律性、富于创造性，做到远近结合、上下贯通、内容协调。

推进中国式现代化是一个探索性事业，还有许多未知领域，需要我们在实践中去大胆探索，通过改革创新来推动事业发展，决不能刻舟求剑、守株待兔。回首改革开放以来的发展历程，鼓励基层自发探索、发挥群众首创精神，允许各地根据自身特色进行差异化、多元化尝试，是推进改革发展的一条重要经验。进入新时代，"河长制""湖长制"让每一条河流、每一个湖泊都得到珍惜保护，以小切口撬动生态文明建设大棋局；"商事制度改革"提升企业开办便利度，激发了经营主体的活力潜力；上海自贸试验区敢为人先，大批制度创新成果向全国复制推广……事实证明，改革创新最大的活力蕴藏在基层和群众中间。新征程上，各地区各部门要结合各自具体实际开拓创新，特别是在前沿实践、未知领域，鼓励大胆探索、敢为人先，寻求有效解决新矛盾新问题的思路和办法，努力创造可复制、可推广的新鲜经验。

更应看到，顶层设计与实践探索是辩证统一的，要求我们在推进中国式现代化实践中实现二者良性互动、有机结合。在加强顶层设计时，不能脱离基本国情和实践需要，立足基层实践的顶层设计，才能扎根中国大地、指导火热实践；在进行实践探索时，不能一叶障目、迷失方向，契合顶层设计的实践探索，才能更好形成合力、服务全局。既从全局着眼谋篇布局、做好制度设计，又从实践入手笃行不怠、进行大胆探索，真正做到在战略决策上坚持顶层设计、在战术选择上鼓励实践探索，才能调动中央和地方两个积极性，最大限度激发推进中国式现代化的强大力量。

中国是一个超大规模国家，惟其规模巨大，更需整体层面的战略谋划；惟其国情复杂，更需具体落实的灵活创新。习近平总书记强调："治理这样一个国家很不容易，必须登高望远，同时必须脚踏实地。"登高望远，以顶层设计定向把舵；脚踏实地，以实践探索踔厉奋发，我们就一定能沿着中国式现代化这条强国建设、民族复兴的唯一正确道路阔步前进，走向更光明的未来。

（2023 年 02 月 21 日）

处理好战略与策略的关系

——推进中国式现代化需要处理好若干重大关系②

　　把谋事和谋势、谋当下和谋未来统一起来，对趋势性问题具有前瞻性和预见性，才能未雨绸缪、提前谋划、牢牢把握战略主动权

　　把战略的原则性和策略的灵活性有机结合起来，灵活机动、随机应变、临机决断，在因地制宜、因势而动、顺势而为中把握战略主动

　　巩固拓展脱贫攻坚成果同乡村振兴有效衔接，农业农村发展呈现新面貌新气象；义务教育普及程度达到世界高收入国家平均水平，高等教育实现从大众化到普及化的历史性跨越；京津冀协同发展、长江经济带发展、粤港澳大湾区建设等区域重大战略，引领我国区域发展取得历史性成就……新时代十年来，高瞻远瞩的战略擘画，精准有力的策略举措，为成功推进和拓展中国式现代化提供了坚实支撑。

　　在新进中央委员会的委员、候补委员和省部级主要领导干部学习贯彻习近平新时代中国特色社会主义思想和党的二十大精神研讨班开班式上，

习近平总书记提出推进中国式现代化需要处理好若干重大关系，其中之一就是战略与策略的关系。战略和策略是辩证统一的关系，战略是从全局、长远、大势上作出判断和决策，策略是在战略指导下为战略服务的，正确的战略需要正确的策略来落实。正确运用战略策略是我们党创造辉煌历史、成就千秋伟业、战胜各种风险挑战、不断从胜利走向胜利的成功秘诀。推进中国式现代化必须把这一成功秘诀总结好、运用好。

战略问题是一个政党、一个国家的根本性问题。凡事预则立，不预则废。站在时代前沿观察思考问题，把谋事和谋势、谋当下和谋未来统一起来，对趋势性问题具有前瞻性和预见性，才能未雨绸缪、提前谋划、牢牢把握战略主动权。党的十八大以来，提出高质量发展引领经济转型升级，提出科技自立自强破解"卡脖子"问题，提出构建新发展格局应对外部环境变化……正是战略上的前瞻性思考，使我国在面对不确定性因素时总能收放自如、应对裕如。因此，要增强战略的前瞻性，准确把握事物发展的必然趋势，敏锐洞悉前进道路上可能出现的机遇和挑战，以科学的战略预见未来、引领未来。

党的二十大报告着眼以中国式现代化全面推进中华民族伟大复兴，提出深入实施科教兴国战略、人才强国战略、创新驱动发展战略等一系列重大战略。凡是涉及我国经济、政治、文化、社会、生态、外交、国防和党的建设等全局性的重大问题，都需要从战略上进行思考、研究和筹谋；凡是涉及改革发展稳定工作中的各种重大问题，也都需要从战略上拿出治本之策。因此，要增强战略的全局性，谋划战略目标、制定战略举措、作出战略部署，都要着眼于解决事关党和国家事业兴衰成败、牵一发而动全身的重大问题。

战略的实施过程必然会遇到各种不同的实际情况和形势环境的不断变化，如果没有足够的战略定力，一遇到风险挑战就止步退缩，就不能把战略落实到位。进入新时代，从锲而不舍打赢脱贫攻坚战，到持之以恒建设美丽中国，再到不断完善区域协调发展战略，保持战略定力和耐心、坚持一张蓝图绘到底，这是各项战略取得实际成效的重要原因。因此，要增强战略的稳定性，战略一经形成，就要长期坚持、一抓到底、善作善成，不要随意改变。

策略是战略实施的科学方法。要取得各方面斗争的胜利，我们不仅要有战略谋划，有坚定意志，还要有策略、有智慧、有方法。应该看到，实施战略的环境条件随时都在发生变化，每时每刻都会遇到新情况新问题。这就需要把战略的原则性和策略的灵活性有机结合起来，灵活机动、随机应变、临机决断，在因地制宜、因势而动、顺势而为中把握战略主动。各地区各部门一方面要恪守战略的原则性，确定工作思路、工作部署、政策措施，要自觉同党的理论和路线方针政策对标对表、及时校准偏差；另一方面也要善于把握策略的灵活性，制定符合实际的工作策略和方法，以创造性贯彻落实赢得主动、赢得优势、赢得未来。

"有一定之略，然后有一定之功。"我们党之所以能够统一思想、统一步调、团结一致向前进，之所以能够取得革命、建设、改革的伟大胜利和辉煌成就，就在于我们党坚持马克思主义指导，高瞻远瞩、见微知著，既解决现实问题，又解决战略问题，准确判断和把握形势，制定切合实际的目标任务、政策策略。走在中国式现代化这条强国建设、民族复兴的康庄大道上，正确运用战略策略的成功秘诀，放眼全局谋一域、把握形势谋大事，中国号巨轮一定能乘风破浪、扬帆远航，迎来更加壮阔的光明前程。

（2023 年 02 月 22 日）

处理好守正与创新的关系

——推进中国式现代化需要处理好若干重大关系③

> 处理好守正与创新的关系，在守正中把稳舵盘、保持航向，在创新中寻求突破、扬帆远航
>
> 守正与创新相辅相成，体现了变与不变、继承与发展、原则性与创造性的辩证统一

观察中国的发展，"五年规划"是一个重要窗口。新中国成立以来，我国以 14 个五年规划（计划）书写了人类历史上最为波澜壮阔的现代化进程。在这个过程中，把我国建设成为现代化强国的目标坚定不移，同时根据不同阶段科学制定发展规划，正体现了守正与创新相统一的方法论智慧。

守正创新是我们党在新时代治国理政中的重要思维方法。在新进中央委员会的委员、候补委员和省部级主要领导干部学习贯彻习近平新时代中国特色社会主义思想和党的二十大精神研讨班开班式上，习近平总书记提出推进中国式现代化需要处理好若干重大关系，其中之一就是守正与创新的关系。知常明变者赢，守正创新者进。守正创新，既与中华民族几千年

来恪守正道、革故鼎新的文化传统相承袭，又与我们党一贯坚持的解放思想、实事求是、与时俱进、求真务实的品格相贯通。中国式现代化的探索就是一个在继承中发展、在守正中创新的历史过程。在推进中国式现代化这项前无古人的开创性事业中，我们必须处理好守正与创新的关系，在守正中把稳舵盘、保持航向，在创新中寻求突破、扬帆远航。

方向决定道路，道路决定命运。唯有守正，才能不迷失方向、不犯颠覆性错误。进入新时代，我们坚持以习近平新时代中国特色社会主义思想为指导，进一步深化对中国式现代化的内涵和本质的认识，概括形成中国式现代化的中国特色、本质要求和重大原则，初步构建中国式现代化的理论体系。在推进中国式现代化的新征程上，必须守好中国式现代化的本和源、根和魂，毫不动摇坚持中国式现代化的中国特色、本质要求、重大原则，坚持党的基本理论、基本路线、基本方略，坚持党的十八大以来的一系列重大方针政策，确保中国式现代化的正确方向。

实践没有止境，变化永不停息。唯有创新，才能把握时代、引领时代。党的十八大以来，从深化党和国家机构改革、党和国家机构职能实现系统性整体性重构，到在科研领域实行"揭榜挂帅"制度、激发科技创新活力，再到建设全国统一大市场、更好促进国内大循环……一系列改革在坚持正确方向的前提下推进实践创新、制度创新，极大增强了社会活力和创造力。应该看到，推进中国式现代化是一个探索性事业，还有许多未知领域，需要我们在实践中去大胆探索，通过改革创新来推动事业发展。因此，要把创新摆在国家发展全局的突出位置，顺应时代发展要求，着眼于解决重大理论和实践问题，积极识变应变求变，大力推进理论创新、实践创新、制度创新、文化创新以及其他各方面创新，不断开辟发展新领域新赛道，塑造发展新动能新优势，让创新在全社会蔚然成风。

源浚者流长，根深者叶茂。守正与创新相辅相成，体现了变与不变、继承与发展、原则性与创造性的辩证统一。守正不是墨守成规、一成不变，创新不是无本之木、无源之水。只有在创新基础上的守正，才不会故步自封，才能与时俱进、推陈出新；只有在守正基础上的创新，才不会偏离方向，才能根深叶茂、源远流长。坚持守正与创新的辩证统一，以守正为创新凝心铸魂，以创新为守正注入活力，就能始终沿着正确方向推动中国式现代化行稳致远。

新中国成立后提出建设"四个现代化"，改革开放后提出现代化建设"三步走"战略，党的二十大对全面建成社会主义现代化强国两步走战略安排进行宏观展望……朝着社会主义现代化强国目标，我们党守正不渝，创新不止。前进道路上，锚定既定目标、保持战略定力，紧跟时代步伐、顺应实践发展，在立场、方向、原则、道路等根本性问题上旗帜鲜明、毫不含糊，以满腔热忱对待一切新生事物，不断拓展认识的广度和深度，敢于说前人没有说过的新话，敢于干前人没有干过的事情，一棒接着一棒跑，一关接着一关闯，我们定能沿着中国式现代化这条康庄大道，实现中华民族伟大复兴。

（2023 年 02 月 23 日）

处理好效率与公平的关系

——推进中国式现代化需要处理好若干重大关系④

> 要实现全面建设社会主义现代化国家各项目标任务，必须保持一定的经济增长速度，"发展是硬道理"要继续坚持
>
> 公平要建立在效率的基础上，效率也要以公平为前提才得以持续。处理好效率与公平的关系，就要做到统筹兼顾、有机结合

"山沟沟里绕蜡村，小路弯弯绕山转"，四川省阿坝藏族羌族自治州九寨沟县黑河镇绕蜡村曾是省级贫困村，受地理环境影响，当地交通、通信等基础设施建设一度落后。近年来，随着脱贫攻坚和乡村振兴的推进，"信息高速公路"铺进山旮旯，农村公路修进深沟偏寨，村子面貌焕然一新。在东西部扶贫协作帮扶资金的支持下，当地还建起了葡萄种植基地，村民以土地参股，去年亩产葡萄逾2500斤，总收入52万余元。政策支持、资金投入、对口帮扶……像绕蜡村这样的发展故事，在中华大地广泛上演，广大人民群众共享发展成果，走向共同富裕，生活蒸蒸日上。

在新进中央委员会的委员、候补委员和省部级主要领导干部学习贯彻习近平新时代中国特色社会主义思想和党的二十大精神研讨班开班式上，

习近平总书记提出推进中国式现代化需要处理好若干重大关系，其中之一就是效率与公平的关系。中国式现代化是全体人民共同富裕的现代化，既要创造比资本主义更高的效率，又要更有效地维护社会公平，更好实现效率与公平相兼顾、相促进、相统一。只有处理好效率与公平的关系，在做大蛋糕的同时分好蛋糕，才能让现代化建设成果更多更公平惠及全体人民。

贫穷不是社会主义，我国仍处于社会主义初级阶段，发展是解决我国一切问题的基础和关键。以供给侧结构性改革提高供给体系质量和效率，以深入推进简政放权激发市场活力，以大力减税降费为企业纾困解难……党的十八大以来，一系列改革举措不断推出，极大提升了经济社会发展的效率。应该看到，我们要实现全面建设社会主义现代化国家各项目标任务，必须保持一定的经济增长速度，"发展是硬道理"要继续坚持。要坚持和完善社会主义基本经济制度，毫不动摇巩固和发展公有制经济，毫不动摇鼓励、支持、引导非公有制经济发展，充分发挥市场在资源配置中的决定性作用，更好发挥政府作用，构建全国统一大市场，深化要素市场化改革，建设高标准市场体系，营造市场化、法治化、国际化一流营商环境，着力提高全要素生产率。

贫富悬殊、两极分化也不是社会主义，全体人民共同富裕的现代化，是中国式现代化的本质特征。我们追求的发展是造福人民的发展，我们追求的富裕是全体人民共同富裕。从完善收入分配制度，到促进基本公共服务均等化，再到主动解决地区差距、城乡差距、收入差距等问题……我们已经形成促进全体人民共同富裕的一整套思想理念、制度安排、政策举措，推动共同富裕取得新成效。应该看到，促进全体人民共同富裕，让所有人都有机会凭自己的能力参与现代化进程，避免贫富悬殊、两极分化，这体现了中国式现代化鲜明的价值底色。要加快建立以权利公平、机会公平、规则公平为主要内容的社会公平保障体系，保证人民平等参与、平等发展权利，扎实推进全体人民共同富裕取得更为明显的实质性进展。

公平要建立在效率的基础上，效率也要以公平为前提才得以持续。处理好效率与公平的关系，就要做到统筹兼顾、有机结合，避免在现实中剑走偏锋、顾此失彼。既不能因为片面追求效率而在客观上造成富者愈富、穷者愈穷的马太效应，也不能因为片面追求公平而影响社会活力的释放。以提升效率不断做大蛋糕，以促进公平分好蛋糕，才能实现效率与公平的辩证统一，既推动社会主义现代化事业不断发展壮大，又让每个人都分享成果、参与其中。

"21世纪第一个10年，年均收入46500元；2021年，总收入141200元；轿车换了1辆，电视机换了2台，电脑换了2台，手机换了3部……"这是山东省枣庄市一位市民的家庭"小账本"，记录着满满的获得感和幸福感，也折射出经济发展成果不断惠及亿万人民。处理好效率与公平的关系，进一步解放和发展生产力，让一切劳动、知识、技术、管理、资本的活力竞相迸发，让一切创造社会财富的源泉充分涌流，不断提升发展的平衡性、协调性、包容性，我们就一定能实现更高质量、更有效率、更加公平、更可持续、更为安全的发展，使全体人民共享发展成果。

（2023年02月24日）

处理好活力与秩序的关系

——推进中国式现代化需要处理好若干重大关系⑤

　　充分调动人民群众的积极性、主动性、创造性，让创新创造的活力充分涌流、竞相迸发，是我们攻克一个又一个难关、创造一个又一个人间奇迹的重要原因

　　实现社会有序运行与社会活力迸发相统一、相协调，确保人民安居乐业、社会安定有序、国家长治久安

　　春回大地，神州渐暖。在北京，周末各大商圈人潮涌动，消费潜力加速释放；在上海的自动化码头，超大型货轮有序进行集装箱吊装作业；在陕西延安，南沟村的乡亲们忙着管护苹果树……今天，流动的中国充满生机活力、保持和谐有序，呈现既有活力、又有秩序的时代画卷。

　　在新进中央委员会的委员、候补委员和省部级主要领导干部学习贯彻习近平新时代中国特色社会主义思想和党的二十大精神研讨班开班式上，习近平总书记提出推进中国式现代化需要处理好若干重大关系，其中之一就是活力与秩序的关系。社会发展需要充满活力，但这种活力又必须是有序活动的。一个现代化的社会，应该既充满活力又拥有良好秩序，呈现出

活力和秩序有机统一。中国式现代化应当实现、能够实现活而不乱、活跃有序的动态平衡。

在科研领域，下放科技管理权限，赋予科研人员和科研单位更大科研自主权；探索首席科学家负责制，鼓励支持首席科学家团队勇闯科学的"无人区"；实行"揭榜挂帅""赛马"等制度，鼓励科技领军人才挂帅出征。这一系列改革举措为科研人员松绑，极大激发了科技创新活力。充分调动人民群众的积极性、主动性、创造性，让创新创造的活力充分涌流、竞相迸发，是我们攻克一个又一个难关、创造一个又一个人间奇迹的重要原因。让经济社会发展永葆生机活力，还要深化各方面的体制机制改革，充分释放全社会创造潜能，鼓励科学家、企业家、艺术家等各方面人才特别是青年人才创新创造；采取切实有效措施解决不愿担当、不敢担当、不善担当等问题，充分调动广大党员干部干事创业的积极性；形成劳动创造财富、实干创造业绩、奋斗创造幸福的正确导向，充分激发全社会创造活力。

世界现代化历程的一般规律表明，一个国家在从传统社会向现代社会转变的过程中，往往都要经历一个社会矛盾和风险的高发期。在追求现代化的艰苦卓绝奋斗中，我们党领导人民创造了世所罕见的经济快速发展和社会长期稳定两大奇迹，不仅用几十年时间走完发达国家几百年走过的工业化历程，更在实现经济快速发展的同时有效应对转型阵痛、确保社会长期稳定，让经济社会发展的活力有序释放。实践充分表明，只有在秩序的框架下，保持稳定安全的社会环境，才能不断释放经济社会发展活力，汇聚源源不断的发展动力。要统筹发展和安全，贯彻总体国家安全观，健全国家安全体系，增强维护国家安全能力，坚定维护国家政权安全、制度安全、意识形态安全和重点领域安全；提高公共安全治理水平，完善社会治理体系，提升社会治理效率；发展全过程人民民主，努力把矛盾纠纷化解在基层、消除在萌芽状态。

秩序代表着社会的有序、和谐与稳定，而活力则蕴含着社会的丰富性、多样性。健康、良好的社会秩序是社会焕发活力的前提和保障，社会活力的奔涌则会进一步促进社会秩序的提升，活力和秩序两者相辅相成、辩证统一。正如习近平总书记深刻指出的："社会治理是一门科学，管得太死，一潭死水不行；管得太松，波涛汹涌也不行。"寓活力于秩序之中，建秩序于活力之上，实现社会有序运行与社会活力迸发相统一、相协调，确保人民安居乐业、社会安定有序、国家长治久安，才能确保中国式现代化稳步向前。

今天的中国，是一个活力奔涌的中国，也是一个和谐稳定的中国。以中国式现代化全面推进中华民族伟大复兴，既要以安定有序赢得长远，也要以旺盛活力提供动力。科学有效协调活力与秩序的关系，保持活力与秩序的动态平衡，定能续写两大奇迹新篇章，汇聚起实现中华民族伟大复兴的磅礴力量。

（2023 年 02 月 27 日）

处理好自立自强与对外开放的关系

——推进中国式现代化需要处理好若干重大关系⑥

正是因为我们坚持独立自主、自力更生，在实现高水平自立自强上迈出坚实步伐，才能够"任凭风浪起，稳坐钓鱼台"，成功应对外部环境变化和各种外部冲击

只有在独立自主的基础上借鉴吸收一切人类优秀文明成果，做到不忘本来、吸收外来，才能更好地开创未来

截至 2 月 14 日，被誉为"中国天眼"的 500 米口径球面射电望远镜（FAST）已发现 740 余颗新脉冲星。从落成运行，到首次发现毫秒脉冲星，再到如今持续产出成果，中国在脉冲星观测和研究等领域实现从跟跑、并跑到领跑的跨越。FAST 也于 2021 年 3 月正式向全球开放共享，向全球天文学家征集观测申请，大大增加了人类有效探索的宇宙空间范围。"中国天眼"不仅推动中国科技进步，更让全人类看得更远，这是我们坚持自立自强与对外开放有机结合的生动缩影。

在新进中央委员会的委员、候补委员和省部级主要领导干部学习贯彻习近平新时代中国特色社会主义思想和党的二十大精神研讨班开班式上，

习近平总书记提出推进中国式现代化需要处理好若干重大关系，其中之一就是自立自强与对外开放的关系。既坚持独立自主、自立自强，也坚持不断扩大高水平对外开放，在自主中谋求发展、在开放中坚持自主，才能走好自己的路、办好自己的事，在中国与世界各国良性互动、互利共赢中推进中国式现代化事业。

推进中国式现代化必须坚持独立自主、自立自强，坚持把国家和民族发展放在自己力量的基点上，坚持把我国发展进步的命运牢牢掌握在自己手中。这些年，矢志攻克关键领域核心技术，努力破解"卡脖子"难题；发展数字经济、人工智能，抢占未来先机；构建全国统一大市场，为畅通国内大循环奠定基础……正是因为我们坚持独立自主、自力更生，在实现高水平自立自强上迈出坚实步伐，才能够"任凭风浪起，稳坐钓鱼台"，成功应对外部环境变化和各种外部冲击。新征程上，要加快构建新发展格局，夯实我国经济发展的根基、增强发展的安全性稳定性，在各种可以预见和难以预见的狂风暴雨、惊涛骇浪中增强我国的生存力、竞争力、发展力、持续力；要健全新型举国体制，继续抓好关键核心技术攻关，强化国家战略科技力量，加快科技自立自强步伐。

对外开放是中国的基本国策，任何时候都不会动摇。推进中国式现代化，也需要不断扩大高水平对外开放。新春伊始，天津港码头机器轰鸣，国际班列接踵而至；"最北自贸区"中国（黑龙江）自由贸易试验区黑河片区的企业生产正忙，奋力冲刺首季"开门红"；浙江义乌国际商贸城兔年开市首日，客流量超 22 万人次，210 多万种商品上新……扩大对外开放，中国有坚定决心、鲜明态度，更有务实行动、扎实举措。过去中国经济发展是在开放条件下取得的，未来中国经济实现高质量发展也必须在更加开放的条件下进行。新征程上，要不断扩大高水平对外开放，深度参与全球产业分工和合作，稳步拓展规则、规制、管理、标准等制度型开放，推动共建"一带一路"高质量发展，维护多元稳定的国际经济格局和经贸关系，用好国内国际两种资源，拓展中国式现代化的发展空间。

处理好自立自强与对外开放的关系，需要把握好中与西、内与外之间的内在张力。习近平总书记深刻指出，"当代中国的伟大社会变革，不是简单延续我国历史文化的母版，不是简单套用马克思主义经典作家设想的模板，不是其他国家社会主义实践的再版，也不是国外现代化发展的翻版"。当人类越来越成为你中有我、我中有你的命运共同体，没有对外开放就会故步自封，没有自立自强就会随波逐流，只有在独立自主的基础上借鉴吸收一切人类优秀文明成果，做到不忘本来、吸收外来，才能更好地开创未来。

"我们开放的大门永远是敞开的，同时一定要定下心来，一心一意走自己的路，而且要建立这样的一种自信，就是我们一定会把自己的事业办好，屹立于世界民族之林。"习近平总书记的一番话发人深思。面向未来，我们怀揣"把自己的事业办好"的坚定底气，保持"开放的大门永远是敞开的"广阔胸襟，就能以中国式现代化为世界提供更多机遇，为人类进步作出更大贡献。

（2023 年 02 月 28 日）

以党的自我革命引领社会革命

——深入推进新时代党的建设新的伟大工程①

　　一个饱经沧桑而初心不改的党，才能基业常青；一个铸就辉煌仍勇于自我革命的党，才能无坚不摧

　　2022年10月27日，党的二十大胜利闭幕后不到一周，习近平总书记带领新当选的二十届中共中央政治局常委来到延安，瞻仰革命纪念地。在延安革命纪念馆，习近平总书记在"延安时期的十个没有"展板前久久驻足。展板之上，列首位的正是"没有贪官污吏"。习近平总书记指出："当年毛泽东同志等老一辈革命家在延安，住窑洞、吃粗粮、穿布衣，用'延安作风'打败了'西安作风'。全党同志要把老一辈革命家和共产党人留下的光荣传统和优良作风传承好发扬好，勇于推进党的自我革命，坚定不移推进全面从严治党，始终保持党的先进性和纯洁性，确保党始终成为中国特色社会主义事业的坚强领导核心。"铿锵有力的话语，彰显百年大党一以贯之坚持自我革命的坚强决心，体现中国共产党人永葆政治本色的坚定信心。

　　先进的马克思主义政党不是天生的，而是在不断自我革命中淬炼而成

的。勇于自我革命是我们党最鲜明的品格，也是我们党最大的优势。习近平总书记在党的二十大报告中强调，"全面从严治党永远在路上，党的自我革命永远在路上"。这一重要论断，揭示了我们党历经百年依然风华正茂的奥秘所在，标志着我们党对建设长期执政的马克思主义政党的规律性认识达到新高度。新征程上，必须站在事关党长期执政、国家长治久安、人民幸福安康的高度，把全面从严治党作为党的长期战略、永恒课题，始终坚持问题导向，保持战略定力，发扬彻底的自我革命精神，永远吹冲锋号，把严的基调、严的措施、严的氛围长期坚持下去，把党的伟大自我革命进行到底，以党的自我革命引领社会革命。

一个饱经沧桑而初心不改的党，才能基业常青；一个铸就辉煌仍勇于自我革命的党，才能无坚不摧。新时代十年，以习近平同志为核心的党中央把全面从严治党纳入"四个全面"战略布局，刀刃向内、刮骨疗毒，猛药祛疴、重典治乱，打了一套自我革命的"组合拳"。十年淬火锻造，十年百炼成钢。经过不懈努力，我们刹住了一些长期没有刹住的歪风，纠治了一些多年未除的顽瘴痼疾，反腐败斗争取得压倒性胜利并全面巩固，党的自我净化、自我完善、自我革新、自我提高能力显著增强，管党治党宽松软状况得到根本扭转，风清气正的党内政治生态不断形成和发展，党找到了自我革命这一跳出治乱兴衰历史周期率的第二个答案。

胜利时不骄傲，始终心存忧患意识、保持谦虚谨慎，这是中国共产党人的基因。习近平总书记在二十届中央纪委二次全会上强调，"要时刻保持解决大党独有难题的清醒和坚定"。我们党是一个拥有9600多万名党员、490多万个基层党组织的大党，肩负着团结带领亿万人民完成历史使命的重任。大党大国，既是我们办大事、建伟业的优势，也使我们治党治国面对很多独有难题。如何始终不忘初心、牢记使命，如何始终统一思想、统一意志、统一行动，如何始终具备强大的执政能力和领导水平，如何始终保持干事创业精神状态，如何始终能够及时发现和解决自身存在的问题，如何始终保持风清气正的政治生态，都是我们这个大党必须解决的独有难题。在新的历史条件下，要永葆党的马克思主义政党本色，关键还得靠我们党自己。面对新征程上的新挑战新考验，我们必须高度警省，驰而不息推进全面从严治党，使百年大党在自我革命中不断焕发蓬勃生机，始终成为中国人民最可靠、最坚强的主心骨。

全面建设社会主义现代化国家、全面推进中华民族伟大复兴，关键在党。历经岁月洗礼愈发朝气蓬勃，饱经磨难考验依然初心如磐，坚持自我革命，全面从严治党，这是百年大党立志千秋伟业而作出的战略抉择，也是把新时代坚持和发展中国特色社会主义这场伟大社会革命进行好的必然要求。正如习近平总书记强调的："今天，我们党更大了，党的队伍更大了，党的事业更大了，我们肩负的责任也更大了，人民对党的要求也更大了、更高了、更严了。"全面建设社会主义现代化国家是一项伟大而艰巨的事业。眺望前方的奋进路，有风平浪静，也有惊涛骇浪；有大江奔流，也有乱云飞渡。只有坚持不懈推进党的自我革命，坚定不移推进全面从严治党，才能确保党永远不变质、不变色、不变味，确保党在新时代坚持和发展中国特色社会主义的历史进程中始终成为坚强领导核心，引领和保障中国特色社会主义巍巍巨轮乘风破浪、行稳致远。

历史长河奔腾不息，时代考卷常出常新。永葆自我革命精神，增强全面从严治党永远在路上的政治自觉，以伟大自我革命引领伟大社会革命，以伟大社会革命促进伟大自我革命，就一定能把人民对我们党的"考试"、把我们党正在经受和将要经受各种考验的"考试"考好，在新的赶考之路上继续创造令人刮目相看的新的奇迹。

（2023 年 01 月 31 日）

全面、系统、整体落实党的领导

——深入推进新时代党的建设新的伟大工程②

要治理好我们这个大党、治理好我们这个大国，保证党的团结和集中统一至关重要，维护党中央权威至关重要

深刻领悟"两个确立"的决定性意义，增强"四个意识"、坚定"四个自信"、做到"两个维护"，不断提高政治判断力、政治领悟力、政治执行力

2021 年 9 月 13 日，陕西榆林米脂县城东南，杨家沟革命旧址。正在陕西榆林考察的习近平总书记来到这里。70 多年前，中国共产党中央机关在这个小山沟进驻了 120 天，毛泽东同志在这里写下 40 余篇文献及 80 余封电文稿，指挥全国解放战争。随着电台的电波，"毛主席和党中央的声音"从陕北窑洞飞向大江南北，全党全军都无条件执行"嘀嗒、嘀嗒"的命令，摧枯拉朽、克敌制胜。抚今追昔，习近平总书记深刻指出，"要始终坚持和完善党的领导"。这一明确要求，揭示了我们党不断从胜利走向胜利的重要密码。

中国共产党是最高政治领导力量，坚持党中央集中统一领导是最高政

治原则。习近平总书记在党的二十大报告中强调："党的领导是全面的、系统的、整体的，必须全面、系统、整体加以落实。"要治理好我们这个大党、治理好我们这个大国，保证党的团结和集中统一至关重要，维护党中央权威至关重要。新征程上，我们必须坚持和加强党中央集中统一领导，健全总揽全局、协调各方的党的领导制度体系，完善党中央重大决策部署落实机制，确保全党在政治立场、政治方向、政治原则、政治道路上同党中央保持高度一致，确保党的团结统一。

坚持和加强党的全面领导，坚持和加强党中央集中统一领导，这是党的十八大以来取得的最重要成就之一，也是党和国家事业取得历史性成就、发生历史性变革的坚强政治保证。我们不会忘记，决战决胜脱贫攻坚，一声令下，25.5万个驻村工作队、300多万名第一书记和驻村干部，同近200万名乡镇干部和数百万村干部一道奋战在扶贫一线；我们不会忘记，面对突如其来的新冠疫情，一声令下，三军星夜齐发、举国八方支援，460多万个基层党组织冲锋陷阵，400多万名社区工作者在全国65万个城乡社区日夜值守，14亿多中国人民同呼吸、共命运，肩并肩、心连心……实践无可辩驳地证明：风雨来袭之时，中国共产党是中国人民最可靠的主心骨；披荆斩棘之路，中国共产党是中华民族复兴征程上最坚强的领导核心。只要全党全国各族人民在党的旗帜下团结成"一块坚硬的钢铁"，心往一处想、劲往一处使，就能够推动中华民族伟大复兴号巨轮乘风破浪、扬帆远航。

坚持党的领导，首先是坚持党中央权威和集中统一领导。维护党中央集中统一领导，是一个成熟的马克思主义执政党的重大建党原则。习近平总书记深刻指出："我们这么大一个党、这么大一个国家，如果党中央不能实行坚强有力的集中统一领导，就会出现各自为政、自行其是的局面，那就什么事情也干不成。"维护党中央集中统一领导是具体的而不是抽象的，首先要落实到坚定维护党中央权威上，落实到增强"四个意识"、坚定"四个自信"、做到"两个维护"的实际行动上。任何时候任何情况下都要坚持同党中央保持高度一致，在党中央统一指挥的合奏中形成和声，决不能荒腔走板、变味走调；任何时候任何情况下都要坚持以党的旗帜为旗帜、以党的方向为方向、以党的意志为意志，做到党中央提倡的坚决响应，党中央决定的坚决照办，党中央禁止的坚决不做，时常对标对表，及时校正偏差；任何时候任何情况下都要坚持对党绝对忠诚，与党中央同心同德，真心爱党、时刻忧党、坚定护党、全力兴党。

全党有核心，党中央才有权威，党才有力量。新时代这十年，多少涉滩之险，多少爬坡之艰，多少闯关之难，党面临形势环境的复杂性和严峻性、肩负任务的繁重性和艰巨性世所罕见、史所罕见。稳经济、促发展，战贫困、建小康，控疫情、抗大灾，应变局、化危机……以习近平同志为核心的党中央团结带领全党全国各族人民迎难而上、砥砺奋进，攻克了许多长期没有解决的难题，办成了许多事关长远的大事要事，推动党和国家事业取得举世瞩目的重大成就。亲身经历非凡十年的历史性成就、历史性变革，亲眼见证一个个"当惊世界殊"的发展奇迹，我们更深刻领悟到，"两个确立"是推动党和国家事业取得历史性成就、发生历史性变革的决定性因素，是战胜一切艰难险阻、应对一切不确定性的最大确定性、最大底气、最大保证。

坚持党的领导，必须不断改善党的领导。"完善党中央决策议事协调机构，加强党中央对重大工作的集中统一领导""加强党的政治建设，严明政治纪律和政治规矩，落实各级党委（党组）主体责任""坚持科学执政、民主执政、依法执政，贯彻民主集中制，创新和改进领导方式""增强党内政治生活政治性、时代性、原则性、战斗性"……党的二十大从党和国家事业发展全局的高度，对"坚持和加强党中央集中统一领导"作出重要部署。坚定不移把党的二十大提出的目标任务落到实处，我们一定能把党建设得更加坚强有力，让党的领导更加适应实践、时代、人民的要求。

旗帜鲜明讲政治、保证党的团结和集中统一是党的生命，也是我们党能成为百年大党、创造世纪伟业的关键所在。深刻领悟"两个确立"的决定性意义，增强"四个意识"、坚定"四个自信"、做到"两个维护"，不断提高政治判断力、政治领悟力、政治执行力，我们党必将更加团结统一，我们的事业必将一往无前。

（2023 年 02 月 02 日）

用党的创新理论武装全党

——深入推进新时代党的建设新的伟大工程③

思想就是力量。坚持以科学理论引领、用科学理论武装，是马克思主义政党永葆先进性纯洁性的根本保证，也是我们党的政治优势

自觉做习近平新时代中国特色社会主义思想的坚定信仰者、积极传播者、忠实实践者，我们就一定能筑牢信仰之基、补足精神之钙、把稳思想之舵

浙江组织党的二十大代表走进一线，以亲身经历、切身感受宣讲党的二十大精神；重庆创新宣讲形式，用小故事讲清楚大道理，深入浅出地向群众宣讲党的二十大精神；山西派出宣讲团分赴农村、社区、高校、国有企业和新社会组织，让党的二十大精神走进基层、走进群众……各地区各部门把学习宣传贯彻党的二十大精神作为当前和今后一个时期的首要政治任务，广泛深入宣传宣讲，帮助干部群众深入学习领会习近平新时代中国特色社会主义思想，用党的创新理论武装头脑、指导实践、推动工作。

思想就是力量。习近平总书记在党的二十大报告中强调："用党的创新

理论武装全党是党的思想建设的根本任务。"坚持以科学理论引领、用科学理论武装，是马克思主义政党永葆先进性纯洁性的根本保证，也是我们党的政治优势。前进道路上，我们必须坚定用党的创新理论武装全党、教育人民、指导实践，更好统一思想、统一意志、统一行动，为全面建设社会主义现代化国家、全面推进中华民族伟大复兴而团结奋斗。

注重思想建党、理论强党，是我们党的鲜明特色和光荣传统。1938 年，毛泽东同志指出："如果我们党有一百个至二百个系统地而不是零碎地、实际地而不是空洞地学会了马克思列宁主义的同志，就会大大地提高我们党的战斗力量。"回顾党的奋斗历程，无论是新民主主义革命时期的古田会议、延安整风，还是新中国成立后的历次党内集中教育活动，思想教育、理论武装都贯穿其中，都带来了党的凝聚力、战斗力的大提升，都引领了党和人民事业的大发展。政治上的清醒来自理论上的清醒，政治上的坚定来自思想上的坚定。百余年来，我们党之所以能够不断历经艰难困苦创造新的辉煌，很重要的一条就是我们党始终重视思想建党、理论强党，坚持用科学理论武装广大党员、干部的头脑，使全党始终保持统一的思想、坚定的意志、强大的战斗力。

党的二十大报告提出："实践告诉我们，中国共产党为什么能，中国特色社会主义为什么好，归根到底是马克思主义行，是中国化时代化的马克思主义行。"党的十八大以来，面对中国之问、世界之问、人民之问、时代之问，我们党勇于进行理论探索和创新，以全新的视野深化对共产党执政规律、社会主义建设规律、人类社会发展规律的认识，取得重大理论创新成果，集中体现为习近平新时代中国特色社会主义思想。习近平新时代中国特色社会主义思想是当代中国马克思主义、二十一世纪马克思主义，是中华文化和中国精神的时代精华，实现了马克思主义中国化时代化新的飞跃，在指导新时代伟大实践中展现出强大的真理力量和实践伟力，是我们认识世界和改造世界的强大思想武器。新时代新征程，必须坚持不懈用习近平新时代中国特色社会主义思想凝心铸魂，使科学理论真正转化为坚定理想、锤炼党性和指导实践、推动工作的强大力量。

理论创新每前进一步，理论武装就要跟进一步。坚持不懈用习近平新时代中国特色社会主义思想凝心铸魂，关键要坚持守正创新、与时俱进，持续学深悟透、统一思想意志。"组织实施党的创新理论学习教育计划""加强理想信念教育""坚持学思用贯通、知信行统一""坚持理论武装同常态化长效化开展党史学习教育相结合""以县处级以上领导干部为重点在全党深入开展主题教育"……党的二十大报告对坚持不懈用习近平新时代中国特色社会主义思想凝心铸魂作出重大部署，为我们加强新时代党的思想建设提供了方向指引和根本遵循。认真落实这一重大政治任务，引导党员干部持续在学懂弄通做实上下功夫，自觉做习近平新时代中国特色社会主义思想的坚定信仰者、积极传播者、忠实实践者，我们就一定能筑牢信仰之基、补足精神之钙、把稳思想之舵，不断赢得优势、赢得主动、赢得未来。

科学理论是推动工作、解决问题的"金钥匙"，越学就会越有信心，越学就会越有力量，越学就会越有方向。增强政治自觉、思想自觉、行动自觉，学懂弄通做实习近平新时代中国特色社会主义思想，坚持好、运用好贯穿其中的立场观点方法，把这一思想贯彻落实到党和国家工作各方面全过程，我们定能创造新的更大奇迹，书写新的辉煌篇章。

（2023 年 02 月 06 日）

坚持制度治党、依规治党

——深入推进新时代党的建设新的伟大工程④

新时代十年，是党的历史上制度成果最丰硕、制度笼子最严密、制度执行最严格的时期，坚持依规治党、加强自我革命制度建设成为"中国共产党之治"的独特密码

只有把规矩立起来、使制度严起来，坚持用制度规矩管党治党，推动党的各级组织和党员干部更加自觉地遵守党的纪律、服从党的决定，才能使全党上下统一思想、统一意志、步调一致向前进

这是坚如磐石的政治定力。2022 年 10 月 25 日，习近平总书记主持召开中央政治局会议，审议《中共中央政治局贯彻落实中央八项规定实施细则》。2017 年 10 月 27 日，党的十九大后第一次中央政治局会议，一项重要议题同样是审议贯彻落实中央八项规定实施细则。而这也正是 2012 年党的十八大闭幕不久中央政治局会议聚焦的重要议题。十年间一以贯之、落细落实，充分彰显了我们党持之以恒推进全面从严治党、驰而不息正风肃纪的坚定决心，充分体现了我们党坚持制度治党、依规治党的坚强意志。

治国必先治党，治党务必从严，从严必依法度。习近平总书记在党的二十大报告中强调"坚持制度治党、依规治党"，并将其作为完善党的自我革命制度规范体系的一项重要举措。坚持制度治党、依规治党，是习近平总书记着眼党长期执政和国家长治久安提出的重大战略思想，在党的建设史上具有重大理论和实践意义。

"经国序民，正其制度。"我们党历来重视党内法规制度建设，注重运用党内法规管党治党、提高党的执政能力和领导水平。党的十八大以来，以习近平同志为核心的党中央把制度建设贯穿新时代党的建设各方面，完善党内法规制定体制，全方位、立体式推进党内法规制度建设，形成以党章为根本，以民主集中制为核心，以党的组织法规、党的领导法规、党的自身建设法规、党的监督保障法规为框架的党内法规体系，全面实现落实党的领导有制可循、从严管党治党有规可依。从修订《中国共产党纪律处分条例》到审议通过《关于新形势下党内政治生活的若干准则》，从实施《中华人民共和国监察法》到印发《关于加强对"一把手"和领导班子监督的意见》……新时代十年，是党的历史上制度成果最丰硕、制度笼子最严密、制度执行最严格的时期，坚持依规治党、加强自我革命制度建设成为"中国共产党之治"的独特密码。实践充分证明，制度治党、依规治党是最可靠、最有效、最持久的管党治党方式。

没有规矩不成其为政党，更不成其为马克思主义政党。我们党是拥有9600多万名党员、领导着14亿多人口大国、具有重大全球影响力的世界第一大执政党，大就要有大的样子，但大也有大的难处。只有把规矩立起来、使制度严起来，坚持用制度规矩管党治党，推动党的各级组织和党员干部更加自觉地遵守党的纪律、服从党的决定，才能使全党上下统一思想、统一意志、步调一致向前进。习近平总书记强调："加强党内法规制度建设是全面从严治党的长远之策、根本之策。"必须清醒认识到，党面临的"四大考验""四种危险"将长期存在，全面从严治党永远在路上，党的自我革命永远在路上。适应全面从严治党向纵深发展的需要，把制度建设贯穿到党的各项建设之中，不断提高党的建设科学化、制度化、规范化水平，必能为推进伟大自我革命提供更加坚强的制度保障。

办好中国的事情，关键在党、关键在全面从严治党。踏上新的赶考之路，全面建设社会主义现代化国家、全面推进中华民族伟大复兴对全面从严治党提出了新的更高要求。党的二十大报告提出"健全全面从严治党体系"，这是加强新时代党的建设的重大举措。习近平总书记在二十届中央纪委二次全会上强调，"全面从严治党体系应是一个内涵丰富、功能完备、科学规范、运行高效的动态系统。健全这个体系，需要坚持制度治党、依规治党"。从"健全党统一领导、全面覆盖、权威高效的监督体系"，到"推进政治监督具体化、精准化、常态化，增强对'一把手'和领导班子监督实效"；从"发挥政治巡视利剑作用"，到"落实全面从严治党政治责任，用好问责利器"……党的二十大报告把制度建设摆在更加突出位置，要求形成坚持真理、修正错误，发现问题、纠正偏差的机制。把思想和行动统一到党的二十大决策部署上来，进一步增强制度治党、依规治党的自觉性和坚定性，进一步健全全面从严治党体系，更好发挥党内法规制度的引领和保障作用，就能使全面从严治党各项工作更好体现时代性、把握规律性、富于创造性。

在中国共产党历史展览馆的展柜里，各个时期的珍贵党章版本引人注目。这是我们这个百年大党坚持制度治党、依规治党的生动体现。新时代新征程，坚持依法治国与制度治党、依规治党统筹推进、一体建设，不断深化党的建设制度改革，有序推进各位阶、各领域、各层面、各环节的党内法规制度建设，构建系统完备、科学规范、运行有效的制度体系，就一定能为我们党管党治党、执政治国提供更加坚实的制度支撑和政治保障，就一定能以"中国共产党之治"开创中国之治新境界。

（2023 年 02 月 08 日）

建设堪当民族复兴重任的高素质干部队伍

——深入推进新时代党的建设新的伟大工程⑤

重视和加强干部队伍建设，是我们党的优良传统和基本经验。我们党一路走来，始终把选贤任能作为关系党和人民事业的关键性、根本性问题来抓

全面从严治党锻造出过硬干部队伍，是新时代党和国家事业取得历史性成就、发生历史性变革的关键所在

在甘肃省渭源县田家河乡香卜路村，为了帮村民把即将出栏的土鸡卖个好价钱，第一书记、驻村帮扶工作队队长门冰前段时间异常忙碌，村内对接养殖户，村外联系经销商；在重庆市彭水苗族土家族自治县东流村，载满农产品的货车飞驰而过，翻山越岭驶向城市，在当地干部和驻村干部的共同努力下，村里交通状况得到很大改善；在宁夏回族自治区吴忠市红寺堡区大河乡大河村，科技特派员张进甲一年到头不停歇，走村入户传授农业技术，曾经黄沙滚滚的荒滩、盐碱地，变成一片片果林，去年乡里种植户户均收入超过 3 万元……在广袤农村，一大批优秀干部弯下身子、卷起裤腿、扎根一线，成为全面推进乡村振兴的重要力量。

伟大的斗争，宏伟的事业，需要高素质干部。习近平总书记在党的二十大报告中对深入推进新时代党的建设新的伟大工程作出全面部署，提出"建设堪当民族复兴重任的高素质干部队伍"的重大任务，强调"全面建设社会主义现代化国家，必须有一支政治过硬、适应新时代要求、具备领导现代化建设能力的干部队伍"。这一重要论述，科学把握德才辩证关系，是党着眼新形势新任务对干部队伍建设提出的基本要求。

重视和加强干部队伍建设，是我们党的优良传统和基本经验。我们党一路走来，始终把选贤任能作为关系党和人民事业的关键性、根本性问题来抓，总是根据不同历史时期党的中心任务，与时俱进加强干部队伍建设。党的十八大以来，以习近平同志为核心的党中央从进行具有许多新的历史特点的伟大斗争出发，把干部队伍建设放在管党治党、治国理政的突出位置来抓。围绕建强党的执政骨干队伍，习近平总书记开创性提出新时代党的组织路线，强调坚持德才兼备、以德为先、任人唯贤，着力培养忠诚干净担当的高素质干部，实现了新时代选人用人方针原则的守正创新；提出信念坚定、为民服务、勤政务实、敢于担当、清正廉洁的新时代好干部标准，立起了选人用人的时代标尺；提出强化党组织领导和把关作用，坚持不唯票、不唯分、不唯生产总值、不唯年龄，不搞"海推""海选"，纠正了一度存在的选人用人偏向；提出坚持严管和厚爱结合、激励和约束并重，完善从严管理监督干部制度体系，健全干部担当作为的激励和保护机制，提振了干部队伍干事创业的精气神……在习近平总书记关于干部队伍建设一系列新理念新思想新战略的指引下，新时代干部工作取得突破性进展，干部队伍在革命性锻造中焕发出新的气象，理想信念更加坚定，素质能力更加过硬，纪律作风更加严明，精神斗志更加饱满。

为政之要，惟在得人。习近平总书记强调："一个政党、一个国家能不能不断培养出优秀领导人才，在很大程度上决定着这个政党、这个国家的兴衰存亡。"回望新时代这十年，在疫情防控第一线，"我是党员我先上""疫情不退我不退"，广大党员、干部临危不惧、冲锋陷阵，凝聚起同心抗疫、共克时艰的强大力量；在脱贫攻坚主战场，"只要我还干得动，我都永远为村里的老百姓做事"，数百万扶贫干部倾力奉献、苦干实干，同贫困群众想在一起、过在一起、干在一起，用苦干实干共同创造出举世瞩目的巨大成就；在北京冬奥会、冬残奥会筹办过程中，广大党员、干部牢记初心使命，以行动践行了"急难险重任务，我在第一线"的誓言……正是因为有一批批优秀干部冲锋在前、勇于担当，我们党才能团结带领人民攻克许多长期没有解决的难题，办成许多事关长远的大事要事，经受住接踵而至的巨大风险挑战，创造一个又一个人间奇迹。实践充分证明，全面从严治党锻造出过硬干部队伍，是新时代党和国家事业取得历史性成就、发生历史性变革的关键所在。

党的二十大报告提出，"未来五年是全面建设社会主义现代化国家开局起步的关键时期"。当前，世界百年未有之大变局加速演进，我国发展进入战略机遇和风险挑战并存、不确定难预料因素增多的时期。越是目标远大、任务艰巨，越是形势复杂、挑战严峻，越需要培养造就一支德才兼备、忠诚干净担当的高素质专业化干部队伍。"把新时代好干部标准落到实处""树立选人用人正确导向，选拔忠诚干净担当的高素质专业化干部""坚持把政治标准放在首位，做深做实干部政治素质考察""加强干部斗争精神和斗争本领养成""推动干部能上能下、能进能出""关心关爱基层干部特别是条件艰苦地区干部"……推进高素质干部队伍建设是一项系统工程，按照党的二十大报告部署，科学谋划、综合施策，优化培养、选拔、管理、使用等各环节工作，必能为全面建设社会主义现代化国家、全面推进中华民族伟大复兴提供有力的组织支撑。

政治路线确定以后，干部就是决定因素。党的二十大擘画了以中国式现代化全面推进中华民族伟大复兴的宏伟蓝图，呼唤各级干部担当作为。把思想和行动统一到党的二十大精神上来，以时时放心不下的责任感、积极担当作为的精气神为党和人民履好职、尽好责，争当堪当民族复兴重任的高素质干部，就一定能在新时代新征程上续写新的历史篇章、创造新的时代辉煌，不断把中华民族伟大复兴的历史伟业推向前进。

（2023 年 02 月 13 日）

增强党组织政治功能和组织功能

——深入推进新时代党的建设新的伟大工程⑥

严密的组织体系是党的优势所在、力量所在。只有党的各级组织都健全、都过硬，形成上下贯通、执行有力的严密组织体系，党的领导才能"如身使臂，如臂使指"

政治属性是党组织的根本属性，政治功能是党组织的基本功能；组织功能服务于政治功能，是发挥党组织政治功能的基础和保证，两者相辅相成、内在统一

在上海市徐汇滨江党群服务中心，翻阅留言板，一条"党群服务是有温度的，是实实在在的"留言让人印象深刻。近年来，上海充分发挥党建引领作用，依托市、区、街镇、居村党组织"四级联动"主轴，构建全域推进的滨江党建组织体系、阵地体系、功能体系、治理体系，探索形成了一条"滨江党建"新路径。在党建引领下，昔日的"工业锈带"逐步蜕变为今天水清、岸美、宜游的"生活秀带"。这是增强党组织政治功能和组织功能、以党建引领基层治理的有益探索。

严密的组织体系是党的优势所在、力量所在。习近平总书记在党的

二十大报告中强调："增强党组织政治功能和组织功能。"只有党的各级组织都健全、都过硬，形成上下贯通、执行有力的严密组织体系，党的领导才能"如身使臂，如臂使指"。认真学习贯彻党的二十大精神，必须聚焦增强党组织政治功能和组织功能这个重要任务。各级党组织要履行党章赋予的各项职责，把党的路线方针政策和党中央决策部署贯彻落实好，把各领域广大群众组织凝聚好。

增强党组织政治功能和组织功能，是马克思主义建党学说揭示的科学真理，是中国共产党百年奋斗的制胜秘诀。马克思主义政党具有崇高政治理想、高尚政治追求、纯洁政治品质、严明政治纪律，其力量的凝聚和运用在于科学的组织。只有组织起来，形成严密组织体系，才能实现力量倍增。我们党自诞生起，就始终坚持以马克思主义为指导，高度重视增强党组织政治功能和组织功能。党的十八大以来，我们党不断健全组织体系，以提升组织力为重点，树立大抓基层的鲜明导向，推动党的组织和党的工作全覆盖，党在革命性锻造中更加坚强有力。脱贫攻坚中，党中央一声号令，全党尽锐出战，形成"五级书记一起抓、全党动员促攻坚"的生动局面；抗击新冠疫情中，各级党组织闻令而动，构筑起联防联控、群防群控的坚固防线。实践证明，党组织政治功能和组织功能充分发挥，全党全国人民紧紧拧成一股绳，党的事业就会不断从胜利走向胜利。

历史长河奔涌向前，中华民族伟大复兴进入关键时期，面临的内外环境也在发生深刻变化。放眼全球，世界百年未有之大变局加速演进，世界之变、时代之变、历史之变的特征更加明显；环顾国内，我国发展面临新的战略机遇、新的战略任务、新的战略阶段、新的战略要求、新的战略环境，需要应对的风险和挑战、需要解决的矛盾和问题比以往更加错综复杂。在新时代新征程上应变局、育先机、开新局，迫切需要增强党组织政治功能和组织功能。应该认识到，政治属性是党组织的根本属性，政治功能是党组织的基本功能；组织功能服务于政治功能，是发挥党组织政治功能的基础和保证，两者相辅相成、内在统一。牢牢把握增强"两个功能"的内涵要求，突出加强党的全面领导、坚决做到"两个维护"，突出坚持组织路线服务政治路线的基本定位，突出树牢宗旨意识、坚持人民至上，突出问题导向和目标导向相统一，突出分类别具体指导、分领域统筹推进，实现"两个功能"都增强，党的政治优势、组织优势才能充分发挥。

习近平总书记指出："党的力量来自组织。党的全面领导、党的全部工作要靠党的坚强组织体系去实现。"我们党作为世界上最大的政党，大就要有大的样子，大也有大的难处，如何确保全党在共同思想理论基础上的高度集中统一尤其不易。从"坚持大抓基层的鲜明导向"，到"全面提高机关党建质量，推进事业单位党建工作"；从"推进国有企业、金融企业在完善公司治理中加强党的领导"，到"加强新经济组织、新社会组织、新就业群体党的建设"；从"注重从青年和产业工人、农民、知识分子中发展党员"，到"落实党内民主制度"……党的二十大对增强党组织政治功能和组织功能作出全面部署，提出明确要求，我们必须深入理解、准确把握、坚决落实，努力实现党的组织和党的工作全面有效覆盖，推动各领域基层党组织全面进步、全面过硬。

我们党是按照马克思主义建党原则建立起来的，形成了包括党的中央组织、地方组织、基层组织在内的严密组织体系。这是世界上任何其他政党都不具有的强大优势。前进道路上，毫不动摇坚持和完善党的领导、继续推进党的建设新的伟大工程，不断把党建设得更加坚强有力，充分发挥各级党委（党组）、各地各领域基层党组织的政治功能和组织功能，把广大党员、干部和各方面人才组织起来，把广大人民群众团结起来，就一定能凝聚起夺取新时代中国特色社会主义新胜利的磅礴力量。

（2023 年 02 月 15 日）

坚持以严的基调强化正风肃纪

——深入推进新时代党的建设新的伟大工程⑦

我们党是靠革命理想和铁的纪律组织起来的马克思主义政党，"严"是党与生俱来的内在禀赋，是党的光荣传统和独特优势

党性、党风、党纪是有机整体，党性是根本，党风是表现，党纪是保障

全国共查处违反中央八项规定精神问题 11112 起，批评教育帮助和处理 16122 人，其中党纪政务处分 11569 人……前不久，中央纪委国家监委公布了 2022 年 12 月全国查处违反中央八项规定精神问题汇总情况，这是连续第 112 个月公布月报数据。咬定青山不放松，驰而不息抓作风，这充分彰显我们党一刻不停推进全面从严治党的坚定决心，有力体现我们党严明纪律要求、整治歪风邪气、弘扬新风正气的坚决态度。

党风问题关系执政党的生死存亡。习近平总书记在党的二十大报告中强调："坚持以严的基调强化正风肃纪。"这是从保持党同人民群众血肉联系、保证党和国家长治久安的高度，对进一步加强党的作风建设、纪律建设作出的战略部署。

治国必先治党，治党务必从严。我们党是靠革命理想和铁的纪律组织起来的马克思主义政党，"严"是党与生俱来的内在禀赋，是党的光荣传统和独特优势。"严"就要真管真严、敢管敢严、长管长严。党的十八大以来，以习近平同志为核心的党中央把全面从严治党纳入"四个全面"战略布局，从制定和落实中央八项规定开局破题，把严的标准、严的措施贯穿管党治党全过程和各方面，持之以恒正风肃纪，以钉钉子精神纠治"四风"，反对特权思想和特权现象，坚决整治群众身边的不正之风和腐败问题，刹住了一些长期没有刹住的歪风，纠治了一些多年未除的顽瘴痼疾。十年来，吃拿卡要少了、庸懒散拖少了、"甩手掌柜"少了，朴素之风多了、服务意识多了、求真务实多了，广大党员、干部提振了干事创业精气神，全党全社会迎来了一场激浊扬清的风气之变，党在人民心中的形象和威信空前提升。实践证明，全面从严治党，必须严字当头、一严到底。

逆水行舟用力撑，一篙松劲退千寻。作风建设是攻坚战、持久战，扭住不放、久久为功才能收到实效，"严"才能保证正风肃纪有效性。抓作风建设，既要以滚石上山、爬坡过坎的勇气，深化整治、见底见效，又要坚持抓常、抓细、抓长，锲而不舍、持之以恒。应该看到，作风问题具有顽固性和反复性，形成优良作风不可能一劳永逸，克服不良作风也不可能一蹴而就。必须锲而不舍落实中央八项规定精神，抓住"关键少数"以上率下，持续深化纠治"四风"，重点纠治形式主义、官僚主义，坚决破除特权思想和特权行为。还应该看到，作风问题在不同地区、不同行业、不同阶段既有共性特征，也有不同的突出表现。必须把握作风建设地区性、行业性、阶段性特点，抓住普遍发生、反复出现的问题深化整治。坚持严的主基调不动摇，推进作风建设常态化长效化，必能永葆党的先进性和纯洁性，让党群、干群关系更加密切，党心民心更加凝聚。

党的二十大报告提出，"坚持党性党风党纪一起抓"。必须认识到，党性、党风、党纪是有机整体，党性是根本，党风是表现，党纪是保障。坚持党性党风党纪一起抓，才能促进党员、干部在正风肃纪中增强党性，通过增强党性提高正风肃纪的自觉性坚定性。一方面，正风必先肃纪，要全面加强党的纪律建设，督促领导干部特别是高级干部严于律己、严负其责、严管所辖，对违反党纪的问题，发现一起坚决查处一起。另一方面，要治"四风"树新风并举。从"弘扬党的光荣传统和优良作风"，到"从思想上固本培元，提高党性觉悟"，再到"涵养富贵不能淫、贫贱不能移、威武不能屈的浩然正气"……坚定不移把党的二十大提出的目标任务落到实处，必能更好引导党员、干部加强自我改造，提高党性觉悟，夯实党性根基。

习近平总书记在二十届中央纪委二次全会上强调，"把严的基调、严的措施、严的氛围长期坚持下去"。严是爱，松是害。"严"是对广大党员、干部的真正爱护。坚持以严的基调强化正风肃纪，坚持严管和厚爱结合、激励和约束并重，坚持"三个区分开来"，就一定能更好激发广大党员、干部的积极性、主动性、创造性，形成奋进新征程、建功新时代的浓厚氛围和生动局面。

（2023 年 02 月 17 日）

反腐败斗争一刻不能停，必须永远吹冲锋号

——深入推进新时代党的建设新的伟大工程⑧

　　党通过前所未有的反腐倡廉斗争，赢得了保持同人民群众的血肉联系、人民衷心拥护的历史主动，赢得了全党高度团结统一、走在时代前列、带领人民实现中华民族伟大复兴的历史主动

　　我们党作为百年大党，要永葆先进性和纯洁性、永葆生机活力，必须一刻不停推进党风廉政建设和反腐败斗争

　　为捞"政绩"执意填海，收受巨额贿赂对抗整改，两位主政三亚官员先后落马；甘肃庆阳镇原、华池两个县级"一把手"互相关照对方弟弟，最后双双被查处；追求所谓"生活品质"、贪图奢侈享乐，逐渐从破纪到破法，文化和旅游部原党组副书记、副部长李金早最终以受贿罪被判处有期徒刑十五年……前不久播出的电视专题片《永远吹冲锋号》里，一个个案例给人以深刻警醒，有力彰显我们党"以零容忍态度反腐惩恶"的坚定决心。

　　腐败是危害党的生命力和战斗力的最大毒瘤，反腐败是最彻底的自我革命。习近平总书记在党的二十大报告中强调："只要存在腐败问题产生的

土壤和条件，反腐败斗争就一刻不能停，必须永远吹冲锋号。"反腐败斗争关系民心这个最大的政治，是一场输不起也决不能输的重大政治斗争。新征程上，必须始终发扬彻底的自我革命精神，一刻不停推进反腐败斗争，坚持不敢腐、不能腐、不想腐一体推进，同时发力、同向发力、综合发力，坚决清除一切侵蚀党的健康肌体的病毒，确保党永远不变质、不变色、不变味。

打铁必须自身硬。党的二十大举行的记者招待会上，一组反腐"大数据"引人注目：党的十八大以来，全国纪检监察机关共立案464.8万余件，其中，立案审查调查中管干部553人，处分厅局级干部2.5万多人、县处级干部18.2万多人。这些数据，见证着新时代十年我们党坚持以雷霆之势反腐惩恶的坚实行动。坚持无禁区、全覆盖、零容忍，坚持重遏制、强高压、长震慑，坚持受贿行贿一起查，坚持有案必查、有腐必惩，"打虎""拍蝇""猎狐"多管齐下……党的十八大以来，以习近平同志为核心的党中央以"得罪千百人、不负十四亿"的使命担当祛疴治乱，开展了史无前例的反腐败斗争。十年如一日、一刻不停歇，经过新时代全面从严治党的革命性锻造，反腐败斗争取得压倒性胜利并全面巩固，不敢腐的震慑充分彰显，不能腐的笼子越扎越牢，不想腐的自觉显著增强。党通过前所未有的反腐倡廉斗争，赢得了保持同人民群众的血肉联系、人民衷心拥护的历史主动，赢得了全党高度团结统一、走在时代前列、带领人民实现中华民族伟大复兴的历史主动。实践充分证明，全面从严治党，必须把反腐败作为重大政治任务。

善除害者察其本，善理疾者绝其源。新时代十年，反腐败斗争历程波澜壮阔、成就举世瞩目，但还远未到大功告成的时候。习近平总书记在二十届中央纪委二次全会上强调："反腐败斗争形势依然严峻复杂，遏制增量、清除存量的任务依然艰巨。"必须清醒认识到，腐败是党内各种不良因素长期积累、持续发酵的体现，反腐败就是同各种弱化党的先进性、损害党的纯洁性的病原体作斗争。这种斗争极其复杂、极其艰难，容不得丝毫退让妥协。还必须认识到，腐败和反腐败较量还在激烈进行，并呈现出"四个任重道远"的新的阶段性特征。我们对腐败的顽固性和危害性绝不能低估，必须保持零容忍的警醒、零容忍的力度，统筹推进各领域反腐败斗争，让那些反复发作的老问题逐渐减少直至不犯，让一些滋生的新问题难以蔓延，坚决把增量遏制住、把存量清除掉。

党风廉政建设永远在路上，反腐败斗争永远在路上。我们党作为百年大党，要永葆先进性和纯洁性、永葆生机活力，必须一刻不停推进党风廉政建设和反腐败斗争。从"坚决查处政治问题和经济问题交织的腐败"，到"坚决防止领导干部成为利益集团和权势团体的代言人、代理人"；从"坚决惩治群众身边的'蝇贪'"，到"惩治新型腐败和隐性腐败"；从"推进反腐败国家立法"，到"加强新时代廉洁文化建设"……党的二十大报告着眼新时代新征程中国共产党的使命任务，对坚定不移全面从严治党作出战略部署，深刻阐明了坚持不敢腐、不能腐、不想腐一体推进的基本原则、战略重点、方法路径，为全面打赢反腐败斗争攻坚战持久战、以党的自我革命引领社会革命提供了根本遵循。把严的基调、严的措施、严的氛围长期坚持下去，深化标本兼治、系统治理，在不敢腐上持续加压，在不能腐上深化拓展，在不想腐上巩固提升，把不敢腐的震慑力、不能腐的约束力、不想腐的感召力结合起来，就能不断增强党自我净化、自我完善、自我革新、自我提高能力，以党永不变质确保红色江山永不变色。

以什么样的态度对待腐败、以什么样的行动破除腐败，决定着一个政党、一个政权的成败兴衰。习近平总书记强调："共产党人是唯物主义者，是无所畏惧的，怕什么？接受疾风暴雨、惊涛骇浪的考验，我说，'虽千万人，吾往矣'！没什么好怕的。"始终保持"赶考"的清醒和坚定，坚决打赢反腐败斗争攻坚战持久战，深入推进新时代党的建设新的伟大工程，我们这个百年大党就一定能在自我革命中不断焕发蓬勃生机，团结带领亿万人民战胜前进道路上的一切风险挑战，谱写新时代中国特色社会主义更加绚丽的华章。

（2023 年 02 月 20 日）

强国必先强农，农强方能国强

——铆足干劲加快建设农业强国①

> "三农"向好，全局主动。稳住农业基本盘、守好"三农"基础是应变局、开新局的"压舱石"

在青海省大通回族土族自治县塔尔镇上旧庄村的大棚里，村民们正在打包装运刚摘下来的草莓；走进辽宁省铁岭县蔡牛张庄玉米新品种推广专业合作社大院中，堆成小山的玉米在阳光照射下分外耀眼；安徽省太和县旧县镇张槐村农田里，冬小麦发芽吐绿、长势喜人……冬日时节，广袤乡村涌动发展希望，亿万农民信心满怀。

农为邦本，本固邦宁；务农重本，国之大纲。强调"农业强国是社会主义现代化强国的根基，满足人民美好生活需要、实现高质量发展、夯实国家安全基础，都离不开农业发展"，阐明"没有农业强国就没有整个现代化强国；没有农业农村现代化，社会主义现代化就是不全面的"，指出建设农业强国要"立足人多地少的资源禀赋、农耕文明的历史底蕴、人与自然和谐共生的时代要求"……在前不久举行的中央农村工作会议上，习近平总书记着眼全面建成社会主义现代化强国的全局大局，系统阐释了建设农业强国、加快推进农业农村现代化、全面推进乡村振兴的一系列重大理论和实践问题，为当前和今后一个时期"三农"工作明确了目标任务、战略重点和主攻方向。

习近平总书记强调："强国必先强农，农强方能国强。"回溯既往，中华民族历来重视农业农村。纵观世界强国发展史，一个国家要真正强大，必须有强大农业作支撑。走进果园，向果农了解当年苹果收成，同老乡们亲切交流；在村苹果洗选车间，听取当地苹果产业发展情况，并察看分拣装箱生产线……党的二十大胜利闭幕后，习近平总书记首次国内考察来到陕西延安，看看老乡们脱贫后生活怎么样，还有什么困难，乡村振兴怎么搞。亲切的话语、殷切的嘱托，传递出重农强农的强烈信号。早在2013年，习近平总书记就在中央农村工作会议上指出："中国要强，农业必须强；中国要美，农村必须美；中国要富，农民必须富。"我们必须坚持把解决好"三农"问题作为全党工作重中之重，始终把"三农"工作牢牢抓住、紧紧抓好。

一滴滴汗水，一季季丰收。促进农业高质高效，我国粮食产量连续8年站稳1.3万亿斤台阶，农业发展日益由数量增长为主向数量质量并重转变、由依赖资源要素投入向创新驱动转变、由粗放型经营向绿色低碳循环发展转变；促进乡村宜居宜业，我国农村生活垃圾进行收运处理的自然村比例稳定保持在90%以上，基本实现村村通电、通硬化路、通客车、通光纤和4G网络，现代版"富春山居图"在各地呈现；促进农民富裕富足，2021年我国农村居民人均可支配收入达18931元，相比2012年翻了一番多，城乡居民人均可支配收入之比由2012年的2.88∶1缩小至2021年的2.50∶1……党的十八大以来，以习近平同志为核心的党中央坚持把解决好"三农"问题作为全党工作的重中之重，推动农业农村取得历史性成就、发生历史性变革。

对我们这样一个拥有14亿多人口的大国来说，"三农"向好，全局主动。从世界百年未有之大变局看，稳住农业基本盘、守好"三农"基础是应变局、开新局的"压舱石"。党的二十大报告提出："全面建设社会主义现代化国家，最艰巨最繁重的任务仍然在农村。"应当清醒认识到，建设农业强国是一项长期而艰巨的历史任务，将伴随全面建设社会主义现代化国家全过程。当前，我国农业农村发展面临的难题和挑战还很多，任何时候都不能忽视和放松"三农"工作，要坚持用大历史观来看待农业、农村、农民问题，矢志为实现农业农村现代化而不懈奋斗。

加快建设农业强国，意味着农业发展方式的创新、农业发展进程的提速，需要付出艰苦努力，集聚众智众力。站立在 960 多万平方公里的广袤土地上，吸吮着中华民族漫长奋斗积累的文化养分，我们不能简单照搬国外现代化农业强国模式，而是要体现中国特色，立足我国国情，依靠自己力量端牢饭碗，依托双层经营体制发展农业，发展生态低碳农业，赓续农耕文明，扎实推进共同富裕。农业强国，是拼出来、干出来、奋斗出来的。方此之际，尤应锚定建设农业强国目标，科学谋划和推进"三农"工作，加强顶层设计；循序渐进、稳扎稳打，多做打基础、利长远的事情；因地制宜、注重实效，解决农业农村发展最迫切、农民反映最强烈的实际问题。

电视政论片《新时代中国人权》讲述了曾是"中国最贫困的角落"之一的四川大凉山的故事。搬新家、兴产业、强基建、抓教育……昔日贫瘠的土地焕发新的生机，成为全国乡村面貌持续改善的缩影。新征程上，踔厉奋发、勇毅前行，坚持农业农村优先发展，万众一心加快建设农业强国，就一定能为全面建设社会主义现代化国家、全面推进中华民族伟大复兴提供强有力支撑。

（2023 年 01 月 11 日）

保障粮食供给，端牢中国饭碗

——铆足干劲加快建设农业强国②

农业基础地位任何时候都不能忽视和削弱，手中有粮、心中不慌在任何时候都是真理

始终绷紧粮食安全这根弦，牢牢把住粮食安全主动权，努力构建更高层次、更高质量、更有效率、更可持续的粮食安全保障体系

山东省东营市河口区地处黄河入海口，盐碱地多达 69.72 万亩。近年来，当地依托科技创新，在良种培育、盐碱地种植等方面下功夫，打造国家级耐盐碱种业应用示范区，大豆新品种"齐黄 34"实现平均亩产 329.3 公斤。良种良法配套，农机农艺融合，科技种田为粮食稳产保供提供了有力支撑，让乡亲们日子越过越红火。

粮食安全是"国之大者"。习近平总书记在中央农村工作会议上强调："保障粮食和重要农产品稳定安全供给始终是建设农业强国的头等大事。"对我们这样一个有着 14 亿多人口的大国来说，国家粮食安全了，实现经济发展、社会稳定、国家安全才有基础；农业基础地位任何时候都不能忽

视和削弱，手中有粮、心中不慌在任何时候都是真理。

党的十八大以来，在以习近平同志为核心的党中央坚强领导下，各地区各部门把确保重要农产品特别是粮食供给作为首要任务，各项举措扎实有效，广大农民辛勤耕耘，大国粮仓根基稳固。粮食产量连续 8 年站稳 1.3 万亿斤台阶，谷物基本自给、口粮绝对安全，粮食和重要农产品供给稳定……来之不易的丰收答卷，是政策好、科技强、人努力等多种因素共同作用的结果。在二〇二三年新年贺词中，习近平主席指出："面对全球粮食危机，我国粮食生产实现'十九连丰'，中国人的饭碗端得更牢了。"

今天，我们牢牢把住了粮食安全的主动权，中国特色粮食安全之路越走越稳健。但也应清醒看到，当前，百年变局和世纪疫情相互交织，全球粮食产业链供应链不确定风险增加，我国粮食产需在今后相当长的时期内仍将处于紧平衡态势。同时，随着我国经济高质量发展和城镇化推进，粮食等重要农产品需求仍呈刚性增长态势，保障国家粮食安全压力更大、任务更重。面向未来，我们必须未雨绸缪，始终绷紧粮食安全这根弦，牢牢把住粮食安全主动权，努力构建更高层次、更高质量、更有效率、更可持续的粮食安全保障体系，以国内稳产保供的确定性来应对外部环境的不确定性。

要把提高农业综合生产能力放在更加突出的位置，紧紧抓住耕地和种子两个要害。耕地是粮食生产的命根子。我国耕地家底并不丰厚，以占世界 9% 的耕地，养活世界近 20% 的人口，人地关系紧张是基本国情。坚决守住 18 亿亩耕地红线，逐步把永久基本农田全部建成高标准农田，才能把有限的耕地资源用足用好。种子是农业的"芯片"。我国农业科技进步有目共睹，但也存在短板，其中最大的短板就是种子。种源安全关系到国家安全，下决心把我国种业搞上去，才能实现种业科技自立自强、种源自主可控。新征程上，深入实施藏粮于地、藏粮于技战略，实行最严格的耕地保护制度，打好种业翻身仗，方能不断夯实粮食生产物质基础，持续巩固和提高粮食生产能力。

保障粮食供给，还要着力调动农民和政府"两个积极性"。发展粮食生产，主体是种粮农民。近年来，从落实国家稻谷补贴、实际种粮农民一次性补贴、农机购置补贴等政策，到稳步提高稻谷小麦最低收购价水平，再到推动三大主粮完全成本保险和种植收入保险实现主产省产粮大县全覆盖……一系列好政策进村下田，稳预期、增效益，激发了农民种粮积极性。悠悠万事，吃饭为大。保证粮食安全，大家都有责任，党政同责要真正见效。严格考核，督促各地真正把保障粮食安全的责任扛起来，才能更好稳住粮食安全这块"压舱石"。新征程上，我们要健全种粮农民收益保障机制，健全主产区利益补偿机制，确保种粮农民合理收益、全面落实粮食安全党政同责，把中国人的饭碗牢牢端在自己手中。

减少粮食损耗是保障粮食安全的重要途径。据联合国粮农组织统计，每年全球粮食从生产到零售全环节损失约占世界粮食产量的14%。在我国，粮食生产仅"三夏"小麦机收环节减损1个百分点，就可挽回25亿斤粮食。减损就是增产，降耗就是增收。中办、国办印发的《粮食节约行动方案》明确，到2025年，粮食全产业链各环节节粮减损举措更加硬化实化细化，推动节粮减损取得更加明显成效。与此同时，还要树立大食物观，构建多元化食物供给体系，多途径开发食物来源。新征程上，我们要在增产和减损两端同时发力，持续推进食物节约各项行动，不断提高粮食安全保障水平。

党的二十大报告提出，"全方位夯实粮食安全根基"。立足自身抓好农业生产，坚决筑牢国家粮食安全防线、全方位夯实粮食安全根基，一定能让"中国饭碗"装得更满、端得更牢、成色更足，为稳定经济社会大局筑牢坚实基础。

（2023 年 01 月 12 日）

稳固脱贫基础，助力乡村振兴

——铆足干劲加快建设农业强国③

　　巩固拓展脱贫攻坚成果是全面推进乡村振兴的底线任务，防范化解返贫风险这根弦须臾不可松，绝不能"喘口气、歇歇脚"

　　全面实施乡村振兴战略，必须统筹部署、协同推进，抓住重点、补齐短板

"巩固拓展脱贫攻坚成果""以乡村振兴统揽新时代'三农'工作""实行乡村振兴战略实绩考核制度"……前不久，中共中央办公厅、国务院办公厅印发《乡村振兴责任制实施办法》。专门制定党内法规明确并落实乡村振兴责任，充分体现了以习近平同志为核心的党中央对"三农"工作一以贯之的高度重视，有助于建立健全乡村振兴责任体系，推动形成全党全社会合力促振兴的工作格局。

民族要复兴，乡村必振兴，乡村振兴是实现中华民族伟大复兴的一项重大任务。从世界百年未有之大变局看，稳住农业基本盘、守好"三农"基础是应变局、开新局的"压舱石"。党的二十大报告把"三农"工作摆在突出位置作出全面部署，吹响了新时代新征程全面推进乡村振兴的号角。

在中央农村工作会议上，习近平总书记强调："全面推进乡村振兴是新时代建设农业强国的重要任务，人力投入、物力配置、财力保障都要转移到乡村振兴上来。"

时间见证不凡。在二〇二三年新年贺词中，回首过去一年，习近平主席指出："我们巩固脱贫攻坚成果，全面推进乡村振兴"。2022 年是实现巩固拓展脱贫攻坚成果同乡村振兴有效衔接的深化之年。为了让脱贫群众生活更上一层楼，一系列更有力、更精准的举措陆续出台。比如，中央财政下达衔接推进乡村振兴补助资金 1650 亿元，帮助 832 个脱贫县分别培育起 2 到 3 个优势突出、带动能力强的主导产业。这一年，经过各方共同努力，脱贫攻坚成果得到进一步巩固拓展，脱贫成效更可持续；防止返贫动态监测和帮扶机制有效发挥作用，预防返贫底线兜得更牢；脱贫劳动力就业形势保持稳定，脱贫县农民人均可支配收入增速高于全国农民平均水平，脱贫人口人均纯收入保持较快增长。

"胜非其难也，持之者其难也。"如今，脱贫地区防止返贫的任务依然艰巨繁重。必须牢记，巩固拓展脱贫攻坚成果是全面推进乡村振兴的底线任务；尤应清醒，防范化解返贫风险这根弦须臾不可松，绝不能"喘口气、歇歇脚"，还需切实发挥好防止返贫监测帮扶机制作用，有效防止因疫因病返贫致贫，坚决守住不发生规模性返贫的底线。着眼未来，我们还需拿出更有力的举措、付出更艰辛的努力，继续压紧压实责任，把脱贫人口和脱贫地区的帮扶政策衔接好、措施落到位，坚决防止出现整村整乡返贫现象。工作不留空档、政策不留空白，让防贫网越织越密、越织越牢，才能为脱贫群众托起稳稳的幸福。

乡村振兴是包括产业振兴、人才振兴、文化振兴、生态振兴、组织振兴的全面振兴。全面实施乡村振兴战略，必须统筹部署、协同推进，抓住重点、补齐短板。一方面，要提高乡村振兴政策体系的综合效能，加强财政、金融、土地、人才、基础设施、公共服务等政策的系统性、整体性、协同性；另一方面，各地要解决好落地问题，制定出符合自身实际的实施方案，统筹推进农村经济建设、政治建设、文化建设、社会建设、生态文明建设和党的建设。产业振兴是乡村振兴的重中之重。从脆甜的延安苹果、细腻的五常大米，到清香的安吉白茶、爽口的赣南脐橙，一个个依托农业农村特色资源苗壮成长的产业，彰显现代农业发展的强劲动能。落实产业帮扶政策，做好"土特产"文章，强龙头、补链条、兴业态、树品牌，推动乡村产业全链条升级，有益于以产业振兴带动乡村全面振兴，促进农业全面升级、农村全面进步、农民全面发展，不断开创全面推进乡村振兴新局面。

稳固脱贫基础，助力乡村振兴，关键在人、关键在干。贵州探索创新"一中心一张网十联户"机制，优化基层治理；山东济南市三涧溪村下大力气吸引青年就业创业，让返乡下乡青年有机会有舞台……实践证明，出实招、务实功、抓落实，让大家感受到实实在在的变化，就能赢得农民群众的认可和支持，凝聚起推动乡村振兴的强大合力。全面建设社会主义现代化国家最艰巨最繁重的任务仍然在农村，全面实施乡村振兴战略的深度、广度、难度都不亚于脱贫攻坚。面对新发展阶段农业农村的新情况新问题，必须切实增强责任感使命感紧迫感，以更大的决心、更明确的目标、更有力的举措，全面推进乡村振兴落地见效。

"农闲人不闲，致富不停歇。"冬日里，依靠苹果产业脱贫奔小康的果农，或是在果园追肥、剪枝，或是利用线上线下多种形式销售苹果，成为广大农民群众在新征程上接续奋斗的生动缩影。广袤神州大地上，乡村振兴日益呈现新图景。眺望前方的奋进路，凝聚众智、集聚众力，继续巩固拓展脱贫攻坚成果，全面推进乡村振兴，广大农民生活定能芝麻开花节节高，农业强、农村美、农民富的美好画卷必将更加恢弘。

（2023 年 01 月 13 日）

双轮驱动，释放科技和改革红利

——铆足干劲加快建设农业强国④

　　农业现代化关键在科技进步和创新。在耕地和水资源有限的
情况下，实现农业稳产增产根本靠科技

　　改革是乡村振兴的重要法宝。加快建设农业强国，迫切需要
改革增动力、添活力

　　把土地交给合作社托管，农户可根据需要选择"全托管"或"半托管"，
合作社提供机收、机烘等多样化服务……2022年秋收，江西省泰和县禾市
镇治冈村的不少农户觉得，种田比过去省时省力省心。技物结合、技服结
合，专业化水平大大提高，有效促进了增产增收，让农民群众感受到现代
农业的魅力。

　　中国要强，农业必须强。没有农业现代化，没有农村繁荣富强，没有
农民安居乐业，国家现代化是不完整、不全面、不牢固的。党的十八大以
来，我国农业现代化建设取得了长足发展，具备了由农业大国向农业强国
迈进的基本条件，加快建设农业强国正当其时。在前不久举行的中央农村
工作会议上，习近平总书记强调："要依靠科技和改革双轮驱动加快建设农

业强国。"建设农业强国，利器在科技，关键靠改革。以科技增强农业迈向高质量发展的实力和底气，以改革筑牢广大农民同心实现乡村振兴的信心和干劲，才能更好以农业发展满足人民美好生活需要、实现高质量发展、夯实国家安全基础。

农业现代化关键在科技进步和创新。在耕地和水资源有限的情况下，实现农业稳产增产根本靠科技。进入新时代，从深入实施种业振兴行动，到农业机械装备提档升级，再到派出约 29 万名科技特派员……如今，我国农作物耕种收综合机械化率突破 72%，农业科技进步贡献率达到 61%，科技已成为农业农村经济社会发展最重要的驱动力。同时也要看到，与建设农业强国的要求相比，我国农业科技短板与弱项依然突出，农业科技进步贡献率同世界先进水平相比还有不小差距。党的二十大报告提出，"强化农业科技和装备支撑"。要让广大农民真正挑上"金扁担"，农业科技还要继续发力，持续塑造农业发展新动能新优势，让现代农业变得更加有竞争力。

改革是乡村振兴的重要法宝。加快建设农业强国，迫切需要改革增动力、添活力。习近平总书记强调："要深化农村改革，让农村资源要素活化起来，让广大农民积极性和创造性迸发出来，让全社会支农助农兴农力量汇聚起来。"从推动农村承包地"三权分置"到强农惠农富农政策制度进一步健全，从新型农业经营体系加快构建到农村集体产权制度改革阶段性任务基本完成……党的十八大以来，"三农"重要领域和关键环节取得了突破性进展，充分激发了生产要素活力。比如，随着土地制度改革持续推进，2021 年土地经营权流转面积 5.57 亿亩，以家庭农场、农民合作社、农业企业等为主的新型农业经营主体大显身手，带动小农户与现代农业发展有机衔接。深化农村改革，把住处理好农民和土地关系这条主线，才能更好回答"大国小农"这个基本国情农情条件下"怎么种好地"这个时代之问，为农业农村现代化注入源源不断的动能。

对建设农业强国而言，科技和改革如同鸟之两翼、车之双轮，要一体把握，协同推进。面向未来，要依靠科技进步转变农业生产方式，紧盯世界农业科技前沿，大力提升我国农业科技水平，着力提升创新体系整体效能，打造国家农业科技战略力量，围绕现代种业、机械装备、数字信息等关键技术，加快实现高水平农业科技自立自强；也要依靠政策改革挖掘农业生产动力，持续抓好农村改革重点任务落实，搞好农村集体资源资产的权利分置和权能完善，支持发展家庭农场、农民合作社等新型经营主体，促进发展要素、各类服务更多下乡，加快推进农业现代化。铆足干劲抓好科技赋能和政策改革，就能最大程度激发农业农村发展动能，保障好重要农产品供给和农业产业链供应链，将发展的自主权牢牢掌握在自己手中。

四川省南部县山地农田零散，当地开发推广适宜山地的小型农机，让田埂、荒坡变成了可用地；在浙江省嵊州市三界镇，一支种粮队伍通过在长三角地区开拓种植区域，让农户有钱挣、得实惠……科技和改革双轮驱动、同向发力，助力农民增收渠道越来越宽广，乡村振兴画卷越绘越壮美。新征程上，更好释放科技和改革红利，农业现代化的美好蓝图必将不断铺展，广袤乡村必将展现欣欣向荣新气象。

（2023 年 01 月 16 日）

补齐短板，建设宜居宜业和美乡村

——铆足干劲加快建设农业强国⑤

　　乡村建设不仅要塑形，更要铸魂；不仅要"富口袋"，更要"富脑袋"

　　建设宜居宜业和美乡村是一项长期任务、系统工程，必须稳扎稳打、久久为功，一件接着一件办、一年接着一年干

　　过去，村内鸡鸭遍地走，草堆、粪堆随处可见，环境脏乱差；如今，道路干净整洁，家家户户都有一个规整的小菜园，畜禽也都是圈养。走进云南省宣威市东山镇三乐村，一幅山清水秀、村美人和的画卷映入眼帘。当地因地制宜推进农村绿化、美化工程，还依托村规民约、评比等村民自治办法，让村民主动参与和美乡村建设。小村庄折射大变化。生态美起来，环境靓起来，乡韵浓起来，一个个山清水秀、文明和谐、宜居宜业、欣欣向荣的美丽村庄正浙次出现在中国大地上，农业强、农村美、农民富的目标不断实现。

　　中国要美，农村必须美。我们全面建设社会主义现代化国家，既要建设繁华的城市，也要建设繁荣的农村；既要理顺"城"这一边，更要顾好

"乡"这一头。在党的二十大报告中，习近平总书记强调"全面推进乡村振兴"，明确"建设宜居宜业和美乡村"。在前不久举行的中央农村工作会议上，习近平总书记指出："农村现代化是建设农业强国的内在要求和必要条件，建设宜居宜业和美乡村是农业强国的应有之义。"

乡村发展是历史命题，也是时代课题。党的十八大以来，从打赢脱贫攻坚战，到实施乡村振兴战略，十年接续奋斗，神州大地上演山乡巨变。也要看到，与快速推进的工业化、城镇化相比，农业农村发展步伐还跟不上，城乡发展不平衡、乡村发展不充分仍是社会主要矛盾的集中体现。习近平总书记深刻指出："没有农业农村现代化，就没有整个国家现代化。"在以中国式现代化全面推进中华民族伟大复兴的进程中，不能把农村落下、不能让农民掉队。未来，即便是城镇化率达到 70% 以上，也还将有数亿人生活在农村。我们要一体推进农业现代化和农村现代化，坚持不懈推进宜居宜业和美乡村建设，持续提高农村生活质量、缩小城乡发展差距，把广袤乡村建设成为广大农民乐享现代生活的幸福家园。

深入推进厕所革命，农村人居环境明显改善；普及自来水，解决农村人口饮水安全问题；建好农村路，让农村地区"人畅其行、货畅其流"；改善农村医疗条件，逐步实现"小病不出村，大病不出县"……近年来，各地区各部门聚焦农民群众急难愁盼问题，持续改善农村生产生活条件，乡村面貌焕然一新。同时，我国农村基础设施和公共服务体系还不健全，部分领域还存在一些突出短板和薄弱环节，与农民群众日益增长的美好生活需要相比还有不小差距。着眼未来，要瞄准"农村基本具备现代生活条件"的目标，组织实施好乡村建设行动，特别是要加快防疫、养老、教育、医疗等方面的公共服务设施建设，提高乡村基础设施完备度、公共服务便利度、人居环境舒适度，让农民就地过上现代文明生活。

乡村建设不仅要塑形，更要铸魂；不仅要"富口袋"，更要"富脑袋"。建设宜居宜业和美乡村，需要在加强"硬件"建设的同时，更加注重在滋润人心、德化人心、凝聚人心的"软件"上下功夫。安徽凤阳县小岗村成立"美德银行"，为村民发放善行美德积分"存折"，推进移风易俗；江苏宿迁市宿城区新时代文明实践中心根据群众需求制定清单，组织志愿者

"按单下菜"，为乡亲们送去文化"大餐"；湖南江华瑶族自治县探索推行"乡村振兴月例会"，引导群众把"村里事"当成"自己事"，让大家真正成为乡村振兴主体……各地通过创新实践，帮助越来越多农民群众改了旧习惯、提了精气神，推动乡村善治水平显著提升。这启示我们，要进一步加强和改进乡村治理，加强农村精神文明建设，在实现"物"的现代化的同时，实现"人"的现代化、乡村治理体系和治理能力的现代化，推动乡村实现由表及里、形神兼备的全面提升。

建设宜居宜业和美乡村，意义重大，任务艰巨。从基础设施基本完备，到公共服务普惠可及；从广大农民富裕富足，到人与自然和谐共生；从治理有序充满活力，到优秀传统文化繁荣发展……其目标任务是全方位、多层次的，涉及农村生产生活生态各个方面。这也意味着，建设宜居宜业和美乡村是一项长期任务、系统工程，必须稳扎稳打、久久为功，一件接着一件办、一年接着一年干，不可一蹴而就、急于求成。与此同时，我国农村地域辽阔，十里不同风，百里不同俗，要立足资源禀赋，因地制宜、分类推进，打造各具特色的现代版"富春山居图"。乡村建设为农民而建，尊重农民意愿、体现农民需求，才能真正把好事办好、实事办实，让农民群众在全面推进乡村振兴中有更多获得感、幸福感、安全感。

农村是一片大有可为的土地，蕴藏着勃勃生机，孕育着无限希望。新时代催人奋进，新征程重任在肩。咬定青山不放松、矢志奋斗、苦干实干，采取更有力的举措，汇聚更强大的力量，努力绘就宜居宜业和美乡村新画卷，我们一定能让希望的田野充满活力，让广大农民过上更加幸福美好的生活。

（2023 年 01 月 17 日）

夯实组织基础，提供坚强保证

——铆足干劲加快建设农业强国⑥

全面推进乡村振兴、加快建设农业强国，关键在党。党的领导不是抽象的，而是全面的、系统的、具体的

当前，无论是推动党的"三农"政策落地生根，还是激发乡村振兴的内生动力，都迫切需要树牢大抓基层的鲜明导向，把农村基层党组织建设摆在更加突出位置

新蓝图鼓舞人心，新征程催人奋进。天津市将"乡村振兴全面推进行动"纳入未来五年"十项行动"，明确时间表、施工图；广东省探索建立现代农业市场体系，发挥联农带农作用；全国工商联深入实施"万企兴万村"行动，以乡村产业振兴为主攻方向，倾斜支持160个国家乡村振兴重点帮扶县……各地区各部门锚定目标、铆足干劲，在加快建设农业强国中奋力展现新气象新作为。

全面推进乡村振兴、加快建设农业强国，关键在党。在前不久举行的中央农村工作会议上，习近平总书记强调："要坚持党领导'三农'工作原则不动摇，健全领导体制和工作机制，为加快建设农业强国提供坚强保

证。"这一重要要求，指明了建设农业强国的根本原则、制度保障、实现路径，为开创农业农村现代化新局面提供了科学指南。党的十八大以来，在以习近平同志为核心的党中央坚强领导下，我们打赢人类历史上规模最大的脱贫攻坚战，历史性地解决了绝对贫困问题，农业农村取得历史性成就、发生历史性变革。当前，农业农村迎来了前所未有的发展前景，但面临的难题和挑战还很多。越是目标远大、任务艰巨，越要发挥党把方向、谋大局、定政策、促改革的政治优势，确保农业强国建设朝着正确方向稳步推进。

党的领导不是抽象的，而是全面的、系统的、具体的。回首这十年，从坚持把解决好"三农"问题作为全党工作的重中之重，坚持农业农村优先发展，到执行脱贫攻坚一把手负责制，中西部22个省份党政主要负责同志向中央签署脱贫攻坚责任书、立下"军令状"；从全面落实粮食安全党政同责，严格粮食安全责任制考核，到健全党组织领导的自治、法治、德治相结合的乡村治理体系……随着顶层设计日趋完善、制度建设纲举目张，党的政治优势、组织优势持续转化为治理效能。不久前印发的《乡村振兴责任制实施办法》，强调健全党委统一领导、政府负责、党委农村工作部门统筹协调的农村工作领导体制，省市县乡村五级书记抓乡村振兴。方此之际，要落实五级书记抓乡村振兴的要求，完善考核督查机制，以责任落实推动工作落实、政策落实。

加快建设农业强国，人才是"金钥匙"。必须清醒认识到，全面实施乡村振兴战略的深度、广度、难度都不亚于脱贫攻坚，对干部的能力水平和专业素质提出了更高要求。一方面，应加大对涉农干部的培训力度，提高"三农"工作本领，改进工作作风，打造一支政治过硬、适应新时代要求、具有领导农业强国建设能力的"三农"干部队伍。另一方面，应坚持本土培养和外部引进相结合，着力打造一支沉得下、留得住、能管用的乡村人才队伍。近年来，实施高素质农民培育计划，启动乡村产业振兴带头人培育"头雁"项目，开展乡村振兴青春建功行动、乡村振兴巾帼行动，一大批发展引路人、产业带头人、政策明白人在广袤田畴大显身手。实践证明，下大力气培养、引进、用好人才，吸引各类人才在乡村振兴中建功立业，就能为加快建设农业强国提供坚实智力支持和人才支撑。

办好农村的事情，基层党组织必须坚强，党员队伍必须过硬。习近平总书记指出："要健全村党组织领导的村级组织体系，把农村基层党组织建设成为有效实现党的领导的坚强战斗堡垒。"当前，无论是推动党的"三农"政策落地生根，还是激发乡村振兴的内生动力，都迫切需要树牢大抓基层的鲜明导向，把农村基层党组织建设摆在更加突出位置。重庆市巴南区开展"一村一策"排查整顿软弱涣散村党组织行动，做到动态管理、逐个销号；福建省下党乡深入开展农村党员"带头提高能力素质、带头领办产业项目、带头联户帮扶共富"活动，持续巩固脱贫成果……把党组织战斗堡垒作用和党员先锋模范作用发挥出来，就能为全面推进乡村振兴注入源源不断的动能。面向未来，我们既要抓住健全乡村组织体系这个"牛鼻子"，加强农村基层党组织带头人队伍和党员队伍建设，也要持续为基层干部减负，让基层干部有更多精力为农民办实事，激发干事创业的精气神。

在"三农这十年——新时代农业农村发展成就展"上，一组组数据、一张张图片、一段段视频、一件件实物，生动展示了我国农业农村改革发展走过的极不平凡历程、取得的极不寻常成就。新时代新征程，锚定建设农业强国目标，在党的领导下心往一处想、劲往一处使，汇聚全面推进乡村振兴、加快农业农村现代化的强大合力，我们一定能够谱写农业强国建设新篇章、铸就事业发展新辉煌。

（2023 年 01 月 18 日）

坚持系统观念、守正创新

——形成共促高质量发展的合力①

> 我们能从容应对各类风险挑战，推动经济社会发展爬坡过坎、跃上新台阶，靠的就是以系统观念观大势、看问题、作决策，就是以守正创新统领干事创业、推动改革发展

奋斗决定收获，当下刻画未来。克服局地严重高温干旱等影响，全年全国粮食总产量13730.6亿斤，连续8年稳定在1.3万亿斤以上；前三季度居民消费价格指数同比上涨2.0%，物价保持总体稳定；新动能新业态接续涌现，彰显发展活力；应对超预期因素冲击的宏观调控稳准有力，为市场主体纾困解难，前三季度新增市场主体2201.6万户……今年以来，我国不断加大宏观政策调节力度，经济回稳向上基础不断巩固。

2022年，是党和国家历史上极为重要的一年。面对风高浪急的国际环境和艰巨繁重的国内改革发展稳定任务，以习近平同志为核心的党中央统筹国内国际两个大局，统筹疫情防控和经济社会发展，统筹发展和安全，推动发展质量稳步提升，保持了经济社会大局稳定。中央经济工作会议部署明年经济工作，强调"要坚持系统观念、守正创新"，要求更好统筹疫

情防控和经济社会发展、更好统筹经济质的有效提升和量的合理增长、更好统筹供给侧结构性改革和扩大内需、更好统筹经济政策和其他政策、更好统筹国内循环和国际循环、更好统筹当前和长远。贯彻落实好"六个统筹"的重要任务，有助于推动经济固根基、扬优势、补短板、强弱项，努力实现发展质量、结构、规模、速度、效益、安全相统一。

坚持系统观念、坚持守正创新，是习近平新时代中国特色社会主义思想的重要方法论。经济社会发展是一个复杂系统，经济工作不能头痛医头、脚痛医脚，也不能眉毛胡子一把抓，必须加强前瞻性思考、全局性谋划、战略性布局、整体性推进。只有坚持系统观念，才能把握事物之间普遍联系，实现多重目标间动态平衡、整体推进。只有坚持守正创新，才能认识并运用社会矛盾运动规律，积极有效应对不稳定不确定因素。从扎实做好"六稳"工作、全面落实"六保"任务，到高效统筹疫情防控和经济社会发展，从善于"弹钢琴""转盘子"，到把政治经济、宏观微观、战略战术有机结合起来，我们能从容应对各类风险挑战，推动经济社会发展爬坡过坎、跃上新台阶，靠的就是以系统观念观大势、看问题、作决策，就是以守正创新统领干事创业、推动改革发展。

当前，我国经济恢复的基础尚不牢固，需求收缩、供给冲击、预期转弱三重压力仍然较大。抓好"六个统筹"对经济实现整体好转、社会大局保持稳定有重要意义。更好统筹疫情防控和经济社会发展，有助于科学防控、提振信心。更好统筹经济质的有效提升和量的合理增长，有助于推动高质量发展，夯实物质技术基础。更好统筹供给侧结构性改革和扩大内需，有助于加快构建新发展格局，让国民经济循环更加安全顺畅。更好统筹经济政策和其他政策，有助于经济社会发展各环节有效对接、紧密协同、相互促进。更好统筹国内循环和国际循环，有助于坚持高水平对外开放，提升国际循环质量和水平。更好统筹当前和长远，有助于掌握工作主动权、打好发展主动仗。

风雨无阻向前进，时与势在我们一边，人间正道在我们脚下。展望未来，习近平总书记特别强调："我们有社会主义市场经济的体制优势，有超大规模市场的需求优势，有产业体系配套完善的供给优势，有勤劳智慧的广大劳动者和企业家等人力优势，只要把各方面的优势和活力真正激发出来，就能够加快构建新发展格局，在激烈的国际市场竞争和大国战略博弈中始终立于不败之地。"目标越宏伟，任务越复杂，挑战越严峻，越要坚持系统观念、守正创新。从战略全局出发办好自己的事情，在矛盾变化中准确识变、科学应变、主动求变，必能推动各项政策效果持续显现，推动经济运行整体好转，努力完成经济社会发展目标任务，为全面建设社会主义现代化国家开好局起好步。

（2022 年 12 月 23 日）

更好统筹疫情防控和经济社会发展

——形成共促高质量发展的合力②

随着优化疫情防控各项措施的实施，预计经济秩序和社会秩序会加快恢复，这将释放出巨大的活力，促进经济循环起来、运转起来，加快向潜在增长速度靠拢

不断提升科学防控之智、统筹兼顾之谋、组织实施之能，我们就能更好统筹疫情防控和经济社会发展，加快形成共促高质量发展的合力，推动经济运行整体好转

最近，杭州萧山国际机场格外热闹，浙江"海外抢单团"陆续回国，不仅带回了"真金白银"的订单，更有不断扩大的朋友圈，以及对市场新动向的把握、对未来发展的新谋划。从东部沿海的浙江、江苏，到中西部的湖南、四川，各地按下经济复苏"快进键"，复工复产加快、复商复市回暖，各类市场主体活力和信心得到进一步激发。随着疫情防控措施的优化和经济政策效果的持续显现，明年经济运行有望总体回升，经济活力会加速释放。

世异则事异，事异则备变。疫情发生以来，我国统筹疫情防控和经济

社会发展取得重大积极成果。我们用近三年艰苦卓绝的努力，有效应对了全球五波疫情冲击，有效处置了国内 100 多起聚集性疫情，有效守护了人民生命安全和身体健康。过去三年我国经济年均增长 4.5% 左右，明显高于世界平均水平。抗疫和发展的成绩有目共睹，经得起历史的检验。中央经济工作会议提出了具有很强的年度针对性和问题导向性的"六个统筹"，其中"更好统筹疫情防控和经济社会发展"是重要一条。我们要按照中央决策部署，优化调整疫情防控政策，加强统筹衔接，有序组织实施，顺利渡过流行期，确保平稳转段和社会秩序稳定。

最大限度减少疫情对经济社会发展的影响，是我们近三年来统筹疫情防控和经济社会发展的重要策略与宝贵经验。近三年来，我们先后印发九版防控方案和诊疗方案，出台二十条优化措施和新十条措施，以战略的稳定性、措施的灵活性有效应对了疫情形势的不确定性，为经济社会发展创造了有利条件。随着优化疫情防控各项措施的实施，预计经济秩序和社会秩序会加快恢复，这将释放出巨大的活力，促进经济循环起来、运转起来，加快向潜在增长速度靠拢。正如习近平总书记在中央经济工作会议上强调的："要统一思想、科学防控、提振信心，找到杠杆的平衡点，因时因势优化疫情防控措施。""相信曙光就在前面。"

防疫关乎生命，发展关乎生计。北京及时调整更新保供物资品种和数量，全力保障市民就医用药需求；山东制定四批政策清单，聚焦助企纾困，不断加快新旧动能转换……近段时间各地一手抓防疫、一手抓生产，更好统筹疫情防控和经济社会发展。多地规模以上工业企业复工率达九成，全国超七成景区恢复营业，铁路货运继续保持高位运行，客流明显回升，"双12"当天全国邮政、快递企业揽收邮（快）件数量与去年基本持平……在复杂形势下保持战略定力，不断提升科学防控之智、统筹兼顾之谋、组织实施之能，我们就能更好统筹疫情防控和经济社会发展，加快形成共促高质量发展的合力，推动经济运行整体好转。

当前病毒传染性强，但重症率、致死率显著降低，疫情防控主要矛盾发生了变化。在这种情况下，坚持审时度势，科学优化防疫措施是必要的、正确的、负责任的。疫情防控进入新阶段，困难是现实的、暂时的、难免的，需要我们更好统筹疫情防控和经济社会发展。"平稳转段"既是对公共卫生提出要求，也是对经济运行提出要求。各地方各部门要加强各类政策协调配合、统筹兼顾。一方面更好保障群众的就医用药，避免出现大范围的医疗资源挤兑；另一方面要保障产业稳定运行，产业链供应链关键环节不能中断，做好药品、重要民生商品的保供稳价，避免出现断供或价格大幅上涨。

固定资产投资保持稳定增长，高技术制造业较快增长，消费市场发展韧性持续显现……成绩来之不易，应该倍加珍惜。我国经济韧性强、潜力大、活力足，资源要素条件可支撑，长期向好的基本面没有变也不会变。把思想和行动统一到党的二十大精神和党中央关于经济工作的决策部署上来，准确把握明年经济工作部署要求，让防控工作更科学、更精准，让高质量发展更有温度、更富成效，我们一定能最大程度释放发展活力，中国经济航船一定能劈波斩浪、行稳致远。

（2022 年 12 月 27 日）

更好统筹经济质的有效提升和量的合理增长

——形成共促高质量发展的合力③

明年，需求收缩、供给冲击、预期转弱三重压力仍然较大，要坚持以质取胜，以量变的积累实现质变，在提高质量效益的基础上保持合理的经济增长

坚持系统观念，统筹好质与量的关系，才能不断塑造新的竞争优势，支撑经济平稳健康发展，才能保持经济运行在合理区间，夯实提质增效的物质技术基础

经济发展是质和量的有机统一。在供给侧，1—11月全国规模以上工业增加值同比增长3.8%，平稳增长态势未变，新动能继续成长，高技术制造业增加值同比增长8.0%，新能源汽车产量同比增长100.5%，航空航天器及设备制造业、电子及通信设备制造业分别增长10.7%、13.5%；在需求侧，线上消费需求释放带动作用明显，1—11月实物商品网上零售额同比增长6.4%，消费市场发展韧性持续显现。今年以来，我国发展质量稳步提升，质的提升为量的增长提供持续动力，量的增长为质的提升提供重要基础，推动高质量发展取得了新成绩。

辩证认识和科学统筹经济发展质和量的关系，是我们党领导经济工作的重要经验。党的二十大报告强调，要"推动经济实现质的有效提升和量的合理增长"。不久前举行的中央经济工作会议，将明年的宏观政策框架明确为五大政策加六个统筹，"六个统筹"其中之一就是"要更好统筹经济质的有效提升和量的合理增长"。这充分体现了我们推动实现高质量发展的坚定决心，为推动经济运行整体好转指明了方向、提供了遵循。明年，需求收缩、供给冲击、预期转弱三重压力仍然较大，要坚持以质取胜，以量变的积累实现质变，在提高质量效益的基础上保持合理的经济增长。

从量变到质变的跃升，是社会主义市场经济发展的客观规律。从中长期看，经济没有"质"就不会有"量"，离开了"量"也谈不上"质"，量变积累形成质变。经济发展是一个螺旋式上升的过程，上升不是线性的，量积累到一定阶段，必须转向质的提升，我国经济发展也要遵循这一规律。坚持系统观念，统筹好质与量的关系，才能不断塑造新的竞争优势，支撑经济平稳健康发展，才能保持经济运行在合理区间，夯实提质增效的物质技术基础。新时代新阶段的发展必须是高质量发展，必须把发展质量摆在更为突出的位置，更好统筹经济质的有效提升和量的合理增长。这不是一时一地之举措，而是要贯穿全面建设社会主义现代化国家的整个过程，持续激发经济发展内生动力，充分调动一切积极因素，实现量质齐升的高质量发展，在强国之路上迈出更坚实步伐。

高质量发展是全面建设社会主义现代化国家的首要任务。明年，世界经济增速可能明显下滑，我国经济有望总体回升，形成一个独立的向上运行轨迹。这条可预见的向上运行轨迹中，既有量的要素，更有质的内涵，我们必须付出艰苦努力，做好统筹兼顾、搞好综合平衡。新的发展阶段、新的使命任务和新的发展环境，对经济发展的质和量提出了更高、更为紧迫的要求。我们必须推动有效市场和有为政府更好结合，发挥好中央和地方两个积极性，把实施扩大内需战略同深化供给侧结构性改革有机结合起来，促进深化改革和完善政策协同发力，推动自立自强和开放合作相互促进，尽快形成全国上下竞相推动高质量发展的生动局面和强大合力。

把经济发展的质和量有机统一起来，实现协同并进，关键在于完整、准确、全面贯彻新发展理念，把握内涵、扎实工作。浙江着力扩大内需，聚焦先进制造、科技创新等领域重大项目建设，持续擦亮民营经济金名片；内蒙古加大力度保障国家能源安全，推进新能源开发建设、谋划新能源的全产业链发展；海南加快建设中国特色自由贸易港，进一步提振市场信心……当前，各地正在因地制宜部署明年经济工作的重点任务，各具特色的生动局面正在打开，推动高质量发展的强大合力正在凝聚。继续坚持稳字当头、稳中求进工作总基调，通过质的有效提升引领量的合理增长，通过量的合理增长支撑质的有效提升，我们一定能守正创新统筹好经济发展的质和量，实现更高质量、更有效率、更加公平、更可持续、更为安全的发展。

（2022 年 12 月 29 日）

更好统筹供给侧结构性改革和扩大内需

——形成共促高质量发展的合力④

要坚持系统观念，统筹谋划优化供给和扩大内需，充分发挥超大规模市场优势，提升供给体系对国内需求适配性，努力实现高水平的供需良性循环和动态平衡

供给和需求有机结合点就是经济的增长点，抓住了、做好了，既能提升供给体系的质量和效率，又能扩大当期需求，未来产生高质量供给后，会进一步创造有效需求

供给和需求是经济发展的一体两面。供给侧结构性改革方面，各地区各部门持续推进稳经济一揽子政策和接续措施全面落地见效，2022 年 1 至 11 月全国基础设施投资同比增长 8.9%，已连续 7 个月回升，顺应经济升级发展的制造业技改投资更是同比增长 9.1%；扩大内需方面，多地大规模发放消费券，以真金白银提振信心、拉动消费，2022 年 1 至 11 月全国网上零售额 124585 亿元，同比增长 4.2%，自主品牌乘用车销量达 1047.9 万辆，同比增长 24.2%。2022 年以来，面对三重压力和超预期因素冲击，我国先后出台实施了一系列促进结构优化、扩大有效需求、推动供需更好衔接的

措施，助力发展质量稳步提升。

供给和需求之间的平衡是相对的，不平衡是绝对的，由平衡到不平衡再到新的平衡是经济发展的客观规律。前不久举行的中央经济工作会议分析部署 2023 年经济工作，明确提出"六个统筹"，其中之一就是"更好统筹供给侧结构性改革和扩大内需"。这是党中央基于经济运行规律和国内外发展环境变化作出的战略部署，是积极应对不确定因素调整、增强发展主动性的长久之策，是全面建设社会主义现代化国家的实践要求。要坚持系统观念，统筹谋划优化供给和扩大内需，充分发挥超大规模市场优势，提升供给体系对国内需求适配性，努力实现高水平的供需良性循环和动态平衡。

大国经济具有内需为主导的显著特征。内需市场一头连着经济发展，一头连着社会民生，是经济发展的主要依托。牢牢把握扩大内需这个战略基点，实施扩大内需战略，是应对外部冲击、稳定经济运行的有效途径。当前需求不足是我国面临的突出矛盾，既有消费能力偏弱、消费场景受限等问题，也有民间投资偏弱、企业投资意愿下降等问题。纲举目张做好2023 年经济工作，首要的便是"着力扩大国内需求"，把恢复和扩大消费摆在优先位置，增强消费能力，改善消费条件，创新消费场景，多渠道增加城乡居民收入，支持住房改善、新能源汽车、养老服务等消费。

经济发展最终靠供给推动，从长期看是供给创造需求。供给侧结构性改革的主旨是提高供给体系质量和效率，提高经济全要素生产率和长期增长潜力。深化供给侧结构性改革是实现高质量发展的必由之路，是贯穿经济工作全过程的主线。当前和今后一个时期，制约我国经济发展的因素，供给和需求两侧都有，但矛盾的主要方面在供给侧，表现在供给存在卡点、堵点、脆弱点，供给结构不能适应需求结构变化。要通过高质量供给创造有效需求，在有需求但未得到有效满足的领域尽快优化供给结构，并推动新产业、新技术、新产品、新业态发展，以新供给创造新需求。

需求牵引供给，供给创造需求，两方面是统一的，不是对立的。更好统筹供给侧结构性改革和扩大内需，要加快推动已出台政策效应显现，着手推出更多新政策、新措施，要善于把经济发展中的堵点、痛点、难点、空白点转化为增长点。以新能源汽车产业为例，在供给侧和需求端双向发力下，2022 年 1 至 11 月我国新能源汽车产销分别完成 625.3 万辆、606.7 万辆，同比均增长 1 倍，呈现产销两旺的局面，带动了汽车产业的提质升级，也成为人民生活水平提高的重要发力点。事实证明，供给和需求有机结合点就是经济的增长点，抓住了、做好了，既能提升供给体系的质量和效率，又能扩大当期需求，未来产生高质量供给后，会进一步创造有效需求。只要我们创造有利的体制机制环境，采取适当的政策引导，就能够使这些结合点变成经济的增长点，推动经济实现质的有效提升和量的合理增长。

开局决定走向，起跑关乎全程。2023 年是全面贯彻落实党的二十大精神的开局之年，做好 2023 年经济工作意义重大。更好统筹供给侧结构性改革和扩大内需，充分发挥超大规模市场的需求优势和产业体系配套完善的供给优势，通过高质量供给创造有效需求，支持以多种方式和渠道扩大内需，我们就一定能推动经济沿着高质量发展道路稳步前行。

（2023 年 01 月 04 日）

更好统筹经济政策和其他政策

——形成共促高质量发展的合力⑤

经济社会发展是一个系统工程，必须综合考虑政治和经济、现实和历史、物质和文化、发展和民生、资源和生态、国内和国际等多方面因素

加强政策协调配合，集聚起更强大政策合力，形成"1+1>2"的效果，才能让社会总需求得到有效支撑，让社会总供求在一个比较高的水平和质量上取得平衡

宏观政策是推动经济恢复、企稳向上的重要保障手段，也是促进经济社会发展提质增效的重要激励工具。2022 年我国综合施策，坚持阶段性措施和制度性安排相结合、组合式手段并举，全年新增减税降费和退税缓税缓费预计超 4 万亿元；11 月末，对实体经济发放的人民币贷款余额同比增长 10.8%，企业贷款加权平均利率进一步降低，达到改革开放 40 多年来最低水平；"放管服"改革持续深化，推进更多服务事项网上办理，制定完善物流保通保畅措施，规范市场监督管理行政处罚裁量权……回首来时路，我国经济航船能在外部风浪的多轮冲击下保持平稳运行，一条重要经验就

是持续强化政策联动，一系列宏观政策靠前发力、精准有力、形成合力，不断巩固经济回稳向上的基础。

习近平总书记强调："政策和策略是党的生命。"经济社会发展是一个系统工程，必须综合考虑政治和经济、现实和历史、物质和文化、发展和民生、资源和生态、国内和国际等多方面因素，对各方面政策进行统筹，实现相互支撑、促进。中央经济工作会议明确提出"六个统筹"，其中之一就是"更好统筹经济政策和其他政策"。会议在综合部署财政政策、货币政策的基础上，将产业政策、科技政策、社会政策纳入并进行统筹部署安排。做好2023年经济工作，我们要坚持系统观念、做好统筹兼顾，加大宏观政策实施力度，加强各类政策协调配合，形成共促高质量发展的合力。

牢牢把握高质量发展这个首要任务，各方面政策都要同向发力、互补协同，共同服务于高质量发展大局。中央经济工作会议强调"积极的财政政策要加力提效"，今年要适度加大政策扩张的力度，提高政策效能，更好发挥财政撬动社会资金的杠杆作用；强调"稳健的货币政策要精准有力"，今年货币政策力度要够，保持流动性合理充裕，投向结构要精准，尤其要支持小微企业、科技创新、绿色发展等领域；强调"产业政策要发展和安全并举""科技政策要聚焦自立自强""社会政策要兜牢民生底线"。加强政策协调配合，集聚起更强大政策合力，形成"1+1>2"的效果，才能让社会总需求得到有效支撑，让社会总供求在一个比较高的水平和质量上取得平衡。

攻坚克难靠真抓，梦想成真在实干。确保宏观政策实施生效，离不开各地区各部门主动担责、积极作为。要以实践结果评价各方面贯彻落实成效。过去一年，围绕产业链供应链的短板弱项，多方政策协同发力，科技型中小企业研发费用加计扣除比例提高至100%，同时推出"科技创新再贷款"等结构性货币政策工具，搭建汽车、集成电路、医疗物资等协调平台，加快布局建设先进制造业产业集群……各方面政策握指成拳，为创新发展注入源源活水，共同促进了资源优势互补。接下来要进一步促进深化改革和完善政策协同发力，促进各项改革系统集成，要建立体现新发展理念、适应高质量发展要求的政策体系，要统筹发挥宏观政策作用，做好政策文件一致性评估工作，要加强监督检查、评估督导，要开展跟踪问效、严肃财经纪律，共同促进经济平稳健康发展。

充足的政策工具、高效的政策实施，为我国经济履险如夷、化危为机提供了坚实支撑。当前，我国经济发展面临很多两难多难问题，要在多重约束下求得最优解，必须遵循经济规律，坚持系统观念、守正创新。2022年已经出台实施的扩大有效需求、促进结构优化政策，该延续的延续，该优化的优化，2023 年根据实际需要陆续出台新政策、新措施。增强全局观念、善于统筹协调，力促存量政策、增量政策同向发力，推动全面深化改革、实施宏观调控有效衔接，中国经济航船一定能劈波斩浪、行稳致远，驶向更开阔水域。

（2023 年 01 月 05 日）

更好统筹国内循环和国际循环

——形成共促高质量发展的合力⑥

一方面要靠内循环牵引外循环，塑造我国参与国际经济合作和竞争新优势，另一方面要靠外循环促进内循环，在参与国际循环中提升国内大循环效率和水平

加快建设全国统一大市场，坚定实施扩大内需战略，促进数字经济和实体经济深度融合，我国超大规模市场优势既可稳固和扩大国内循环基本盘，又能撬动和带动国际循环

自强彰显大国担当，合作谱写共赢篇章。一辆体格硕大、最大牵引组合总重达 250 吨的大件运输车在第五届进博会亮相，近日完成留购手续即将交付国内买家。中老铁路开通运营满一年，累计发送旅客 850 万人次、货物 1120 万吨。宝马集团沈阳里达工厂已投产，诺和诺德在天津第八次增资扩产，松下集团将冷链设备生产、销售等更多业务板块转移至中国。数据显示，2022 年前 11 个月，我国进出口总值达 38.34 万亿元，同比增长 8.6%；前 10 个月实际使用外资金额 10898.6 亿元，同比增长 14.4%。一份份亮眼"成绩单"，充分反映了我国推动内外循环顺畅联通、与世界共

享市场机遇的决心与努力。

国民经济运行是一个周而复始、不断发展的过程。新发展格局决不是封闭的国内循环，而是开放的国内国际双循环，一方面要靠内循环牵引外循环，塑造我国参与国际经济合作和竞争新优势，另一方面要靠外循环促进内循环，在参与国际循环中提升国内大循环效率和水平。不久前举行的中央经济工作会议强调要坚持系统观念、守正创新，明确提出"六个统筹"，其中之一是"更好统筹国内循环和国际循环"，为我们统筹利用好国内国际两个市场两种资源指明了方向、提供了遵循。当前我国经济恢复的基础尚不牢固，三重压力仍然较大，必须围绕构建新发展格局，增强国内大循环内生动力和可靠性、提升国际循环质量和水平。

把发展立足点放在国内，集中精力办好自己的事情，才能在高质量发展中赢得历史主动。大国经济的优势在于内部可循环，"国内大循环"是国民经济循环的"主体"。我国拥有世界最完整的产业体系和潜力最大的内需市场，制造业规模占全球比重达30%，是全球制造业的重要枢纽。这是我们应对风险挑战的坚强保障和底气所在。习近平总书记在党的二十大报告中强调："依托我国超大规模市场优势，以国内大循环吸引全球资源要素，增强国内国际两个市场两种资源联动效应，提升贸易投资合作质量和水平。"加快建设全国统一大市场，坚定实施扩大内需战略，促进数字经济和实体经济深度融合，我国超大规模市场优势既可稳固和扩大国内循环基本盘，又能撬动和带动国际循环。当今世界百年未有之大变局加速演进，全球经济复苏动力不足，唯有立足自身实际促进形成强大国内市场，把国内大循环畅通起来，加快补上我国产业链供应链短板弱项，保证产业体系自主可控和安全可靠，才能够不惧国际风云变幻，在激发自身增长动能的同时为世界经济注入新动力。

更好统筹国内循环和国际循环，就要使国内循环与国际循环相互促进、相得益彰。坚持高水平对外开放，发挥好开放对拓展循环空间的作用，深度参与全球产业分工和合作，维护多元稳定的国际经济格局和经贸关系，才能与外部世界良性互动，推动国内国际双循环相互促进。要提升国际循环质量和水平，贸易、投资、人才、技术、能源资源的国际循环都要进一步扩大规模、优化结构，主动对照相关国际规则、规制、管理、标准，深化国内相关领域改革。展望未来，在我国国民经济循环中，国际循环部分的比例可能不像以往那样高，但其绝对规模还会持续扩大，在全球产业分工格局中的地位会逐步上升，对国内循环质量的提升带动作用会更加凸显，对世界经济的影响会持续增大，给各国带来的发展机遇会持续增多。

艰难显勇毅，磨砺得玉成。我国经济运行仍面临不少风险挑战，但韧性强、潜力大、活力足，长期向好的基本面没有变。2023 年发展有利因素增多，经济运行有望整体好转。保持战略定力，坚定必胜信心，加快构建新发展格局，更好统筹国内循环和国际循环，用好国内国际两个市场两种资源，我们一定能不断增强生存力、竞争力、发展力、持续力，妥善应对好各种可以预见和难以预见的狂风暴雨、惊涛骇浪，推动高质量发展再上新台阶，为全面建设社会主义现代化国家开好局起好步。

（2023 年 01 月 06 日）

更好统筹当前和长远

——形成共促高质量发展的合力⑦

经济运行是个不断演化的动态过程，宏观政策的制定实施必须兼顾当前与长远，既要精准有力又要合理适度

有针对性地部署对高质量发展、高效能治理具有牵引性的重大规划、重大改革、重大政策，有助于我们掌握工作主动权、打好发展主动仗

在贵州，黔东南苗族侗族自治州计划加快剑黎高速公路等一批着眼长远发展的投资项目建设进度；在湖南，株洲市聚焦13条新兴优势产业链精准发力，进一步围绕新兴产业落子布局；在天津，自贸试验区抓紧制定促进外商投资的最新措施，打造规范透明的监管体系……一段时间以来，不少地方在出台经济政策时，既立足当前解难题、稳经济，更放眼长远谋布局、求实效，为未来发展添薪蓄力，凝聚起高质量发展的澎湃动能。

"事必有法，然后可成。"经济运行是个不断演化的动态过程，宏观政策的制定实施必须兼顾当前与长远，既要精准有力又要合理适度，既要着眼于现实问题的解决，又要有利于实现更高质量、更具韧性、更可持续

的发展。中央经济工作会议提出"六个统筹"，其中一条就是"更好统筹当前和长远"，强调既要做好当前工作，又要为今后发展做好衔接。做好2023 年经济工作，要更加注重目标导向和问题导向相结合、短期和中长期任务相贯通、发展需要和现实能力相统筹的科学工作方法。

当前和长远是辩证的统一，互为条件、相辅相成。落实党的二十大确定的目标任务，强调"既要狠抓当前，又要着眼长远，多办打基础、利长远的事"；实现"双碳"目标，指出"既要立足当下，一步一个脚印解决具体问题，积小胜为大胜；又要放眼长远，克服急功近利、急于求成的思想"；深入推进供给侧结构性改革，强调"要立足当前、着眼长远，从化解当前突出矛盾入手，从构建长效体制机制、重塑中长期经济增长动力着眼"……习近平总书记多次强调要"立足当前、着眼长远"，将之作为一个重要的方法论。新时代这十年，从决不以牺牲环境为代价换取一时经济增长，到未雨绸缪始终绷紧粮食安全这根弦，再到有计划分步骤推进碳达峰碳中和，我们在党中央集中统一领导下统筹把握当前和长远的关系，有力推动了中国经济量稳质增。

当前，我国经济运行仍面临不少风险挑战。经济恢复基础尚不牢固，需求收缩、供给冲击、预期转弱三重压力仍然较大。更好统筹当前和长远，在着眼当前重点难点问题的同时，加强中长期战略谋划，多谋长远之策，多行固本之举，有针对性地部署对高质量发展、高效能治理具有牵引性的重大规划、重大改革、重大政策，有助于我们掌握工作主动权、打好发展主动仗。回望过去一年，我们宏观调控加大跨周期调节力度，发挥投资对优化供给结构的关键作用，新基建和高技术产业成为扩大投资的重点。统计显示，2022 年 1 至 11 月份，在基础设施中信息传输业投资增长 8.7%，高技术产业投资同比增长 19.9%。具有前瞻性的宏观政策，不仅有助于稳住经济大盘，也不断厚植高质量发展的潜力后劲。新的一年，面对艰巨繁重的国内改革发展稳定任务和风高浪急的外部环境，我们更要统筹考虑短期应对和中长期发展，牢牢夯实经济社会可持续发展的根基。

党的二十大擘画了以中国式现代化全面推进中华民族伟大复兴的宏伟蓝图。这是一个长期的历史进程，我们既要葆有历史的耐心，又要有只争朝夕的紧迫；既要有干事创业的热情，又要有一步一个脚印的行动。一件事情接着一件事情办，一年接着一年干，才能脚踏实地把宏伟蓝图变成美好现实。今年是全面贯彻落实党的二十大精神的开局之年，做好经济工作意义重大。我们要坚持以习近平经济思想为指导，加强党对经济工作的全面领导，把思想和行动统一到党的二十大精神和党中央关于经济工作的决策部署上来，以实打实的举措有效改善社会心理预期，提振发展信心，积极凝聚各方力量，以新气象新作为推动高质量发展取得新成效，为全面建成社会主义现代化强国、实现第二个百年奋斗目标打下更为坚实的基础和创造更多有利条件。

责任在心，呼唤踔厉奋发、勇往直前。既谋划长远、重塑中长期发展动力，又干在当下、化解突出矛盾，我们一定能推动实现高质量发展，在构建新发展格局中展现新气象新作为，把中国经济的潜力更加充分释放出来，交出不负时代、不负人民的发展答卷。

（2023 年 01 月 09 日）